JN212966

昭和平成二大怪物伝

小泉純一郎と安倍晋三

超カリスマの長期政権

大下英治
Ohshita Eiji

TOHOSHOBO

目次

プロローグ

小泉純一郎と安倍晋三、二人の総理

自民党をぶっ壊す

平成十三年（二〇〇一）三月二十七日午後、自民党の田中眞紀子《たなかまきこ》と平沢勝栄《ひらさわかつえい》は、議員会館の小泉純一郎《こいずみじゅんいちろう》の部屋を訪ね、自民党総裁選に出馬するよう要請した。

田中は言った。

「このままだと、ゾッとするような出来レースの総裁選を橋本派にやられて、いつの間にか橋本龍太郎《はしもとりゅうたろう》さんが総理に決まってしまう。出馬するなら、応援する」

平沢も、同調する形で出馬を促した。

「田中眞紀子人気も加えれば、勝機が出る」

これに対し、小泉は苦笑いした。

「人寄せパンダとしては、（小泉・田中連合は）面白いかもしれないが、変人が二人そろって、どうするんだ」

そう言って出馬要請をかわした。

しかし、小泉は、四月六日、秋田県内での講演で総裁選に立候補する考えを事実上、表明した。

「戦うときは、戦わないといけない」

小泉は、険しい顔をほころばせて言った。

「田中眞紀子さんが、『立つの？　いつ立つの？』とヤイヤイ言ってくる。女性にいつ立つの？と言われましてもねえ……」

場内にどっと沸く笑いを抑え、再び厳しい表情に戻って、きっぱりと言った。

「男だから、負けを恐れて立たないのは、卑怯といわれる。過去二度総裁選に立候補しているが、二度あることは三度あるかもしれない。身を捨ててやらねばと思っている。国民を失望させないような方策を考えていかなければならない」

出馬を表明した小泉は、四月十五日の日曜日午後四時半から、ＪＲ渋谷駅の忠犬ハチ公前で街頭演説をした。なんと、一万人近くの聴衆が集まった。

最後は、田中眞紀子が締め、眞紀子節で最大派閥の橋本派をバックに立候補している橋本龍太郎元総理を皮肉った。

「田中家の（家族が囲む）ちゃぶ台で、総理を辞めた人に何をさせればいいかという話題になったので、わたしは『ロケットに乗っけて宇宙ステーションから地球を見させておけばいい』と科学技術に貢献する話をしました」

渋谷警察署の警官が、驚嘆していた。

「この人数は、ハチ公前広場の歴史が始まって以来のことですよ」

四月二十一日も、小泉の演説会が有楽町のマリオン前でおこなわれた。

この場所での演説会は二回目で、札幌スタートのキャラバン隊が南下し、東京が最終地点であった。小雨が降るひどく寒い日であった。

小泉は、声を張り上げた。

「思いもしなかった結果が出ている。わたしが勝てっこない県で、すべてトップだ。党員投票で一位になったら、勝てる可能性が出て、ひょっとすると歴史が動く」

小泉は、つい本音が出て絶叫した。

「最大派閥の支援なく、日本の総理になった人は、これまで一人もいない。もし、わたしが勝てば、最大派閥の支援なくして誕生する初めての総裁になる！」

これまで最大派閥の田中派を背景に、田中角栄《たなかかくえい》がキングメーカーとして総理をつくっていた。大平正芳《おおひらまさよし》、鈴木善幸《すずきぜんこう》、中曽根康弘《なかそねやすひろ》は、田中が総理にした。その田中に反旗を翻して、竹下派を起こした竹下登《たけしたのぼる》らは、竹下自身の他にも宇野宗佑《うのそうすけ》、海部俊樹《かいふとしき》、宮沢喜一《みやざわきいち》を総理にしていく。一度野に下って、再び自民党が政権を取った後も、橋本龍太郎、小渕恵三《おぶちけいぞう》と竹下派の流れを汲む平成研究会が総理をつくった。小泉の属している森派の領袖森喜朗《もりよしろう》ですら、平成研の野中広務《のなかひろむ》、青木幹雄《あおきみきお》によって、総理となったのである。小泉は、今回、その平成研が立て、再登板を狙う橋本と勝負に出たのである。

小泉は、さらに声を張り上げた。

「もし、自民党が変わろうとしないなら、わたしが自民党をぶっ壊す」

「自民党」そのものより、「自民党」を支配していた「平成研究会」をぶっ壊す、と言ったのだ。

小泉は、その通り、総裁選で勝利し、総理大臣になると、「平成研究会」潰しにかかる。


「あんた、変人以上だよ」


平成十七年（二〇〇五）八月六日午後六時十三分、森喜朗元総理は、険しい表情で小泉総理を総理公邸に訪ねた。森は、参議院で郵政民営化法案が否決された場合に、衆議院を解散するとの考えを小泉が思いとどまるよう懸命に説得した。

「要は、法案を上げればいいんだろう。一気にやろうと思わずに、次の臨時国会で審議してもいいわけだし、やり方はいろいろあるじゃないか」

小泉は、聞く耳を持たなかった。

「絶対に駄目だ。解散が嫌なら、今回、通せばいい。それ以外、解散を避ける方法はない」

森は、強い口調で迫った。

「総選挙になれば、自民党は厳しい戦いを強いられる。あなたの意見に賛成し、努力している人を苦しめてなんの意味があるか。特に一回生議員を見殺しにし、路頭に迷わせることがあったら、いったい、どう責任を取るのか」

小泉は、平然とした顔で言った。

「いいんだ。それでもかまわん」

森は、思わず口にした。

「あんたは、非情な人だなあ」

「ああ、おれは非情だ。そんなこと、森さんも昔から知っているじゃないか」

小泉は、そのうち怒り始めた。

「そんなに解散が嫌なら、可決のために、努力してくれ。頼む。解散を好んでいるわけじゃない」

森は、再考を求めた。

「誰も、ついていけなくなる。選挙後に党総裁でいられなくなるぞ」

「わかっている。しかし、解散方針は変わらない。可決してくれればいい」

「郵政法案は、審議継続の形で残し、いったん議長預かりにして国会を閉会にした上で、日を置かずに再開したらどうか。これなら、わずか一カ月遅らせるだけで目処が立つ」

「昔から、そういうのがうまくいった例はない」

実は、この会談には裏があった。森は、解散すれば自民党は大敗し、野党に転落する恐れがある、それなら、小泉に総理を退かせ、継続審議にし、森派の福田康夫《ふくだやすお》を総理に据えようと考えていたのだ。小泉は、その考えをはねのけた。小泉は、すごんだ。

「おれの葬式には、誰も来てもらわなくたっていいんだ」

森も、「刺青大臣」と呼ばれた小泉又次郎《こいずみまたじろう》のDNAを彷彿とさせるこの小泉のセリフで、さすがに後の言葉がなかった。

一時間半にわたって激論を交わした。この会談は、ついに決裂した。小泉は態度を変えることはなかった。その間、チーズとサーモンをつまみに、外国産缶ビール十本近くを飲み干した。

森は、最後に捨てゼリフを吐いた。

「あんた、変人以上だよ」

小泉は、「それでいいんだ」と声を上げて笑った。

応接室を出るとき、小泉は森に言った。

「カンカンに怒って公邸を出てくれ」

公邸の玄関前には、多くのマスコミが森のコメントを取ろうと待ち構えている。記者会見するなら、少し大げさに演技してくれ、と注文をつけてきたのだ。

森は、冗談めかして小泉に言った。

「もう二度と、ここに来たくないよ」

小泉は、ニヤリとした。

「その言葉も、誇張して言ってくれ」

森が玄関を出ると、記者たちから声をかけられた。

「こちらで、会見をお願いします」

森は、一瞬、考えた。

〈反対派も、この光景をニュースで見るに違いない。とにかく、法案が通らなければ絶対に解散するという強い決意でいることだけは、明らかにしておこう〉

森は、怒りを表現するアイテムとして外国産ビールの空き缶と、つまみに出されたチーズを手に、記者たちの前に立った。

森は、小泉が、郵政民営化関連法案が否決された場合は解散・総選挙を断行し、国民に民営化の是非を問う決意を示していることを説明し、言った。

「総理は、『おれの信念だ。おれは殺されてもいい。それぐらいの気構えでやっている』と言っていた。はっきり言って、おれもサジを投げたよ。こうなると、変人以上だ」

そして、憮然とした表情で缶ビールとチーズを見せた。

「これ、なんだかわかる？　せっかくだから記念にもらってきたんだけど、夕食時だから寿司でも出るかなと思ったら、出てきたのは、つまみのサーモンと、この干からびたチーズだよ。このチーズ、硬くて食べられないんだ。おれに対してもこの扱いだからな」

さらに、小泉との決別の可能性も口にした。

「おれも、いつまでも小泉さんにこだわっているわけにいかない、という気持ちにもなりかねない。何とも言えない、むなしい、わびしい気持ちもある。（小泉に会うのは）これで最後かもしれない……」

この模様は、各局のニュース番組のトップで放映された。

なお、このとき出されたチーズは、熟成すると硬くなって味もよくなるフランス産のチーズ「ミモレット」であった。年代を重ねたミモレットは、その分値段も高くなるという。

森は、そのことを知り、苦笑した。

〈缶ビールとチーズは、余計だったかな〉

小泉は森の思いを無視し、郵政民営化法案が参議院で否決されるや、ついに衆議院の解散に踏み切った。

平成十七年九月十一日の衆院選で、自民党だけで二九六議席を獲得。公明党と合わせて、与党で三二七議席も獲得。大勝し、「小泉劇場」と呼ばれた。

もう一度、安倍晋三という政治家を世に問う最高の舞台

野田佳彦《のだよしひこ》政権時代の平成二十四年（二〇一二）八月十五日夜、東京・銀座の焼鳥店で、菅義偉《すがよしひで》は、安倍晋三《あべしんぞう》を口説いていた。第一次安倍内閣で総務大臣を務めていた菅は、安倍が総理大臣を辞

任した後も、ことあるごとにずっと励ましていた。

二人とも酒は飲まない。テーブルの料理にも、ほとんど手をつけなかった。

「次の自民党総裁選には、是非、出馬すべきです。円高・デフレ脱却による日本経済の再生と、東日本大震災からの復興、尖閣や北朝鮮の問題による危機管理といった三つの課題に対応できるのは、安倍さんしかいない。絶対に出るべきです」

民主党外交の失政に次ぐ失政によって、竹島、尖閣諸島、北方領土と日本の領土主権が侵害される事態が止まらない。国家観に欠け、責任感も気概もない民主党政権では、国益が損なわれるばかりの状況に、ますます菅は、次期自民党総裁選へ安倍が出馬することに期待を寄せた。

安倍が総理を辞任して五年、菅はずっと思っていた。

〈もう一度、安倍晋三という政治家は、国の舵取りをやるべきだ〉

そう心に強く思いながら、時が来ることを待ちつづけていた。そのときが、どうやら来たらしい。民主党政権の存続が危ぶまれている。次の総選挙では、自民党が政権を奪回できるほどの状況に追い込まれた。そんな今こそ、安倍にとって最高のチャンスだと菅は読んだ。

〈野党自民党の総裁選ではあるが、次の総裁選は「総理大臣」になる可能性のある選挙にかならずなる。当然、マスコミの注目度も高まる。それほどマスコミの脚光を浴びる選挙の場というのなら、安倍晋三という政治家を再び国民の皆さんに見てもらおうじゃないか。安倍晋三の主義主張というものをきちんと表明すれば、国民の期待感は高まり、一気に支持は広まるはずだ。これは、逆に安倍晋三にとっても、ものすごい自信につながるはずだ〉

菅は、そう強く確信していた。

党内には、「安倍の復帰は早すぎる。まだ禊《みそぎ》は終わっていない」というような声も上がっていることは十分承知している。

安倍自身も迷っていた。第一次政権の退陣の在り方に対する批判を気にしていた。

菅は、安倍にはっきり言っていた。

「でも、あの辞め方は、必ず一回は批判されますよ」

批判されているからといって、ひるんでいては始まらない。

総理を辞める理由となった安倍の体調も、開発された新薬によって不調がおさまり、安倍は心身ともに気力がみなぎっている。体調面での心配は払拭できている。

それよりも気がかりなことは、日本が国難ともいえる危機にさらされていることのほうだ。

東日本大震災からの復興は遅々として進まず、竹島、尖閣諸島など日本の領土が他国に脅かされるまでになってしまった。また、長引くデフレ・円高によって経済は低迷し、若者たちは未来に夢や希望が見出せずにいる。だが、安倍はずっと日本経済を回復させるための勉強を積み重ねてきている。それを披露するには、絶好の機会だ。

その上、民主党政権の三年で揺らぎ、悪化した日米同盟関係が、日本の死活問題となっている。この日米関係を、再び強固にしなければならない。

日本の命運が、このときにかかっている。

〈日本を立て直し、未来へ導くことのできるリーダーは、安倍晋三をおいて他にいない。総裁選で安倍晋三の姿を見れば、絶対、国民から支持されるはずだ〉

ただし、安倍に対する自民党の一般党員からの支持は少なく、石破茂《いしばしげる》の半分ほどと見られていた。菅は、安倍の自民党総裁選出馬をいろいろな人から反対された。安倍に近い人物の中には、「待望論が出るまで待つべきだ」と言う人もいた。

それを、菅は説得して歩いた。

「待望論は本人が出馬して、国民に訴えて初めて出てくる」

そんな菅に、こう言う人もいた。

「これで負けたら、政治生命がなくなる」

が、菅は思っていた。

〈そんな綺麗事では、政権なんて取れない〉

総裁選のルールを熟知している菅の頭の中では、緻密な計算がされていた。一回目の党員選挙で石破に七割を取られたら負けるが、六割以下なら決選投票に持ち込めば勝機ありと見極めた。

自分の見立てを話しながら、説得をつづけた。

「もちろん、絶対勝てるという保証はありません。三番目になるかもしれません。しかし、勝てる可能性は間違いなくあります」

だが、安倍は首を縦に振らない。

菅は民主党政権のつまずきを並べ立てた。尖閣諸島をめぐる中国との対立、デフレ不況の深刻化、東日本大震災の復興の遅れ……。

「今こそ、日本には安倍さんが必要です。国民に政治家・安倍晋三を見てもらいましょう。総裁選に立候補すれば、安倍晋三の主張を国民が聞いてくれるんです」

菅の声は、どんどん熱を帯びてきた。

「今回、出馬した際の最悪のことも考えました。でも、ここで敗れたところで、一年以内に選挙があるじゃないですか。最悪敗れたとしても、次の選挙に出馬する人たちから選挙運動を頼まれますよ。かならず地方組織から、『応援に来てほしい』と声が上がります。いずれにしても、次が完全に見えてくるじゃないですか」

そして、決断を促した。

「もう一度、安倍晋三という政治家を世に問う最高の舞台じゃありませんか？　このチャンスを逃したら、次は難しいですよ。この最高の舞台を、みすみす見逃すんですか！」

安倍と菅の話し合いは、三時間にもおよんでいた。

何も、菅はこの日ばかり、安倍を口説いていたわけではない。二年ほど前から、「もう一回、総理大臣をやるべきです」と言いつづけてきた。この最高の舞台に、安倍を上がらせないわけにはいかない。

菅が長年抱いてきた思いが伝わったのか、この日三時間にもおよんだ説得を前に、とうとう安倍が首を縦に振った。

「じゃあ、やりましょう」

第一次安倍内閣の三六六日の短さと違い、二八二二日もの長期政権を築くことになる……。

「カリスマ」と「カリスマ性なきカリスマ」

元財務省の事務次官である丹呉泰健《たんごやすたけ》（のち日本たばこ産業会長）は、総理秘書官として小泉純一郎総理に仕え、第二次安倍内閣でも内閣官房参与を務めた。

その丹呉が、安倍と小泉を比較する。

安倍総理について、「第一次内閣のときと第二次内閣とでは、まるで別人のようだ」と語る。

第一次内閣での安倍総理は、小泉内閣時代の官房副長官や官房長官のときと違い、緊張感が漂い、ぴりぴりとしていた。総理として国の行方を担うプレッシャーとともに、退陣の引き金となった潰瘍性大腸炎の影響もあったに違いない。

それが、第二次内閣以後は、食事をともにしても、ジョークを交えた会話を楽しみながらビールを飲む。実に、リラックスしている。健康には何の問題もなさそうだ。

そして、国内国外の諸問題に対し、自分が決断しなくてはならないというリーダーとしての自覚にあふれている。

丹呉が思うに、安倍総理にとって大きなポイントは、二度目の総理大臣就任直後、日銀の金融政策の変更および体制改革に踏み切ったことだった。

日本経済再生はデフレから脱却することだと考えた安倍総理は、その目標を消費者物価上昇率二パーセントとし、達成するまでは日銀は無制限の金融緩和をするべきだとした。量的緩和には積極的ではない当時の総裁である白川方明《しらかわまさあき》との対立も辞さず、ついには白川を辞任にまで追い込んだ。その後任に、量的緩和論者である黒田東彦《くろだはるひこ》を据えた。

このことは、ただ日銀体制の改革を断行したというだけにとどまらず、安倍総理自身が、改革を断行するリーダーとしての闘う姿勢を世間に見せつけることになったという。

丹呉から見ると、安倍総理、小泉総理、どちらも高い支持率を得て長期政権を維持していながらも、二人はまったく違ったタイプの総理大臣だという。

丹呉は、小泉総理には、「政治家が政治家たるには言葉の力が必要だ」ということを常に感じさせられていた。持ち前のスピーチで、聞く人々を惹きつける。丹呉にとって印象深いのは、小泉が一大旋風を巻き起こした平成十三年（二〇〇一）四月の総裁選でのことである。

それは、名古屋でのことだった。三回目の総裁選に挑む小泉をひと目見ようと集まった聴衆を前に、なんとマイクが故障してしまった。小泉の声は、聴衆に届かない。

が、小泉は、まったく動じることはなかった。あらためて用意されたマイクを手にすると、にやにやとしながら訴えかけた。

「自民党が壊れる前に、マイクが壊れちゃった」

「自民党をぶっ壊す」にひっかけたジョークを飛ばした。

名古屋の聴衆は、割れんばかりに沸いた。まさにカリスマ性があった。

小泉純一郎は、その総裁選で、橋本龍太郎、亀井静香《かめいしずか》、麻生太郎《あそうたろう》といった有力候補を押しのけて、総理総裁の座を奪い取った。

その後も、小泉は自身が名づけた「抵抗勢力」と闘いつづけた。しかし、発足当初、多くの自民党政治家は、腰掛け的な短命政権にすぎないと思い込んでいた。

「自民党をぶっ壊す」という言葉もまた、威勢のいいことを言っているだけと相手にはしていなかった。

丹呉自身、小泉内閣の財務省からの事務の秘書官に任じられた際、ある政治家から言われたものだった。

「そんなにがんばらなくていいんだぞ。どうせ、小泉内閣は、参議院選挙までのつなぎなのだから」

それが、総裁就任から三カ月後の参議院選挙で大勝。小泉総理は勢いづき、郵政民営化をはじめとする改革断行を掲げることによって大衆を味方につけ、自らの手で五年五カ月という長期政権を築き上げた。

それに対して、安倍総理はどうか。小泉総理のように話術に長けているわけではない。

第一次内閣時と比べると、ジョークを交え余裕のあるスピーチをするようになったとはいえ、「カリスマ」と呼べるだけの迫力やオーラはない。大衆に訴える力も、小泉に比べると弱い。

丹呉には、小泉純一郎を初当選直後から支えつづけ、小泉政権の政務秘書官を務め、安倍内閣でもまさに内閣官房参与として〝懐刀〟的な存在である飯島勲《いいじまいさお》が冗談交じりに語った言葉が印象深い。

「小泉純一郎には、心から〝小泉と命をともにしてもいい〟と思っていた政治家はいたかなあ」

その言葉こそ、同じ長期政権を樹立した小泉総理と安倍総理の大きな違いである。そして、安倍晋三という〝カリスマ性なきカリスマ〟の最大の強さを語っている。

安倍総理のまわりには、親衛隊がいた。高市早苗《たかいちさなえ》、稲田朋美《いなだともみ》、衛藤晟一《えとうせいいち》、萩生田光一《はぎうだこういち》といった議員である。この議員たちの多くは、安倍総理が会長を務めた保守派の議員グループの創生「日本」に所属する。彼らは、口をそろえて言う。

「安倍総理のためだったら、命を捨ててもいい」

そこまで覚悟して安倍総理を支える。

さらに、安倍総理の出身母体である清和政策研究会も、安倍総理を支えた。

政界だけではない。政界の外にも、安倍を支援する強力な応援団がいる。評論家の櫻井《さくらい》よしこらである。

安倍政権となって、官僚たちも活気を取り戻した。民主党政権では政治主導を標榜し、官僚たちはあくまでも〝事務屋〟として扱われた。官僚政治はどんなことであっても悪だと決めつけていたからである。官僚は何事にも口を出せず、いわゆる〝指示待ち族〟とならざるを得なかった。その縛りから解き放たれたのである。

創生「日本」に所属する議員らは、安倍総理には、相対して話して身近に感じるようになればなるほど、「この人を支えなければならない」と思わされるという。安倍総理は、生まれながらにして、身近な者たちを、安倍総理を支えたい気にさせる不思議なオーラを持っていたのであろう。

第一章

小泉純一郎の原点

軍人への強い思いを断ち切り全身に刺青を入れた祖父又次郎

小泉純一郎の祖父又次郎は、慶応元年(一八六五)五月十七日、神奈川県久良岐郡六浦荘村大道《くらきぐんむつらしょうむらだいどう》で、鳶職の由兵衛《よしべえ》の次男として生まれた。父由兵衛は、横須賀に出て請負業をやっていた。横須賀は、昔から海軍鎮守府があって、海軍工廠もあるので、土木工事も多い。由兵衛は、大工、左官、土木、人夫たちを工廠に入れる人入業を稼業としていた。

明治十一年(一八七八)、横須賀学校を卒業した又次郎は、軍人になることを夢見ていた。

又次郎は、卒業とともに、親に無断で上京し、東京築地の海軍士官になるための予備学校の近藤塾(のち攻玉社《こうぎょくしゃ》)に入学した。しかし、親に見つかり、実家に呼び戻された。

明治十二年(一八七九)から一年間、横須賀学校の代用教員を務めた。

又次郎は、明治十三年(一八八〇)五月、再び無断で上京する。今度は陸軍士官の予備学校である九段の上野清《うえのきよし》塾に入学した。しかし、またもや由兵衛に見つかってしまった。由兵衛は、又次郎を怒鳴りつけた。

「兄が亡くなっておまえは長男になったのだから、なんとしても家を継がねばならぬのだ。今日限り、魂を入れ替えて家業を継げ!」

又次郎は、それでも諦めきれなかった。しかし、親も安心させなければならない。

軍人への強い思いを断ち切るために、「意地と我慢」が信条といわれる鳶職によく見られるように、手首から足首にかけて全身に刺青を入れたのであった。

人入業をつづけながらも、又次郎は、本をむさぼり読んだ。J・S・ミルの『自由之理』、J・ベンサムの『立法論綱』『政治真論』といった、西欧功利主義に傾倒していった。

普請場の櫓の上で演説をするほどだった。

又次郎は、「言論の自由」「地租軽減」「外交の挽回」を求める三大事件建白書が出された明治二十年（一八八七）に立憲改進党に入党した。

又次郎は、明治二十二年（一八八九）五月には、「東京横浜毎日新聞」の記者となった。

明治二十七年（一八九四）前後に、綾部直子《あやべなおこ》と結婚した。直子は、品川駅前の飲食店「立花屋」の娘で、横須賀に芸妓に出ていて又次郎と知り合った。中背、肉づきのいい働き者であった。

横須賀のドブ板通りで玉突き屋を経営したりした。

又次郎は、明治三十一年（一八九八）十月横須賀に移り、日刊「公正新聞」を創立。三十三歳で社長兼主筆となった。

郵政民営化の旗を降ろそうとしない姿の原型

政界に打って出たのは、明治三十六年（一九〇三）九月二十五日におこなわれた神奈川県会議員選挙が初めてであった。初当選を果たした。明治四十年（一九〇七）四月二十三日におこなわれた第一回横須賀市会議員の一級選挙に立候補し、当選した。

明治四十三年（一九一〇）三月には、第四代市会議長に就任した。

明治四十一年（一九〇八）五月十五日の第十回総選挙に、尾崎行雄《おざきゆきお》らの所属する、今でいう野党の猶興会の候補者として神奈川県郡部区から立候補し、当選した。四十三歳であった。

これ以後、昭和二十年（一九四五）まで三十八年間、十二回にわたって当選をつづける。

大正七年（一九一八）に入って、普通選挙運動、いわゆる、普選運動がにわかに活発化した。

そのころ、選挙権は、直接国税十円以上の納付者だけに限られていた。その納税要件を撤廃することを求める普選運動への動きは、大正七年夏の米騒動をきっかけとして、一気に全国に広がった。東京をはじめとした十六の都市でデモ・集会がおこなわれた。

原敬《はらたかし》内閣は、小選挙区制を抱き合わせて直接国税三円以上と納税要件の引き下げを実施することを決めた。しかし、普選運動はとどまるところを知らなかった。又次郎は、大竹貫一《おおたけかんいち》ら憲政会代議士とともに、普選即時断行を主張した。

又次郎は、生涯「反官僚」を貫くが、これは彼の小学校時代から培われたものだという。

又次郎が通っていた小学校は「平民学校」と称した。そのほかに「官員学校」というのがあり、その小学校へは、海軍軍人の子弟や役人の子供が通い、平民の子は入学が許されなかった。これが第一に又次郎の癪にさわった。次に平民学校のほうでも、クラスを分けるのに、「上等八級」「下等八級」と区分された。又次郎は、子供ながら癪にさわった。

「同じ人間を、上等だの下等だのと、そんなべらぼうなことが世の中にあるけえ！」

しかし、又次郎の普通選挙への考えも、党内では少数派で党議にはならなかった。

その後、又次郎は全国普選連合会を結成した。大正九年（一九二〇）二月十一日、全国各地で普選大会が開かれた。東京では、関東労働聯盟の民衆大会が芝公園で、上野公園竹の台では普選期成同盟の国民大会、上野の両大師前では立憲労働党の参政権獲得民衆大会が開かれた。参加者は、五万人にもおよんだ。

又次郎ら全国普選連合会の幹部は、十数台の自動車を連ねて、日比谷に向かうデモ隊を途中の沿道に出迎え、敬意を表した。

ところが、デモ隊が、音楽堂で混乱した。警察官が演説の中止を命じたため、民衆と乱闘を始めたのである。

警察官は、一喝した。

「徽章《きしょう》をつけている幹部派以外は、全部この堂から出ろ！」

又次郎は、普選派代議士の目印である白バラを胸につけたまま、田中善立《たなかぜんりゅう》、三木武吉《みきぶきち》らとともに乱入した。

又次郎は、怒鳴り回った。

「巡査横暴、横暴!」

さらに、立川監察官に食ってかかった。

「民衆を追い出す以前に、まず巡査から追い出したまえ! そうでなければ、いつまでたってもこの騒擾は鎮静しない」

さらに興奮した又次郎は、新聞記者と私服警官を見間違え、襟首をつかまえた。

「貴様たちが悪いんだ。制服もつけず」

ぶん殴った。

この奮闘は、のちのちまで語り継がれた。

又次郎は、二月十三日には、普選三派妥協懇親会を、日比谷の松本楼《まつもとろう》で開いた。約一〇〇人の代議士が参加し、妥協案作成の方針に賛成した。

このような努力の積み重ねで、「各党は統一法案をつくり、共同戦線を張るべきだ」との声が高まった。普選運動は、今までにない高まりを見せた。

又次郎は、憲政会だけでなく、普選運動の指導者となっていった。

孫の純一郎が、まわりからいくら反対されても、郵政三事業民営化の旗を降ろそうとしなかった姿の原型が、ここにあるといえよう。

大正十四年（一九二五）三月二十九日、念願だった普選法案が成立した。大正八年（一九一九）から六年間の又次郎の努力が実ったのだった。

又次郎は、昭和四年（一九二九）七月二日に成立した浜口雄幸《はまぐちおさち》内閣で、逓信大臣として入閣した。昭和六年（一九三一）十一月に若槻《わかつき》内閣が総辞職をするまでの二年五カ月もの間、逓信大臣を務めることになる。

又次郎が大臣となって取り組んだ大きな問題に、逓信省が立案した「電信電話設備民営案」がある。それまで政府は電話事業の収益の全部を取り上げ、その一部を拡充資金として査定交付し、収益の大部分を一般会計の財源に利用していた。純一郎の「郵政民営化論」の政策の根源をここに見ることもできよう。

逓信省案は、大蔵省に反対されて日の目を見なかった。が、その後、通信事業特別会計制度となり、戦後電電公社設立におよんでいる。

駆け落ち同然の娘に新聞広告「帰って来い」

小泉又次郎には、家庭内に悩みが一つあった。長女芳江《よしえ》の変愛事件である。

芳江は、大正十四年（一九二五）に横須賀の大津学校を卒業、その年日本女子大学の家政科に入学。三年間の寮生活ののち、残り一年は自宅から通学した。又次郎が大臣に就任したときには、すでに女子大を卒業して家にいた。

芳江の恋愛の相手は民政党事務局にいる鮫島純也《さめじまじゅんや》であった。鹿児島県出身で政治家を志望していた。鮫島純也は、明治三十七年（一九〇四）一月二十四日、鹿児島県加世田市《かせだ》（現南さつま市）に生まれた。父親は網元をしていたが、失敗し、丁子屋《ちょうじや》という江戸時代からつづく老舗が営む鰹節工場の責任者として働いていた。

純也は、小学校を卒業後、鹿児島市のデパート山形屋に勤めるいっぽうで、鹿児島実業の夜学に通った。卒業後、上京。鹿児島出身の代議士岩切重雄《いわきりしげお》の書生をしながら、日本大学の夜学に通った。昭和二年（一九二七）、二十三歳のときに、民政党の事務所で働き始めた。鮫島は、党務の関係で、小泉邸をしばしば訪れた。そのうち、芳江と愛し合うようになった。

又次郎は、二人の結婚に反対だった。

「鮫島のような政治家を志すものと結婚すると、行き先苦労する」

二人は一時別れさせられ、芳江は小学校教員と見合いをさせられた。

だが、若い二人は、昭和六年（一九三一）に駆け落ち同然に家を出た。東京青山の同潤会《どうじゅんかい》アパートで同棲生活を始めた。

又次郎は娘に『帰って来い』と、新聞の尋ね人欄に広告まで出した。が、芳江は美男子だった純也にぞっこんであった。

大臣の娘ということで、この恋愛事件は新聞紙上をにぎわせた。

最後には、又次郎も二人の仲を認めた。この鮫島純也こそ、純一郎の父親である小泉純也である。

又次郎は、昭和九年（一九三四）五月に横須賀市長となったが、昭和十年（一九三五）十一月、市営の公益質屋職員の公金横領消費事件の責任を負って辞任した。在任期は一年半であった。

昭和十二年（一九三七）、日本は、日中戦争に突入していた。又次郎には、親軍的な傾向はなかった。むしろ、親軍的な動きを苦々しく思っていた。あくまでも、政党政治を守ろうとした。

昭和十六年（一九四一）十二月八日、日本は、ついに対米英宣戦布告をした。又次郎は、その報を、西大久保の自宅で聞いた。庭で盆栽の植え替えをしているところだった。

又次郎は、ぼそりと言った。

「東条《とうじょう》（英機《ひでき》）の馬鹿野郎！」

それから、また植え替えの仕事をつづけたという。

故郷の鹿児島に尽くした父純也

いっぽう、純也は、昭和十二年（一九三七）四月、鹿児島一区で民政党公認で衆院選に初当選を果たした。この選挙では、刺青大臣として知られる義父の小泉又次郎が応援にも来た。

昭和十七年（一九四二）二月の翼賛選挙では翼賛政治体制協会の推薦を受けて当選した。

昭和十八年（一九四三）、万世《ばんせい》町長をしていた吉峯喜八郎《よしみねきはちろう》は、万世の海岸に飛行場をつくろうと計画を立てた。喜八郎は、純也に相談した。

純也は、陸軍航空本部の少佐三名を連れて、視察に訪れた。

だが、少佐三人は、口をそろえて反対した。

「町長さん、こんなところに飛行場をつくるなんて、無茶な」

海岸は、山あり谷ありの砂丘地帯だった。

そこに、人手でつくるのは手間がかかるというのであった。

しかし、純也は、喜八郎とともに、少佐三人を執拗に説得した。

「食糧がきつくなっているときに、田んぼや畑を潰して飛行場にするのは、もったいない。難儀はするかもしれないけど、こういう場所に飛行場をつくるのが、今の国策に合っているのではないか」

三人は、ついに折れた。

「まいった」

陸軍は、飛行場ではなく、飛行学校をつくることにした。砂丘地帯に土を盛って、簡単な飛行場ができあがった。太平洋戦争時、そこからは、二〇〇機の特攻機が、アメリカに攻められる沖縄に向けて飛び立った。幻の飛行場と呼ばれている。

戦後になって、その飛行場は地元の人たちに払い下げられた。地元民はそこを畑として、厳しい食糧難の時代を食いつないだ。

純一郎の生と又次郎の死

小泉純一郎は、昭和十七年（一九四二）一月八日、神奈川県横須賀市に生まれる。昭和二十三年（一九四八）横須賀市山崎小学校入学。

あるとき、公職追放中の又次郎は、丸めた新聞紙を、自分の目にぎゅうぎゅうと押し込んだ。又次郎が目から離すと、手の中にあった新聞紙がなくなっている！　純一郎と弟の正也《まさや》は、びっくりして、又次郎の顔をのぞき込んだ。てっきり目の中に押し込んでしまったと思ったのである。幼い純一郎や、正也には、又次郎が、丸めた新聞紙を懐に隠していることはわからない。純一郎ら兄弟にとっては、いいお爺さんだった。

小泉純也の甥である井料克己《いりょうかつみ》は、鹿児島から上京し、昭和二十四年（一九四九）から金沢八景にある純也一家の家に書生として住み込んでいた。

風呂を沸かすのも、井料の仕事だった。いい湯加減になると、又次郎に声をかける。

「大先生、いい湯加減ですよ」

「おお」

又次郎は、ざぶっと湯船につかる。

しばらくすると、湯船から上がる音とともに、又次郎が井料に声をかけた。

「克己、背中を流してくれ」

井料は、又次郎の背中を流すたびに、背中の刺青に見惚れた。雲が漂い、桜の花が一面に咲き乱れる中を、勇壮な竜が天に向かって舞い昇っている。

刺青は背中だけでなく、手首からふくらはぎにかけて、ほぼ全身を覆っていた。又次郎が、逓信大臣時代に「刺青大臣」と呼ばれたのは、このみごとな彫り物を背負っていたからだった。

それは又次郎が八十過ぎてもなお、みごとな色彩を帯びていたが、湯船から上がったときに見る刺青はよりいっそう鮮やかになった。体があたたまって、赤らみ、黒ずんだ部分が消えるからであった。

幼い純一郎もまた、又次郎の彫り物に興味を抱いていた。又次郎の背中を流す井料の横で、いっしょに背中を流しながら、いくらこすってもいくらこすっても模様が落ちないのに、首をひねった。

純一郎は、ときには、いっしょに湯船につかりながら、禿げ上がった又次郎の額を、ぺたぺたと叩いた。

「まわれ、右!」

彫り物を見せろ、というのである。

又次郎も、かわいい孫の命じたことである。言われた通りに従った。

又次郎は、井料にぼそりと漏らしたことがあった。

「一番困ったのは、天皇陛下が、この刺青を見せてほしいとおっしゃられたときだ。『どうかご勘弁ください。陛下にご覧に入れるものではありません』と、ご辞退させていただいた」

そして、つづけた。

「よく彫り物を粋がって見せる人もいるが、こんなもの見せるもんじゃない。入れるもんでもないぞ」

又次郎は、家業の鳶職を継いでほしいと願う両親を安心させるために刺青を入れた。本意で入れたものではなかったに違いない。

だからこそ、又次郎は、外に出かけるときには、どんなに暑い日であろうと長袖のシャツを着て出かけた。

又次郎は、昭和二十六年（一九五一）六月二十日、公職追放解除となった。しかし、政界復帰は考えなかった。

それから約三カ月後の九月二十四日、来客の後、うーんと唸って倒れた。意識を失い、いびきをかいて、昏睡状態に入った。脳溢血であった。

そのまま意識を取り戻すことなく、午後十一時ころ、息を引き取った。八十六歳であった。苦しむことのない、大往生であった。

小泉純也は、戦後、公職追放解除後は、昭和二十七年（一九五二）に義父又次郎の後継者として神奈川県から改進党公認で衆議院議員に立候補し、当選。政界に返り咲いた。
純也は、昭和二十九年（一九五四）に法務政務次官に就いた。

親父のように政治の道を志そう

小泉純一郎は、昭和三十七年（一九六二）四月、慶應義塾大学経済学部に入学した。将来サラリーマンになろうと思ってのことである。

小泉は政治家になるつもりはなかったが、父親の選挙を手伝っているうちに、父親の気持ちが肌でわかるようになっていった。父親が、自分に跡を継がせたいと思っていることもわかった。周囲の人間も、小泉が政治の道に進むことを期待している。

小泉は、政治のことを自分なりに考えていくうちに、いろいろと疑問も感じてきた。政治への興味が、次第に深くなっていった。

大学二年になると、本格的に決めた。

〈おれも、親父のように政治の道を志そう〉

純也は、原稿も一切見ないで演説した。おそらく、陰で練習していたのであろう。

純一郎は、純也によく言われた。

「アーとか、エーとか、余計なことを言っちゃいかん。同じ言葉を繰り返すな。繰り返す場合でも、同じ意味の別の言葉を使え。言うべきことを、きちんと伝えろ」

さらに強く言った。

「自分が心から感動しなければ、人を感動させられない」

父親の純也は、能弁ではないが、実に雄弁家だった。演説は、火を噴くようであった。声といい、内容といい、人の心を打つ演説をする。話も理路整然としていた。純一郎は、一番の雄弁家は父親だと思っている。当時も今も、あれだけの演説ができる人は、ちょっといないと誇りにしている。

戦前の演説はマイクなしで声を出す。若いころ、純也は、海に向かって演説の練習をしていたと純一郎は聞かされた。海風がものすごい、それでも消されないような大声で練習をすると、すぐに喉が潰れる。しかし、潰れるといい声が出てくる。だから、わざと潰す。そのぐらい強く鍛える。

純也がようやく大臣になれたのは、昭和三十九年（一九六四）七月の第三次池田内閣の改造でのことだった。純也は広報委員長となったときに、ともに全国を遊説して歩いた池田勇人《いけだはやと》が、一本釣りの形で登用したのである。

慶應義塾大学の学生であった純一郎は、純也の後援会が開く会合や盆踊りにも顔を出していた。純也とは違って、ひ弱い感じだった。小泉同志会青年部の遠藤喜義《えんどうきよし》らは、ささやき合った。

「純也先生は、跡はどうするのかな」

そう話すほど、純一郎は、およそ政治家タイプには見えなかった。

榎本一生《えのもとかずお》は、小泉とは横須賀高校、慶應義塾大学のそれぞれ一年先輩にあたる。知り合ったのは、慶應義塾大学時代である。慶應義塾には、それぞれの地域出身者が交流する学生会という任意の組織がある。小泉も榎本も、「横須賀慶應学生会」に所属していた。

榎本は、三年生のとき、同じ横須賀慶應学生会のメンバーから頼まれた。

「会長になってください」

会長は、三年生がなるのが慣例となっていたのである。だが、榎本は、時間がないからと断った。

そのとき、二年生の小泉が名乗りを上げた。

「ぼくがやりましょう」

榎本は、副会長となった。

照れ屋だった純一郎が、皆を束ねるような会長に名乗りを上げるとは、弟の正也は思いも寄らなかった。純一郎は、正也に言った。

「自分から望んだわけではないが、おまえの番だと言われて逃げるのは嫌だ」

学生会の活動といっても、日常的には取り立てて何をするということはない。ただ、目玉は、年に一回から二回おこなうダンスパーティーであった。

慶應義塾大学の学生だけでなく、横須賀の知り合いの若者に声をかけて開くのである。榎本には、明確な記憶がないが、喫茶店か大きな会議場のようなスペースを借りて開いた。

小泉は、リーダーシップを発揮するタイプのリーダーではなかった。あくまでもにこにこしながら、皆の意見をまとめるタイプだった。

ただ、話はうまかった。冗談を交えながら、皆の調子を掴んだ。大向こうを狙う言い方ではなく、芯から自分の人間性を出していった。

強く思い入れた織田信長

小泉純一郎は大学時代から織田信長《おだのぶなが》に強く思い入れていた。慶應義塾大学三年生のとき、学内誌に『死のうは一定!』と題して、信長と、自らの青春について書いている。

《青春重ねて来たらず、青春は人生にたった一度しかこない。しかもその人生も又やり直すことのできないたった一度きりのものである。私は一生を考えふと空しさを覚える時がある。虚無を感ずる時がある。胸の中を北風が通り過ぎるような思いがする。なにもかも馬鹿らしくなってしまう。なんのために生きているのか、なんのために勉強し努力しているのか、心を悩ましたってなんになるものか、なるほどスポーツは清々しい。麻雀も面白い。酒もうまい。女もいい。がしかしそれがどうしたというのか。死んでしまえばなにも残らない。すべて一時のなぐさみにすぎないのか。楽天家の私でさえこのような虚無感にふとおそわれる時がある。そんな時、私は幸若《こうわか》の舞敦盛《まいあつもり》の一節

人間《じんかん》五十年
下天《げてん》のうちを比ぶれば
夢幻の如くなり
一度生を享け
滅せぬもののあるべきか

を謳い、「死のうは一定！」「それ貝を吹け、具足をもてい！」と立ちながら湯漬を食らい甲冑ひっかけ城を馳せ出て、わずかの兵を率いてまっしぐらに田楽狭間に向い一挙に今川義元《いまがわよしもと》を打取ったあの時の織田信長を思い出す。人生五十年、どうせ一度は死ぬのだ。乾坤一擲《けんこんいってき》、思い切ってやってやろうという壮絶な雄々しい感情を秘めて打向って行った信長の気概、見事だ、素晴らしいと思う。男らしく爽快である。相手を倒さなければ自分が殺される厳しい戦国時代の武将に私は強く魅かれる。戦いに明け暮れ、死など考える暇がなくしかも死が目前にある苛烈な時代の人々の生き方に大いに教えられる。戦場を駆けめぐり戦塵の中に生涯を終わった当時の武将のことを考える時彼等に対する哀れな感情と同時に私の身の内には欝勃《うつぼつ》たる気分が湧いてくるのである。しかし人間誰もが空しさを感じる時があるのではないか。ときにおそってくる虚無とのたたかいに負け死を考える時が無きにしもあらず。だが死んでしまったらそれこそおしまいである。自殺は敗北である。私は自殺くらい馬鹿なことはないと思う。人間死にたくなくても必ず死ぬのだ。生きることを断念する方が人生という冒険を勇気に試してみることよりも一層価値があるとでもいうのだろうか。自分の将来はどうなるのか。自分はどんな人間になるのか。どのようになるにせよ最後まで見究めたい》

ストイックであること

純一郎は、大学時代に、特攻で命を落とした海軍飛行予備学生第十四期会の手記『あゝ同期の桜』を読んだ。涙を流しながら、読んだ。かならず死ぬことがわかっている特攻隊員に比べれば、自分の境遇はなんと恵まれているのだろう。両親もいて、好きなことができて、わがままも言える。そのことを切に感じたといっていた。

あるいは、父純也が鹿児島の万世町につくった、幻の飛行場と呼ばれたところから、二〇〇機もの特攻機が飛び立っていったことも、父親から聞かされ胸に深く焼きついていたのか。さらには、父純也が生まれ育った鹿児島には、国に殉じるという発想がある。

薩摩隼人の血を受け継いでいたのかもしれない。それゆえに、純一郎は、ストイックであることを自分に課した。

英国留学と純也の死

純一郎は、昭和四十二年（一九六七）三月、慶應義塾大学経済学部を卒業した。やがては父親の跡を継いで政界に打って出ると決めていたので、就職する気はまったくなかった。

二年後の昭和四十四年（一九六九）、イギリスのユニバーシティカレッジロンドンに留学した。政治の勉強をするためである。それまで一人で生活したことがなかった。いい機会だから、一人で外国生活を送り、おのれを鍛えてみたかった。三十歳までは、ひたすら自己充実を図るつもりであった。

彼は、将来の青写真を描いていた。

〈親父は、七十歳過ぎまでは、現役で政治家をやっているだろう。おれは、三十歳を過ぎて、親父の手伝いに入り、親父の引退と同時に、国会議員に立候補しよう〉

小泉は、ロンドンに留学すると、パリに留学している中島幸雄《なかじまゆきお》と週末バカンスにはどちらかの国へ出かけ、二人で各地を回った。

中島は、二年半の留学を終えて純一郎よりも早く帰国した。

純也は、次第に痩せ衰えていった。選挙民には、誰にも会いたくない、と言った。本人は、夏を乗り切り、次の選挙にはなんとしても出馬しようとの執念に燃えていた。そのためにも、選挙民には病を隠そうとしていた。

病の床で、次男の正也に、議員になったらこういうことをやれ、と具体的なことまで指示するようになった。

「福田《ふくだ》（赳夫《たけお》）さんに付け。国家の全体を知るためには、大蔵委員会に入れ」

長男の純一郎に伝えるために口にしているのだが、その指示を純一郎に伝えろとは言わなかった。正也を介して純一郎に遺言していたのであろう。

八月十日に、息を引き取った。享年六十五歳。

家族から父親の死を報らされたロンドンにいる純一郎は、正也に言った。

「すぐ帰る。茶毘《だび》には付さないでくれ」

純一郎は、三年間の留学を急遽切り上げ、ロンドンから帰国した。

純一郎は、自宅で父親の遺体と対面した。

葬儀が終わって父親の遺品を整理していたとき、書斎から、父親の書いた一枚の色紙が出てきた。

『必勝　小泉純一郎君
　　小泉純也』

裏に書かれた日付を見た。おそらく、自分が死んだら、きっと純一郎が選挙に出馬する。そう予期しての「必勝」だったのであろう。しかも、自分の息子に対して「君」づけにしているのも、一人の候補者として見ているからであろう。純也の純一郎への、薩摩隼人らしい遺言であった。

純一郎は、胸を熱くした。

〈お父さん……〉

なお純一郎は、この色紙を宝物として、選挙事務所に掲げた。小泉宗派と呼ばれる人たちにとっては、「錦の御旗」となった。

それから政界を引退するまで、小泉は選挙のたびに選挙事務所にこの書を掲げている。選挙のとき以外は、議員会館の自分の部屋の執務室に、鎌倉彫りの額に入れて飾った。

初選挙は一〇万票を超えるも落選

小泉は、昭和四十四年（一九六九）八月十六日に、横須賀市内にある文化会館でおこなわれた純也の市民葬で、出馬宣言をおこなった。

「父の遺志を継いで、わたしが……」

自民党の公認は、小泉純一郎と決まった。

三カ月後の十一月に衆議院が解散され、十二月には選挙に突入した。父親が岸派であった関係で、福田派から立候補した。

このころ、演説はお世辞にもうまくはなかった。

純一郎は、とにかく自分の主張をまくし立てた。

「政治家は地方ではなく、全体の大きなところを考えるべきだ」

最初から生意気な正論を吐いた。

早口でもあった。間を置く、というテクニックがおよそない。本人はいいことを言っているつもりでも、聞き取りにくい。しかも、色白で体も細い。およそ迫力がなかった。むしろ、選挙応援のために横に並んでいる、体格のがっしりした友人の中島幸雄のほうが候補者のように見えた。

当時の選挙区内では祖父の又次郎、父親の純也の名は知っていても、純一郎の名を知る者は少なかった。純一郎と言っているのに、「純也さん」と間違える人も多かった。

説明すると、やっと納得した。

「ああ、又さんのお孫さんか」

「純也さんの息子さんね」

結果的に純一郎は、一〇万三三八一票とった。最下位当選の田川誠一《たがわせいいち》から離されること、わずか四〇〇〇票差であった。が、それでも落選した。一〇万票以上得票して落ちた候補者は、全国で五人いた。自民党内でも、一〇万票以上とって落選するのは、選挙制度に問題があるのではないかと、問題になったほどである。が、落選はしたものの、「よくぞ一〇万もとれた」という声が強かった。次回に期待を持たせた。

福田赳夫秘書を経て初当選

小泉は、落選後、福田赳夫の秘書となった。大蔵大臣であった福田に、「次の選挙では、大蔵大臣秘書の肩書きがあったほうがいいだろう」と言われたこともあって、通うようになったのである。

当時横須賀の自宅に住んでいた小泉は、世田谷区野沢の福田邸まで、電車で通った。毎朝五時に起きる。横須賀線、山手線と乗り継ぎ、二時間かけて七時には福田邸に入った。

あるとき、福田の秘書官であった越智通雄《おちみちお》は、小泉に訊いた。

「毎朝早くて、腹が減るだろう。朝食は、どうしているの」

「横須賀線の車内で、弁当を食べていますから」

越智は思った。

〈慶應ボーイで、ロンドン大学に通っていた若者が、車内で弁当を食うというのは勇気がいるだろうな〉

福田は「角福戦争」といわれるほど、ライバルであった田中角栄とは対照的に常にストイックであった。強く主張していた。

「これからの日本は、モノではない。心だよ」

ストイックに生きることを身につけた小泉純一郎は、福田の生き方、政治理念に共鳴した。

小泉は、大物政治家の一日の始まりをすぐそばで見ていて、実に勉強になった。

遠くから見ていたのではうかがいしれない面を見ることができた。

午前八時半過ぎ、福田は、車で大蔵省に向かう。むろん、秘書官の越智も同行する。

小泉は、福田邸に残り、客の相手をした。小泉の仕事は、午前中のみであった。午後は地元に帰り、選挙活動に専念した。そのような生活を三年ほどつづけた。

小泉の初戦を応援した小沢一彦《おざわかずひこ》は、小泉が落選した昭和四十四年（一九六九）十二月選挙の後、悔しさを噛み締めていた。

〈次の選挙では、かならず当選させてみせる！〉

小沢は、小泉陣営の建て直しに向けて、動き出した。

〈若い世代を取り込むだけではいけない。高齢者も取り込まねば〉

そこで考えついたのが、純一郎の祖父で「刺青大臣」と呼ばれた小泉又次郎の伝記を出すことであった。又次郎の人生を描き、その又次郎の血を引くのが純一郎だといえば、「又さんのお孫さんかい」といって投票してもくれるだろう。

『小泉又次郎伝』は、ちょうど次の選挙の一カ月前の昭和四十七年（一九七二）十一月に出版した。八〇〇〇部刷った。

小沢は、必死だった。

〈これで当選しないのなら、選挙応援はやめよう〉

公示は、昭和四十七年十二月十日であった。

小泉にとって二度目の選挙になった。

〈今度こそ、当選してみせる……〉

が、この選挙も苦戦が予想された。

前回少数票差で争った田川誠一の応援には、なんと田中角栄総理、中曽根康弘通産相までやってきた。田中は、昭和四十七年七月五日の総裁選で福田を破り、日の出の勢いにあった。

福田派から立候補した小泉は、選挙事務所に、自民党総裁である田中角栄の写真は一枚も飾らなかった。福田の写真を、誇りを持って飾った。

初めての選挙同様、父純也の遺した『必勝小泉純一郎君　小泉純也』の色紙も飾った。

福田は、前回の総選挙で初当選を果たした森喜朗をともなって応援演説に駆けつけた。福田は、ぶち上げた。

「わたしは、大蔵大臣時代、いろんな人から株についての相談を受けました。『どんな株が上がるのか』『この株は、買って儲かるか』と。しかしわたしは、大蔵大臣だからたとえ知ってはいても、人には言えない立場にあります。決して答えませんでした。しかし今『この小泉純一郎株は、損か得か』と訊かれたら、迷うことなく薦められます。『絶対に買って損はしない。かならず、上がります』。ぜひ、今から小泉株を買っておいてください」

福田の演説は、ユーモアの中にも、小泉を絶対に当選させなくてはいけない、という派閥の長としての責任感あふれたものであった。

小泉は、この選挙では前回を約二万票上回る一二万二一八八票を獲得し、第四位でみごと初当選を果たした。公明党の松尾正吉《まつおまさよし》と、外交官出身で民社党の大物である曾禰益《そねえき》が落選したのである。

純一郎は、当選が確定するや、涙を流した。選挙に走り回った純也の秘書の牧島功《まきしまいさお》は、言葉にならないほどの感動があったのではないか、と思った。これで、父親の純也の遺志を継げたとの思いがあったのではないか。表舞台でがんばれるという思いもあったろう。

第二章

政界のサラブレッド・安倍晋三

安倍晋三の生誕、晋太郎と高杉晋作の「晋」

いっぽう、安倍晋三は、昭和二十九年（一九五四）九月二十一日、安倍晋太郎《あべしんたろう》、洋子《ようこ》夫婦の次男として生まれた。小泉純一郎より一回り一二歳若い。

安倍晋太郎は、次男にもかかわらず、名前に「三」の字を入れ、あたかも三男のようなイメージを与えかねない名前をつけた。洋子は、「次男なのに、どうして？」とよく訊かれる。

晋太郎は、洋子に言った。

「字画や、字の座りを考えると、『晋二』よりも『晋三』のほうがいい」

晋三の「晋」の字は、父親の晋太郎の「晋」である。もともとは、長州が生んだ偉大なる維新の志士である高杉晋作《たかすぎしんさく》にちなんで名づけられた。晋太郎は、幕末の志士高杉晋作を敬愛していた。晋三にも、高杉晋作の魂を受け継いでほしい、との願いが込められていた。

高杉は、安政四年（一八五七）、吉田松陰《よしだしょういん》の松下村塾に入門。文久三年（一八六三）五月十日、長州藩は外国船を攻撃した。米、仏艦の反撃で情勢は緊迫した。高杉はそれを機に、藩主から急遽、下関の防御を委任された。高杉はこのとき、身分にかかわらない有志による奇兵隊を結成した。この新軍事力は、以後長州倒幕派の軍事的基盤として諸隊の中心的存在となった。

高杉は、元治元年（一八六四）十二月に下関で挙兵、対立していた俗論派から藩政を奪取し、討幕派に主導権を握らせた。慶応二年（一八六六）には、幕府の差し向けた第二次征長軍に対して、海軍総督として海軍を率いた。小倉藩領を攻撃、占領した。だが、慶応三年（一八六七）四月十四日に、二十八歳の若さで志半ばで病死した。

ちなみに、晋三より二歳年上の長男の寛信《ひろのぶ》の名は、安倍晋太郎の父親で政治家であった安倍寛《かん》の「寛」と、洋子の父親である岸信介《きしのぶすけ》の「信」からとった。

晋三ら兄弟は、岸信介から吉田松陰や高杉晋作ら長州の偉人についての話を寝物語に聞かされた。

「吉田松陰先生は、立派な人だった。勉強中に蚊が腕を刺しても、それを叩き潰すというのは、勉強という公の時間を私事に費やすということだから、という理由で、そのままにして勉強をした人なんだよ」

晋三は、吉田松陰の「身体は私なり。心は公なり」の教えを素朴に思った。

〈そんなこと、本当にできるのかな……〉

ただし、吉田松陰や高杉晋作は立派な人物だったということだけは、子供心になんとなく理解できた。そのためか、安倍晋三は、政治の転換期において自分の血が騒ぐのは、長州人の気質なのかな、と思うことがあったという。

祖父岸信介の前で「アンポ、ハンターイ!」

昭和三十五年(一九六〇)一月、岸信介総理は、アメリカ政府と、新安保条約、新行政協定(地位協定)、さらに事前協議に関する交換公文などをワシントンで調印した。岸信介は、不平等な安保条約を改正することが、日本の国益にかなうと信じていたのであった。だが、社会党をはじめとする野党勢力は、安保改定作業は、日本の対米従属を恒久化するものとして、院内外で反対闘争を巻き起こした。

安倍洋子らにとっても心の休まる間がなかった。緊張の連続だった。洋子は、晋三らを連れて、夫の安倍晋太郎が昭和三十三年(一九五八)五月の総選挙で初当選して以来住んでいた世田谷区代沢の家から、二日とあけず南平台《なんぺいだい》の岸邸に出かけた。家の周囲は、連日デモ隊に取り巻かれ、そのまま数日泊まり込むこともしばしばだった。デモ隊は大声でシュプレヒコールを繰り返すだけでなく、石や板切れ、ゴミまでも門の中に投げ込んだ。新聞紙に石ころを包み、それをねじって火をつけて放り込んでくることもあった。南平台の家は、「ウナギの寝床」よろしく、細長い敷地で、わりあい奥のほうに建物が建っていた。さすがにそこまでは届かなかった。

ところが、岸邸の左右両隣のよその家も、外から見るとちょうど一軒の大きな屋敷に見えるようで、デモの学生たちは誤って隣家にも投石した。よほど困ったらしく、「ここは岸邸ではありません」と、塀の外に看板を吊り下げていた。

まだ小学校にも上がらない幼い晋三は、テレビで見た安保反対闘争のデモも、お祭と同じなのか、シュプレヒコールを真似して叫んだ。

「アンポ、ハンターイ！　アンポ、ハンターイ！」

洋子は叱った。

「晋三、アンポ、サンセーイ！　と言いなさい」

岸は、ただ愉快そうにその光景を笑って見ていた。

あるとき、晋三は、岸に訊いた。

「アンポって、何？」

祖父は、ニコニコしながら優しく教えてくれた。

「日本がアメリカに守ってもらうための条約なんだよ。なんでみんな反対するのか、わからないね」

しかし、「孫たちの安全は保証しない」と書かれた脅迫状まがいのものまで届くようになった。

そのため、寛信と晋三が学校へ通うときは、送り迎えの人間がかならずついた。幼いときから暗殺の危険にさらされていたのだ。

小学校二年生の寛信は、幼いながらも、祖父が世間から反発を受けていることを感じ取っていた。それがなぜなのかも、うっすらと理解していた。

寛信と晋三が、ともに岸邸にいたとき、デモ隊がやってきた。

外の騒ぎは、幼い兄弟の耳にも届いていた。寛信は、鼻息も荒く言った。

「悪いやつが、いっぱい来たぞ。おい、晋三、えっちゃんの家へ行くぞ！」

えっちゃんの家とは、岸家と道路をはさんだ反対側の家のことだった。そこは、メーカーの社長宅で、寛信は、自分より一歳年上の息子と遊び友達だった。

「晋三、武器を忘れるなよ！」

「うん！」

寛信と晋三は、プラスチックの水鉄砲を握り締め、岸家の裏門から出た。デモ隊をかき分け、えっちゃんの家の裏門から入った。

寛信は、えっちゃんの家の一階の風呂場の窓から外を見た。道路に、デモ隊が大勢いるのがよく見渡せた。みんな、寛信たちのほうに背を向け、岸家のほうを睨みつけている。

「ようし。やつらを、やっつけてやる！」

寛信と晋三は、狙いを定め、水鉄砲を発射した。水が勢いよく飛び出て、デモ隊の背中や首筋に当たった。

「やった！　当たったぞ！」

が、デモ隊は、攻撃に夢中なのか、水をひっかけられたことに気づく人は、ほとんどいない。

「もっと、撃ってやれ！」

寛信と晋三は、幼いなりに本気になって、祖父を守るため、デモ隊と戦おうとしたのだった。

家族のみんなは、寛信と晋三に言い聞かせていた。

「デモ隊は、よくない人たちの集まりです。あなたたちのお爺さんは、いつも日本のことを考えていらっしゃるのですよ」

二人は、祖父が日本のために働いていることを心から信じた。寛信は、「共産主義者」は、「泥棒」と同義語の「悪党」であるとさえ思った。

「満州国の産業開発はわたしの描いた作品」

母親の洋子によれば、晋三は「政策は祖父の岸信介似、性格は父親の晋太郎似」という。

岸信介は、明治二十九年（一八九六）、山口県山口市に生まれた。のちにやはり総理となる佐藤栄作《さとうえいさく》は、岸の実弟である。

岸は、郷土の先輩である吉田松陰と門下生である高杉晋作たちへの熱い思いを抱いて青春期を送った。大正六年（一九一七）、東大法学部に入学。天皇主権説を唱える憲法学の大家で、国粋主義者の上杉慎吉《うえすぎしんきち》博士主宰の木曜会に入る。

上杉から大学に残って後継者になるよう勧められたが、「民間で国のために尽くしたい」と、大正九年（一九二〇）、東大法学部卒業後、農商務省に入省し、工務局長を務めた。「革新官僚」と呼ばれる。

二・二六事件の起こった昭和十一年（一九三六）、満州（現中国東北地区）国実業部次長として満州に渡った。満州では、資源開発にあたった。

満州国の官吏は官僚の仕事だけでなく、政治的な考慮も加えなければならなかった。が、日本から官僚が渡満した当初は、大日本帝国の中華民国からの租借地であった関東州の守備、および南満州鉄道付属地警備を目的とした関東都督府の守備隊であった関東軍が政治・行政の一切を握っており、役人は、その下に押さえつけられていた。

岸は、満州に渡ったとき、満州事変の首謀者の一人である関東軍参謀長の板垣征四郎《いたがきせいしろう》に面と向かって言った。

「満州国経営の基本に関しては、関東軍が考えればいい。われわれは、それに従っていく。しかし、日常の行政の本体は、われわれに任せてもらわないと困る。関東軍の若い軍人が行政にいちいち干渉してくるということは、軍人の威信にも関わる問題だ。軍人は、もう少し大所高所《たいしょこうしょ》で満州国における統治ならびに治安というものを考えてもらいたい。われわれが商売、実業をやる」

板垣もこれを了解した。

ただし、満州で事業をやるということになると、官僚の力では無理である。そこで日産コンツェルン創設者で岸の親族でもある鮎川義介《あいかわよしすけ》も満州にやってきて、昭和十二年（一九三七）十二月、満州重工業開発を設立。鮎川を総裁とした。

昭和十二年からは、満州産業開発五カ年計画を推進し、東条英機、星野直樹《ほしのなおき》、松岡洋右《まつおかようすけ》、鮎川義介とともに「二キ三スケ」と呼ばれる満州国支配の実力者となった。

岸は、昭和十四年（一九三九）帰国途中、大連港で豪語した。

「満州国の産業開発は、わたしの描いた作品である」

敗戦後にA級戦犯容疑で逮捕

昭和十六年（一九四一）に、岸は、東条内閣の商工大臣として入閣。東条内閣の閣僚として十二月八日の「開戦」の宣戦布告に署名。

昭和十七年（一九四二）に、山口県二区から衆議院議員に当選した。昭和十八年（一九四三）には、軍需大臣東条のもとで、軍需次官兼国務大臣となり、軍需生産行政を推進した。が、戦局悪化にともない「反東条」に転じ、東条内閣総辞職のきっかけをつくった。

敗戦後の昭和二十年（一九四五）九月、A級戦犯容疑で逮捕される。巣鴨拘置所で、右翼の大物、笹川良一《ささかわりょういち》、児玉誉士夫《こだまよしお》らと知り合う。

岸は、東条英機元総理ら七名のA級戦犯が処刑された翌日の昭和二十三年（一九四八）十二月二十四日、不起訴のまま釈放されて不思議がられていた。

なお児玉誉士夫、笹川良一も不起訴のまま釈放された。

〝塩爺〟こと塩川正十郎《しおかわまさじゅうろう》がわたしに語ったところによると、塩川も同席した場である若手議員が、岸に訊いたという。

「先生は、なぜ巣鴨プリズンから、出てくることができたのですか？」

岸は、にやりとした。

「吉田内閣時代（の昭和二十二年〈一九四七〉に二・一ゼネストを、マッカーサー（GHQ総司令部総司令官）が止めただろう。マッカーサーは、理想主義者だったから、二・一ゼネストは労働問題くらいにしか考えていない。『こんなものは止めたらしまいだ』という認識だった。でも、アメリカの共和党を中心とした国会議員の中では、大変な問題だった。これをほっといたら、日本は大変な内乱になるという危機感を抱いていた。吉田茂《よしだしげる》で、果たして日本を平和国家として独立させてやっていけるのかどうかというのが、アメリカの国会で問題になった。そのとき、おれは巣鴨プリズンにおったんだ。吉田の後を誰にやらすかということだが、鳩山一郎《はとやまいちろう》や河野一郎《こうのいちろう》は優秀だけども、方向性が頼りない。どっちに向くかわからない。政治家としての判断はいいけども、行政的統治能力は薄い。そこで、おれに目をつけたんだろう。アメリカは、おれをジッと見ていた。おれは、極東裁判で一つも尋問されてない。おれ自身、『なんで、ほかの戦犯のようにやられないんだろう』という疑問は、多少持っていた。そこへ、だんだんとアメリカでも吉田に対する批判が高まってきた。今は進駐軍がいるからいいけども、やがて進駐軍が引き揚げたとき、左右の対決のバランスが崩れるかもわからない。そこで、保守のリーダーとしておれに白羽の矢が立てられ、早々と釈放されたんだ」

岸の獄中日記からは、岸が戦ったアメリカへの強い不信感を持ちながら、同時に中国大陸の赤化（共産化）という問題に強い関心を持っていたことがうかがえる。

また、米ソの冷戦の推移にも非常に関心があったが、巣鴨プリズンを出た後は、アメリカに対する反発よりも、ソ連に対する反感が強くなっていく。

岸は、巣鴨プリズンからは出たものの、すぐには政界に復帰できなかった。公職追放になったのだ。

安倍晋三が、東京裁判に否定的だったのは、満州を岸ファミリーが牛耳ったことに深い関わりがある。安倍が、「戦後七〇年談話」にアジアを侵略したことを認めることに、ためらいつづけたのも、岸信介の動きと関わりがあろう。さらに、先の大戦についての考えも、岸の影響を強く受けている。

政界復帰四年当選三回生にして総理に就任

昭和二十七年（一九五二）、岸信介は、講和条約発効とともに、公職追放解除。ついに政界への復帰が可能となった。昭和二十八年（一九五三）四月の総選挙で、山口二区から衆議院議員に当選し、自由党に加わった。昭和二十九年（一九五四）には、鳩山一郎を総裁とする日本民主党を結成。幹事長に就任。

岸は昭和三十年（一九五五）十一月十五日、日本民主党と自由党の「保守合同」を推進し、自由民主党（自民党）を結成する。昭和三十一年（一九五六）には、石橋湛山《いしばしたんざん》内閣の外務大臣に就任。昭和三十二年（一九五七）二月、ついに総理に就任した。政界復帰わずか四年にして、最高権力の座に就いたのである。当選三回生にして、六十歳であった。

岸は、総理に就任するや、自分に言い聞かせた。

〈安保改定を実現することが岸内閣の使命である。それこそが、政治家として、国民に対して責任を果たすことになる〉

岸は、昭和三十二年六月十六日午後九時四十分、米国に向かって羽田空港を飛び立った。

八月二十二日、「岸・アイゼンハワー共同声明」が発表された。その中で、日米両国が日米安保条約の改定に取り組むことを公式に確認した。岸総理の政治生命を賭けた大事業が本格的にスタートしたわけである。

遡ること昭和二十六年（一九五一）九月八日、日本はサンフランシスコにおいて平和条約に調印し、大戦後の宿願となっていた独立を回復した。さらに、吉田茂総理はアメリカとの間で、「日本国とアメリカ合衆国との間の安全保障条約」に署名し、アメリカとの同盟関係を確立した。

当時の国際環境は、朝鮮戦争の勃発に見られるように、冷戦下の東西対立の激化を反映し、極めて厳しいものであった。そのため、日本の独立と平和を守るためにはアメリカ軍の駐留を前提として、アメリカの協力を得ることが不可欠と認識されていた。この旧安保条約は、その後の日米の協力関係の基調となったが、アメリカの日本防衛義務が不明確であった。

それと「内乱条項」（日本の内乱に米軍が出動できるとする規定）がふくまれていた。その不平等性をめぐり、日本国内で活発な議論がおこなわれていた。

岸総理は、旧安保条約をめぐる議論を踏まえ、なんとしてもアメリカに対して旧安保条約の改定を提起しなくては、と強く思っていた。

安保改定を一年後に控えた昭和三十四年（一九五九）一月十六日の夜、日比谷の帝国ホテル新館光琳の間で、岸、大野伴睦《おおのばんぼく》、河野一郎、佐藤栄作は会談を持った。そこに河野の友人の大映社長の永田雅一《ながたまさいち》、北海道炭礦汽船社長の萩原吉太郎《はぎわらきちたろう》、右翼の大立者の児玉誉士夫の三人がオブザーバーとして加わった。

岸と佐藤兄弟は、光琳の間の席で大野に頼んだ。

「岸内閣を救ってくれ。そうしたら、安保改定直後に退陣して、かならず大野さんに政権を渡す」

大野によると、佐藤までが手をついて頼んだという。

岸は、安保改定を実現させるため、大野と河野の抱き込みにかかったのである。

しかも、岸は口約束で信じられないならば、はっきり誓約書を書いておこうとまで言い始めた。その部屋には墨筆がないので、秘書を呼んで、筆、硯、墨に巻紙を取り寄せさせた。

まず岸自らが筆をとり、後継者に大野君を頼むという文書をしたためた。しかも、大野の次は河野、河野の次は佐藤、という政権の順序まで約束したのである。

岸は、署名を終えると、念を押した。

「約束は守る。ただし約束が実現するためには、あなた方がわたしに全面的に協力することが前提である。これは、わたしとあなた方との約束である。もしもあなた方がこの約束を違えたなら、この誓約書は、その瞬間に反故になるとご承知いただきたい」

出席者は、皆了承した。

「わかった」

この帝国ホテルの会合で、大野と河野の協力をとりつけた岸・佐藤兄弟は、ようやく危機を脱することができ、安保改定に突き進んでいった。

大野は、このときの申し合わせに従って、党内収拾に乗り出した。

しかし、この密約は裏切られることになり、岸は襲われることになる……。

「安保改定が実現されればたとえ殺されてもかまわない」

昭和三十五年（一九六〇）一月六日、藤山外務大臣とマッカーサー大使の会談で、安保改定に関する交渉は正式に妥結した。

両国は、「日本国とアメリカ合衆国の間の相互協力及び安全保障条約」に署名した。

この条約の改定にともない、岸の願い通り、いわゆる「内乱条項」が削除され、アメリカの日本防衛義務が明確化された。米軍の行動に関する両国政府の事前協議の枠組みが設けられるなど、旧安保条約の不平等性が是正された。

「日本国の領域でいずれかが攻撃された場合に共同防衛する」「十年後に締約国の通告があれば一年後に終了する」がはっきりと加えられた。

しかし、日米開戦時の閣僚であり、A級戦犯であった岸によって、条約改正がおこなわれ、強圧的な議会運営がおこなわれたことで、国民の多くは戦前のような国家体制の再来だと感じた。

昭和三十五年六月十日午後、アイゼンハワー大統領の秘書ハガチーが来日した。アイゼンハワー大統領訪問のときの行事や警備などを日本側と打ち合わせるためである。

ところが、アイゼンハワー訪日阻止を叫ぶ激しいデモのため、羽田空港で立往生した。とうとう米軍のヘリコプターで脱出し、アメリカ大使館に着くという異常事態を招いた。

いっぽう、日本の治安当局も、アイゼンハワー大統領の身辺警備について深刻な懸念を抱き始めた。

六月十五日夜の国会デモで、警視庁調べによると、警官三八六人、学生四九五人が重軽傷を負った。警官隊は催涙ガスを使用し、バリケード代わりに並べた十五台のトラックが炎上した。東大文学部四年生の樺美智子《かんばみちこ》が、そのデモに巻き込まれて死んだ。

政府は、六月十六日午後の臨時閣議でアイゼンハワー大統領の訪日延期を要請することを決めた。

岸は、アイゼンハワーの訪日延期の要請を決定したとき決意した。

〈総辞職をするしかない〉

六月十七日午後六時、社会党の河上丈太郎《かわかみじょうたろう》が暴漢に刺された。

デモ隊の勢いは、いっそう激しくなっていった。岸の私邸のまわりも、国会も、総理官邸も、デモ隊に取り囲まれ、「岸を倒せ!」のシュプレヒコールが繰り返された。

六月十七日に、総理官邸に小倉謙《おぐらけん》警視総監が来た。岸に要請した。

「総理官邸を、立ち退いてください。連日のデモ隊の規制で、機動隊や一般警官は疲れ切っており、総理官邸の安全確保に自信が持てなくなったので、どこかほかの場所に移ってほしい」

岸は、小倉にただした。

「ここが危ないというのなら、どこが絶対安全なのか。そういう場所があるのか」

小倉は、返事ができなかった。

岸は言った。

「わたしだって、暴徒に襲われて殺されたくはないさ。しかし、ほかに行く場所がないのなら、内閣総理大臣としては、総理官邸以外に居る所がないじゃないか。変な所に引っ込んで、それで怪我をしたというんじゃ、みっともないもいいところだ」

岸は、小倉に引き取ってもらった。

実際、岸にも、そのときはどんな事態が起こるのか予測ができなかった。岸は、腹を決めていた。

〈安保改定が実現されれば、たとえ殺されてもかまわない。死に場所が総理官邸ならば、以て瞑すべしだ〉

岸総理は、六月十八日、国会から、ついに総理官邸に閉じこもった。

全学連が竹やりを持って、ぞくぞくと地方から東京へ応援に上ってきている、という情報も入った。岸は、その夜、官邸に集まっていた各閣僚をそれぞれの役所に帰した。

岸は腹を据えていた。

〈殺されるのなら、わたし一人でいい〉

が、実弟の佐藤栄作だけは残った。

佐藤は言った。

「兄貴を、一人でおくわけにはいかない」

そこで、二人だけで籠城することになったのである。

佐藤は、瓶とグラスを持ってきた。

「兄さん、ブランデーでもやりましょうや」

兄弟二人、深夜の総理官邸でブランデーをなめながら、自然承認の時刻に至るのを待った。

六月十八日が終わり、十九日の午前零時になった。改定安保条約は、自然承認となったのであった。岸は、ホッと胸を撫で下ろした。それを境に、まるで風船が潰れたようにデモの勢いは失われていった。国会を取り巻いていたデモ隊は、次々に引き上げていった。

辞意表明と襲撃事件

岸は、安保改定を実現した昭和三十五年（一九六〇）六月二十三日午前十時から開かれた臨時閣議で発言した。

「人心一新、政局転換のため、総理を辞める決意をした」

岸は、政権に恋々とかじりつくつもりはなかった。人からすれば、「岸は残念だったろう」と思うことだろう。が、実際はそうでもなかったという。

〈もう少し執念をもって政権にしがみつき、やるべきことをもう少しやるのが国家のためになったかもしれないし、また政治家として進むべき道であったかもしれない。しかし、自分自身としては、岸内閣の成立以来、政権のエネルギーの七割ないし八割を傾注した安保改定を、自分の思うように、いかなる反対があってもとにかく完成させたのだから、それでいい〉

臨時閣議での岸の辞意表明を機に、次期総裁問題が浮上した。

七月十四日、自民党は日比谷公会堂で党大会を開き、安保騒動の責任を取って退陣した岸総理の後継に、池田勇人が選ばれた。帝国ホテルの光琳の間で交わされた次の総理は大野に渡すという誓約書は反故にされたのである。

岸は、のちに語っている。

「政治においては、国家のためなら悪も許される」

この日の午後二時過ぎには、池田自民党新総裁の祝賀レセプションが総理官邸中庭でおこなわれた。岸総理は池田新総裁を会場に迎えて握手。ビールジョッキを掲げて、お互いに万歳を唱え合った。それが済むと、岸総理は用事のために官邸内に入った。

午後二時二十分、そこへ自民党員の大会バッジをつけた白開襟シャツの小柄な壮士風の男が、握手を求めるそぶりで横から近づいてきた。

岸は、それに応じようとした瞬間、「オオッ」と声を上げ、後ずさりした。

岸には警護の警官二人がついていたが、代議士といっしょに話しながら歩いてきた男をすぐさま暴漢とは気づかなかった。

男は、いきなり手に持った刃渡り十五、六センチの登山用ナイフで、岸の左太腿を二度、三度、まるでフェンシングのような構えで突き刺したのである。

男は逃げようとした。が、まわりにいた人に取り押さえられた。

岸は、右手で犯人を指さし、何か叫ぼうとした。が、声が出ない。

左手で押さえた左腿の七カ所もの傷口から、赤い血の滴が赤い絨毯の上にボタンと落ちる。みるみる鮮血が茶色い背広のズボンを伝い、足元にどす黒い血だまりをつくった。

岸は、三、四人に担がれ、官邸の玄関に運び出された。

岸は、白眼を剥き、口を開けて放心したようであったという。

男は池袋で薬屋をいとなむ当時六十五歳の荒牧退助《あらまきたいすけ》。

犯行の動機は「国会乱入事件などの騒ぎは、岸総理の政治のやり方がいい加減なためで、政治家に反省を促す意味で岸総理を誰かが襲撃するだろうと思っていた。しかし誰もやらないので、自分がやらねば駄目だと決心した」というものであった。

荒牧は十三日の朝にも刺すつもりで大手町のサンケイホールに行った。が、岸総理が姿を見せなかったので、未遂に終わっていた。

捜査当局は荒牧の背後関係を徹底的に調べ上げ、自宅からある人物の名刺を押収した。その人物は大野伴睦に近い右翼の大物の系統だったが、捜査はそれ以上は進まなかった。

荒牧の犯行の真因は、岸が大野に内閣への協力の代償として後継総裁に大野伴睦を推すことを約束した、いわゆる「密約」を反故にしたためといわれている。

『岸政権・一二四一日』の著者大日向一郎《おおひなたいちろう》の調べによると、警戒厳しいレセプションに荒牧が出席できたのは、当時大野の秘書で、のちに科学技術庁長官となる中川一郎《なかがわいちろう》に招待状をもらっていたからという。やはり大野の恨みからの犯行といえよう。

なお、岸信介の秘書を務めた久保《くぼ》ウメからわたしが聞いたところによると、岸は彼女に事件後、こう語ったという。

「荒牧は、さすがにプロだな。太腿は、ヘタに刺すと死に至る。が、あくまで命は取らないで脅しの意味で刺したのだから、深手にならないように刺している」

匕首による傷口はすべて斜めから入っており、一本の神経も切れていなかった。神経を切ると死ぬことがある。岸の傷は、全治二週間であった。

荒牧はその後懲役三年が確定するが、おどろくことに、久保ウメによると、岸は荒牧の服役中、「家族が生活に困るだろう」と、荒牧の家族に生活費を出していたという。

その岸の姿を見て、久保ウメは思ったという。

〈こんなことができる人は、この世にはいない〉

やはり、「昭和の妖怪」と言われた岸は常人とは違う懐の深さも持ち、清濁併せ呑んだ傑物であった。

岸は安保改定こそ成し遂げたが、「憲法改正」を実現することはできなかった。

その念願は、孫の安倍晋三に託され、安倍はその実現に命をかけ走りつづけていたが、凶弾に倒れ果たせぬまま散ったのである……。

もう一人の祖父、「今松陰」安倍寛

安倍晋三は、祖父の岸信介の身近にいて岸と接していたから「岸のＤＮＡ」を受け継いでいると強調しているが、安倍晋太郎の秘書であった奥田斉《おくだひとし》によると、実は晋三にとってもう一人の祖父安倍寛のＤＮＡも受け継がれているという。

安倍寛は、明治二十七年（一八九四）三月十日、安倍彪助《ひょうすけ》の長男として山口県大津郡日置《へき》村（現長門市油谷）に生まれた。安倍家は、平安時代の陸奥国の豪族で、前九年の役（一〇六二）で、源頼義《みなもとのよりよし》・義家《よしいえ》に敗れた安倍宗任《あべのむねとう》の流れを汲む。平家方について壇ノ浦の合戦に加わった家系だと、洋子は晋太郎から聞いている。

寛は、萩中学、旧制四高に進んだ。寛の大叔父の慎太郎《しんたろう》は県議で、中央政界を狙っていた。が、明治十五年（一八八二）十月、わずか三十二歳で他界し、野望は遂げられなかった。その遺志を継ごうと、東京帝国大学政治学科へ進学した。が、寛は、実は、経営にも興味を抱いていた。寛は、大正十年（一九二一）に東京帝国大学を卒業するや、自分で事業を始めようとした。安倍家は、素封家であった。もともと大庄屋で、酒と醤油の醸造もおこなっていた。田畑も十八町あり、山林も百町歩を超えるほどであった。が、寛の事業資金までは捻り出せなかった。久保ウメが自分の親から聞いたところによると、寛は、妻の静子《しずこ》の実家をはじめ、知人を訪ね歩き、事業資金を確保した。

静子は、明治三十八年（一九〇五）十一月十日、岩手県の士族で陸軍軍医の本堂恒二郎《ほんどうつねじろう》と、長門国萩（山口県萩市）出身の元陸軍大将である大島義昌《おおしまよしまさ》子爵の長女の秀子《ひでこ》との間に生まれた。大島家は、安倍家のある日置村に隣接する菱海村《ひしかいそん》の旧家であった。

借金でまとまった資金を得た寛は、静子をともなって上京し、銀座に三平商会を興した。寛は、自転車の輸入販売に目をつけたのである。今でいえば、高級外車の輸入販売である。が、高価な自転車がそう簡単に売れるはずもなく、たちまち経営は火の車となった。

寛は、再び妻の実家の大島家を頼った。人に頭を下げたことのない寛は、金を無心するときも、背筋を伸ばしたまま、厳しい顔つきを崩さなかった。

「事業を拡大するので、もう少し資金を調達してもらいたい」

大島家の者たちは、困惑した。寛の態度はまさに、武士の商法そのものであった。

寛は、膨れ上がった借金を返そうと、必死で働いた。が、それでも事業は好転しない。

結局、大正十二年（一九二三）九月一日に起こった関東大震災を機に、会社は倒産した。

そのとき、静子は晋太郎を身ごもっていた。

寛の借金によって生じた波紋は、意外な展開を見せた。寛の伯母のヨシが、大島家から借金返済の催促があったことを聞きつけ、激怒したのだ。

「安倍家の人間が、借りたものをそのままにするとでも、思っているのですか！　返済の催促をしたということは、寛を信用していないのと同じことです！」

とうとう静子は、両家の確執の責任を背負うことになった。身重の体にもかかわらず、寛と離縁させられることになったのだ。しかも、生まれてくる子供は、安倍家が引き取るという。

晋太郎は、大正十三年（一九二四）四月二十九日、東京新宿の新宿日赤病院で生まれた。晋太郎は、一つの不幸を背負わされて生まれたといえよう。

静子は、泣く泣く晋太郎を手放した。そしてこれが、母子の今生の別れとなる。

寛は、昭和三年（一九二八）二月、晋太郎が四歳になる直前の総選挙に、三十三の若さで立候補し、久原房之助《くはらふさのすけ》と対決した。久原は、日本鉱業、日立製作所、日立造船の生みの親で、新興財閥日産コンツェルンの母体をつくった人物で、やはりこの選挙に初めて立候補してきた。久原は、のちに政友会幹事長、政友会総裁を務めることになる。

その久原に対して、寛は「金権腐敗打破」を叫んで、まっこうから挑んだ。が、落選した。

寛は、昭和八年（一九三三）三月、日置村村長となる。日置村に農村塾を開設し、青年たちのために学ぶ場をつくった。いつしか寛は、村人たちから「今松陰」と呼ばれるようになっていた。

吉田松陰は、安政四年（一八五七）に叔父が主宰していた松下村塾の名を引き継ぎ、高杉晋作や久坂玄瑞《くさかげんずい》、のちに総理大臣となる伊藤博文《いとうひろふみ》らを育てた。

寛は、昭和十年（一九三五）十月、村長のまま山口県県会議員に当選。脊椎カリエスを患っていたためギプスをはめたまま執務をこなした。村長室には、万が一のときのためにベッドまで置かれていた。が、誰からも「不謹慎だ」と文句は出なかった。それだけ、職務をまっとうしていた。

寛は、昭和十二年（一九三七）四月三十日、満を持して第二十回総選挙に立候補した。無所属での挑戦であった。日置村の九八パーセントもの票を集め、一万七八八票で、みごと初当選を果たした。

昭和十六年（一九四一）十二月八日、日本海軍のハワイの真珠湾奇襲によって太平洋戦争が勃発した。昭和十七年（一九四二）四月、いわゆる翼賛選挙がおこなわれた。すべての政党は解散させられ、大政翼賛会に統一させられたせいである。それは、戦争を支持して大政翼賛会に入らねば、政治生命が絶たれることと同義であった。が、寛は、東条英機ら軍閥主義に対する批判の表現として、無所属、非推薦で立候補したのである。軍部から徹底した弾圧を受けながら、全国の非推薦組のほとんどが落選する中で、一万四六一九票を取り、四位当選を果たした。

寛は、三木武夫《みきたけお》とともに、東京日比谷大正生命会館内に「国政研究会」事務所を設け、二十名を超す衆議院議員の参加を得て、東条総理の戦争政策を批判した。それだけに、特高警察にもマークされた。演説会にも、特高や憲兵がいつも尾いて歩いていた。

昭和十八年（一九四三）、寛は塩野季彦《しおのすえひこ》元法務大臣を囲む「木曜会」をつくり、東条内閣の退陣を求め、戦争反対、戦争終結の運動を起こす。

少年期から政治家を志した父晋太郎と寛の急死

いっぽうで晋太郎は、少年期から政治に目覚めていた。晋太郎は、父親から久原房之助との一騎打ちの話を聞かされるたびに、興奮した。

〈戦争の話を聞くより、面白いや〉

当時の子供なら、将来は軍人になりたい、というのが普通である。が、晋太郎は不思議と軍人になりたいという考えを持たなかった。ごく自然に考えていた。

〈わしは、中学を出たら、高校に行って、親父のように東大法学部を出て、政治家になる〉

昭和十八年（一九四三）四月、晋太郎は、みごと岡山の第六高等学校文科甲類に入学した。

昭和十九年（一九四四）十月、晋太郎は、学徒動員で琵琶湖畔の海軍滋賀航空隊（第十五期予備学生）に入隊した。六高を一年半で繰り上げ卒業となり、東京帝国大学へ推薦入学が決まっていた矢先のことであった。

晋太郎は、腹をくくった。生徒長として特攻隊を志願した。

〈どうせ死ぬのなら、いっそ特攻隊として華々しく散りたい〉

昭和二十年（一九四五）六月一日、少尉候補生となった安倍晋太郎を生徒長とする海軍滋賀航空隊第二期飛行専修要務予備生徒二五〇人は、千葉県館山にある横須賀海軍砲術学校館山分校に移った。

八月十五日、正午、晋太郎は終戦を告げる玉音放送を、名古屋の東海海軍航空隊明治基地隊の士官次室で聴いた。室内は、異様な雰囲気であった。集まった者たちの感情が、天皇陛下の声に向かって、抑えつけながらも、一つの高まりをみせるかのようであった。

晋太郎も、戦争に負ける、と思ってはいても、さすがに涙が止まらなかった。悔しかった。と同時に、内心ほっとした安堵感も湧いてきた。

〈これで、戦争が、やっと終わったんだ〉

晋太郎は、まもなく山口県大津郡日置村に帰郷した。

いっぽう、一貫して軍閥主義を批判してきた寛の時代が、ようやく訪れようとしていた。寛は、この年十一月二十四日、二七三名の同志と、日本進歩党を結成。

寛は、翌昭和二十一年（一九四六）四月におこなわれる戦後第一回の総選挙の準備に駆けずり回っていた。寛は、晋太郎に言った。

「おい、おまえも立派な大人だ。わしの選挙を手伝え！」

晋太郎の戦後は、父親の選挙の手伝いで幕を開けた。ビラ貼り、父親の代役としてのあいさつ回りなど、一人前の人間として努めるようになっていた。

人々は、敗戦のショックに打ちひしがれていた。が、寛の支持者たちは、ようやく戦争が終わり、それまで大政翼賛会にくみせず、軍部の弾圧に屈せずに政治信念を貫いてきた寛の時代になったことをよろこんでいた。晋太郎は、その手応えを感じた。寛の演説会にも同行した。

食糧難の時代であった。ほとんどの候補者が「米よこせ」と声高に叫び、人々の胃袋に訴えてきた。が、寛は、敗戦のショックから人々を奮い立たせるべく、さかんにこれからの希望と、日本の再建を説いた。

「いかに日本が落ちぶれようとも、精神の高潔だけは貫こう！」

それはまた、寛自身の一貫した生き方であった。東条英機元総理ら戦犯が、ぞくぞくと逮捕されていく中で、時代は大きく寛に味方した。支援者も増えた。晋太郎は安心した。

〈これで、戦争中の苦労した選挙から、ようやく解放された。親父も、自分の政治が、やっとのびのびとできるぞ〉

しかし、当の寛は、自分の命が、翌年四月までもつかどうか、危ぶんでいた。ときどき、激しく咳込んだ。体がだるくて仕方がない。

〈これは、もたんかもしれん……〉

寛は、すでに自らの死期を悟っていたのである。

年の明けた一月三十日、寛は、心臓麻痺で急死した。五十一歳、まだまだこれからという矢先に、選挙目前にしてこの世を去った。もし生きていれば、ひとかどの政治家として活躍していたことは間違いない、と言われている。

地元の人たちは、安倍晋三は、祖父岸信介のＤＮＡだけでなく、このもう一人の祖父の安倍寛の反骨魂も受け継いでいると見ている。

晋太郎、岸信介の長女洋子との結婚と初当選

東大法学部に復学した晋太郎は、親譲りの結核を患った。半年ほど、東大病院に入院した。

晋太郎は、病気が回復するや、昭和二十三年（一九四八）秋、日本三大新聞の一つ、毎日新聞社を受けた。

〈将来、おれは、政治家になるんだ。政治家になるんなら、やっぱ新聞記者だ〉

昭和二十四年（一九四九）四月、毎日新聞に入社した晋太郎は、新入社員十人とともに、まず社会部に預けられた。サツ回りと最高裁判所担当を、それぞれ半年ずつやると、昭和二十五年（一九五〇）から、念願の政治部へ配属された。

まもなく、晋太郎に縁談が持ち上がった。相手は、岸信介の長女洋子であった。岸は、取材にやってきた晋太郎のことを、ひと目で気に入った。

まもなく、晋太郎と洋子は見合いをした。渋谷区南平台のレストランであった。

晋太郎も、ひと目で洋子が気に入った。彼女は、黒っぽい洋服を着、眼が大きく、情熱的だった。二十二歳であった。

晋太郎は思った。

〈清楚な、しかし、芯のしっかりしている令嬢のようだ〉

いっぽう洋子のほうは、ほとんど物を言わない色白で、背高のっぽの晋太郎を見て正直に思った。

〈ちょっと、頼りなさそうだわ〉

が、どこかわからないが、妙に魅かれていくものがあった。

歳の割に落ち着いてるな、と感じたのは、晋太郎が無口なせいであろう。洋子もあまりおしゃべりというたちではない。話が弾むというより、単なる顔見せ、という感じだった。

晋太郎は、自己主張をする、というようなこともなく、話の内容もごく一般的で、ただありのままの自分を見てもらおう、とふるまっていた。

洋子は、おっとりした晋太郎の性格に魅かれた。

〈人柄は、いいみたいね〉

二人は、昭和二十六年（一九五一）五月五日に、東京大手町の東京会館で挙式した。

晋太郎は、昭和三十一年（一九五六）十二月、七年八カ月勤めた毎日新聞社を退社した。石橋内閣の外務大臣となった岸の秘書官となるためである。

石橋内閣は、石橋湛山の病気により、わずか六十五日間で倒れた。

石橋は後継に岸を指名し、昭和三十二年（一九五七）二月二十五日、岸内閣が成立した。

岸信介は、昭和三十三年（一九五八）に入ると、いよいよ政権安定を狙って、解散総選挙の動きに出た。

晋太郎は、奮い立った。岸に申し出た。

「次の選挙に立たせてください！」

昭和三十三年五月二十二日、総選挙がおこなわれることになった。

総理大臣である岸は、晋太郎個人の応援としては駆けつけられない。岸は、自民党候補者すべての応援のうちの一人として、下関の駅前で安倍の応援演説をおこなった。

岸は、個人的に晋太郎を褒めるわけにもいかない。照れ臭そうに言った。

「安倍君は、青年政治家として初めての出馬であります。山口県から、下関から、期待の新人を皆さまの手で、どうか押し上げてやってください」

ごく一般的な応援であったが、総理大臣が応援に駆けつけたことは、晋太郎の票に大きくプラスした。

五月二十二日、総選挙の投・開票がおこなわれた。晋太郎は、七万八一四票を獲得し、第二位で当選を果たした。一位の田中竜夫《たなかたつお》は、一〇万二八八二票とダントツで、到底かなわないが、周東英雄《すとうひでお》は抜いた。

翌日、洋子が新聞を見ると、面白い見出しで晋太郎のことが紹介されていた。

『山口二区の新人、安倍晋太郎、第二位で当選。彼は、全国で歳の若いのも二番目、背の高いのも、二番目である』

洋子は、新聞を見て、また感動を新たにした。

安倍晋太郎が政界入りしてまもなく、洋子が第三子を身ごもった。

岸信介は、気が気ではなかった。宇部《うべ》興産に勤めるサラリーマンであった長男信和《のぶかず》夫婦には、子供ができなかった。このままでは、跡継ぎどころか、岸家が途絶えてしまう。

昭和三十四年（一九五九）四月一日、三男の信夫《のぶお》が生まれた。

岸信介の悲願が叶い、三男の信夫は、岸家の養子となった。

岸信夫《きしのぶお》が晋三が兄であることを知るのは、大学進学に際し、戸籍謄本を取り寄せたときであった。

なお、岸信夫は、平成十六年（二〇〇四）七月の参議院選に自民党公認で山口選挙区から出馬し当選する。のち、衆議院に移り、菅義偉内閣、岸田文雄《きしだふみお》内閣で防衛大臣を務める。

落選して男泣きする父親を見守りつづけた九歳

祖父たちも、両親も、寛信や晋三を政治家にするための詰め込み教育を施すこともなく、自由にのびのびと育てていった。

当時、成蹊小学校は、小学校としてはもっともレベルが高い学校であった。当時の成蹊に対する世間的な評価は、小学校がAクラス、中学校がBクラス、高校がCクラス、大学がBクラスであった。

昭和三十三年（一九五八）四月、長男の寛信が東京武蔵野市吉祥寺北町にある成蹊小学校へ入学した。

晋三も、昭和三十六年（一九六一）四月、成蹊小学校に入学した。成蹊学園の「成蹊」は、中国漢の司馬遷《しばせん》が書いた『史記』の「李将軍列伝」で、李廣《りこう》という人物を語るために引用した諺「桃李不言下自成蹊」からなる。「桃李もの言わざれども下おのずから蹊を成す」と読む。

桃や李《すもも》は、口に出してものを言うわけではないが、美しい花やおいしい実があるので、自然と人がやってきて、そこに小道（蹊）ができる。つまり、人格のある人のたとえで、徳行のある人には、その徳を慕って人々が集まるという意味である。口に出さずに、ただただ自分を研鑽していく。それこそ、成蹊学園が、寛信や晋三ら生徒に求めていたことである。

昭和三十八年（一九六三）十一月二十一日、晋太郎にとって三度目の衆議院選挙がおこなわれた。

二度目の選挙も無事に務め上げた妻の洋子は、安心していた。

十一月二十一日、総選挙の投票がおこなわれた。

安倍晋太郎は、五万八〇二一票で次点に泣いた。

落選して地元から家に帰ってきた晋太郎は、晋三の眼にも疲れ切っていた。晋太郎は、息子たちの前で初めて涙を流した。晋太郎が涙を流せる場所は、この家の中以外、どこにもなかった。十一歳の寛信は、父親の打ちひしがれた姿を見るのが辛くて、父親のいる部屋からスッと出ていった。が、九歳の晋三は、父親の男泣きに泣く姿を、ジッと黙って見守りつづけた。

昭和三十九年（一九六四）四月、東京大学教養学部に入学した平沢勝栄は、アルバイト先を見つけるため大学の就職課に立ち寄った。掲示板に様々な職種のアルバイト募集の貼り紙が無数に貼られている。平沢は、その中の一枚の貼り紙に、ふと眼を止めた。

『家庭教師募集週三回食事付き九〇〇〇円』

この当時、東大生の家庭教師代は、週一回で三〇〇〇円、週二回で六〇〇〇円が相場で、特別に好条件というわけでもない。が、所在地は世田谷区代沢で、教養学部のある目黒区の駒場キャンパスに近い。通うのも楽だ。

平沢は、すぐに応募し、さっそくその家を訪問した。家の主は、政治家の安倍晋太郎であった。が、安倍は、このときは浪人の身であった。捲土重来《けんどちょうらい》を期し、妻の洋子とともに選挙区の山口一区で選挙活動をしていることが多く、夫婦そろってほとんど家にはいないという。

平沢が勉強を教えるのは、小学六年生の寛信、小学四年生の晋三の二人であった。

平沢は、安倍夫妻に頼まれた。

「よろしくお願いしますよ。わたしらは家を空けることが多いので、勉強だけでなく、いっしょに遊んでやってください」

平沢は、引き受けた。

「わかりました」

こうして、平沢は、約二年間、安倍家で家庭教師を務めることになる。

分厚い眼鏡をかけた平沢は、自分の出した問題を寛信や晋三が解けなかったとき、心から哀しそうな顔をした。

「なんで、解けないんだよ」

寛信と晋三は、政治への野心があるようには見えなかった平沢が、よもや政治家になるとは夢にも思わなかった。

平沢の眼には、長男の寛信は、おっとりとしていた。次男の晋三は、素直で従順だが、自分の言ったことを曲げない芯の強さがあった。好奇心も旺盛で、次から次へと矢継ぎ早に質問をぶつけてくる。それに、理解できなければ納得しない性格であった。

ときには訊いてきた。

「先生、アインシュタインの相対性原理って何ですか？」

ただちに返答するには窮する場面もあった。

平沢は、二人を東大駒場キャンパスで開かれる学園祭の駒場祭に連れていった。この当時、ベトナム戦争に反対する市民運動が「ベトナムに平和を！　市民連合」（べ平連）の組織化によって日本国内に広まっていた。世論は、反ベトナム戦争一色で、大学構内でも昭和三十九年の十一月に総理になっていた佐藤栄作総理を糾弾するアジ演説をおこなう者や「反ベトナム」「反佐藤」の立て看板が至るところに置かれていた。特に駒場は激しかった。

佐藤総理は、晋三たちの祖父岸信介元総理の実弟だ。子供心に、大叔父が批判される光景を、複雑な心境で見ていたに違いないと平沢は思った。

晋三は、平沢に訊いてきた。

「どうして、ベトナム戦争に、こんなにも反対が多いの？」

平沢は思った。

〈普通の人なら見逃すような細かいことにも、関心を持つんだな〉

いっぽう、両親から「遊び相手になってほしい」と頼まれた平沢は、時間があると兄弟を相手にキャッチボールをしたり、映画を見に連れていった。

夏休みには、都会の喧騒を離れ、平沢の生まれ故郷である岐阜県に連れていき、伯母の家で寝泊まりをともにした。

寛信も、晋三も、勉強はできるほうであった。がむしゃらに勉強すれば、東京大学に進むのも不可能ではない。

しかし、平沢は、無理して東京大学に進む必要はないと思っていた。二人が小学校から大学まで通うことになる成蹊学園は、勉強だけを詰め込ませる校風ではない。読書を勧めたり、野外活動を経験させたり、ゆとりを持って人間形成に必要な知識を教えている。それゆえ、平沢は、二人に無理して勉強を教えることもなかったし、「お父さんと同じ東大を目指せ」とも口にしなかった。

平沢は、自分もその一人であると思っているが、東大生は、社会に出て役に立たないような知識を懸命に頭に詰め込んで入学してくる。人生で一番大事な時期に、勉強ばかりで、多くの友達と遊んだり、読書をするなど人間形成のために必要な時間がおろそかになりがちだ。東大に入ったはいいが、人間としていびつになるケースも少なくない。

晋三は、やみくもに受験勉強に追われることがなかったので幅広くいろいろな経験をし、青春を謳歌することができた。そのことが、のちに政治家安倍晋三の土壌になったと平沢は思う。

安倍家で二年間の家庭教師生活を送った平沢は、父親の跡を継いで政治家を目指すのであれば長男の寛信よりも、二男の晋三のほうが向いていると思った。

おっとりしている寛信は、敵をつくらない全方位外交をやっているようなところがあった。

いっぽうの晋三は、自分の筋を通し、信念を曲げない。信念を貫けば、当然のことながら敵もできる。ある意味で、敵を作るのが政治家の仕事ともいえる。敵ができないような政治家は、ろくなものではない。それを厭わないかどうかで政治家の価値が決まる。商売をするのなら全方位外交のタイプのほうがいいが、政治家には向かない。平沢は、そう考えていた。

なお、令和二年（二〇二〇）九月十六日、菅義偉内閣が発足した。平沢勝栄は、復興大臣として初入閣を果たした。当選回数八回を重ね、以前からいわゆる〝入閣適齢期〟となっていた平沢の入閣は、第二次安倍政権でも組閣がおこなわれるたびにマスコミの注目を集めていた。

だが、第二次安倍政権では、結局、平沢の入閣は一度もなかった。平沢が入閣しなかった理由としては、様々な憶測が飛び交った。中には、面白おかしく報じたものもあった。

「平沢さんは、東大の学生だった時代、安倍総理の家庭教師だった。そのとき、定規で安倍少年を叩いたことが響いて、安倍総理時代は大臣になれない」

晋太郎の非常識なまでの優しさ

晋三が、小学四年生のときのことだ。一人で家にいた。たまたま開いていた玄関から、浮浪者のような男がスッと入ってきた。なんと、入口にかけてあった父親のコートに手を伸ばし取ろうとしているではないか。

晋三はびっくりして、大声を出した。

「あー！」

その男は、驚いて、コートを取らずに逃げていった。

その夜、父親が帰ってくるや、晋三は、昼間の武勇伝について自慢げに語った。晋三とすれば、てっきり褒めてもらえると思っていた。

ところが、父親は意外な反応を示した。

「かわいそうに。コートぐらい、ウチにいくらもある。見て見ぬふりすればいいのに……」

まるで晋三が悪いことをしたように言うので、晋三はさすがにシュンとしてしまった。

晋三にとって、このエピソードはよほど忘れられなかったのであろう。安倍晋太郎の追悼集『安倍晋太郎　輝かしき政治生涯』に記し、こう綴っている。

「この様に非常識なまでの優しさが父にはあった。こうした優しさが政界では、あるいは弱点となったかもしれないが、この強さと優しさ抜きには父の存在は考えられない」

日米安保改定の議論で先生に噛みついた高校時代

昭和四十五年（一九七〇）四月、安倍晋三は、成蹊高校に進んだ。

安倍晋三は、何かのきっかけで、議論をすることになれば、一歩も退くことはなかった。相手に対して自分の主張を展開する晋三は、多少早口になるきらいはあるものの、理路整然として軸がぶれることがなかった。それゆえに、説得力があった。

特に、高校時代の選択授業でおこなった議論での晋三の姿が、同級生の谷井洋二郎《たにいようじろう》の眼に焼きついている。その授業で、先生が日米新安保条約について触れた。

「七十年を機に、安保条約は、廃棄すべきです」

クラスの雰囲気も同様であった。

晋三は、先生に噛みついた。安保条約について特別に詳しいというわけではなかったが、日米新安保を成立させたときの総理大臣である岸信介の孫という立場上、一言ぐらいは文句を言わなければならない、と思った。

「それは、おかしいのではないですか。経済条項の二条は重要な意味を持っています。そのことも議論すべきです」

この当時、日米新安保条約は廃棄すべきだというのが社会の風潮であった。が、条文までしっかり読んでいるかといえば、そうでない人のほうが多かった。

実は、晋三自身も、条文を読み込んでいるわけではなかった。が、日米新安保条約に、もっとも詳しい祖父岸信介から直接中身を聞かされていた。これ以上の生きた教材はなかった。

晋三の指摘した「日米安全保障条約」の第二条には、次のように書かれている。

『〈経済的協力〉締約国は、その自由な諸制度を強化することにより、これらの制度の基礎をなす原則の理解を促進することにより、並びに安定及び福祉の条件を助長することによって、平和的かつ友好的な国際関係の一層の発展に貢献する。締約国は、その国際経済政策におけるくい違いを除くことに努め、また、両国の間の経済的協力を促進する』

安倍晋三に指摘され、先生の顔色が、さっと変わった。おそらく、晋三は岸信介の孫だから、てっきりその第二条をも読んでいると思ったのであろう。変なことは言えないと思ったのか、言葉を返すことができなかった。極めて不愉快な表情になって、話題を変えた。

晋三は察した。

〈先生も、おそらく読んでいないんだな〉

そして、思った。

〈なんだ、そんなものなのか〉

それまでなんとなくうさん臭いと思っていたものが、そこで決定的になってしまった。

外務大臣、派閥会長を務める父親の秘書官に

晋三は、高校卒業後、成蹊大学に進み、佐藤竺《さとうあつし》教授のゼミに所属して行政学を学ぶ。

大学では、アーチェリー部に所属し、準レギュラーだった。

昭和五十三年（一九七八）一月から一年間、南カリフォルニア大学に留学。

昭和五十四年（一九七九）四月に帰国し、神戸製鋼所に入社。ニューヨーク事務所、加古川製鉄所、東京本社で勤務した。

昭和五十七年（一九八二）十一月二十七日、安倍晋太郎は、中曽根内閣の外務大臣に就任した。翌朝早く、安倍晋太郎の秘書の奥田斉は、安倍晋太郎の自宅にさっそく電話を入れ、進言した。

「晋三さんを神戸製鋼所から呼び戻して、秘書官にしてください」

晋三は、物心がついたころから政治家を目指していた。安倍家でも、このころは晋三を後継者にすることを決めていた。それならば、安倍事務所の他の秘書よりも、晋三を政務秘書官にしたほうがいい。生きた政治を学ぶには、大臣の秘書官はうってつけだ。晋三の将来を思っての判断であった。

安倍晋太郎もそう思っていたのであろう。いきなり出社前の晋三に言ってきた。

「おれの秘書官になれ」

晋太郎は、一見おっとりとして見えるが、とてもせっかちだった。だが、晋三にとっては寝耳に水である。晋三は、神戸製鋼所で充実した日々を送っていた。仕事が面白く、しばらくはこの世界にいよう……と思い始めていた矢先の三年目のことである。

晋三は訊いた。

「いつからですか」

晋太郎は、きっぱりと答えた。

「明日からだ」

ちょうどその横にいた寛信は、おどろいた声を上げた。

「そんなこと言ったって、うちの会社なら、女性社員でも、辞めるのに一カ月はかかるよ。ぼくたちの立場なら、三カ月はかかる」

寛信は、昭和四十六年（一九七一）に三菱商事に入社していた。

晋三も、たたみかけた。

「そんなことを急に言われても、ぼくにも会社があります。年間百億円くらいの商売はしているんですよ」

晋太郎は言った。

「おれが秘書官になったときは、辞めると決めたら、一日で新聞社を辞めたぞ」

晋太郎としては、秘書官となれば、のちのちかならず晋三のためにもなると思っていたに違いない。外務省との関係もあるので、すぐに来いと迫ったのである。

一歩も引こうとしなかった晋三だったが、結局、九日後の十二月六日、外務大臣秘書官となった。これはつまり、父親の場合と同じで、政界入りを目指す姿勢を明らかにしたことでもあった。

安倍晋太郎は、晋三を外務大臣秘書官に据えるや、晋太郎を総理にという財界人の会である

「総晋会」の会合に、さっそく晋三を連れていった。実にうれしそうな表情で、ウシオ電機会長の牛尾治朗《うしおじろう》らに晋三を紹介した。

「これ、おれの息子なんだ。今度、神戸製鋼を辞めて、おれの秘書官になったんだ」

晋三は、ぺこりと頭を下げた。

「よろしくお願いします」

この日以降、晋三は「総晋会」の会合にかならず顔を出した。牛尾が話をしてみると、しっかりとした自分の考えを持っている今どきめずらしい青年であった。

牛尾は、ぼんやりと思った。

〈晋三君は、やがて安倍さんの跡を継いで政治家になるんだろうなあ〉

晋太郎は、昭和五十七年(一九八二)十一月二十七日から昭和六十一年(一九八六)七月二十二日まで四期三年八カ月にわたって外務大臣を務めた。その間、外遊の数は、三十九回にものぼった。晋三は、秘書官として、そのうち二十回も同行した。外交は、そのときどきに決断を迫られる。晋三にとって、これはいい勉強であり、貴重な経験となった。

安倍晋太郎は、総務会長就任を機に、福田赳夫に代わって清和会会長となる。安倍派の誕生であった。

妻・昭恵との出会い

寛信、晋三の兄弟は、結婚話はいくつかあったものの、なかなか決まらなかった。晋太郎は、洋子が、晋三らのお見合いの話をしても、のんきに言っていた。

「本人の気が進まないのなら、そんなに早くから結婚することはない」

ところが、しばらくすると、「あの話はよかったな」、「おまえがのんきだから」と、洋子のせいにした。

そのうち、「早く結婚させろ」と洋子は散々言われた。

晋太郎は、晋三に半ば本気で言っていた。

「初めから『おれは、将来国会議員になる』と言ったら嫁は来ない。晋三、おまえが嫁をもらうときには、そんなことを言ったら駄目だ。騙してもらえ。もらったら、こっちのもんだから」

昭和六十年（一九八五）九月始め、広告代理店の電通に勤める松崎昭恵《まつざきあきえ》は、自分の所属する新聞雑誌局の上司の梅原から言われた。

「うちによく来る山口新聞の浜岡さん、彼が、安倍晋三君と知り合いでね。ほら、外務大臣の安倍晋太郎先生の息子さんだよ。彼は今、お父さんの秘書をしておられてね」

「はあ……」

当時の昭恵は、政治にほとんど興味がなかった。「福田派のプリンス」といわれていた安倍晋太郎のことも、一般常識としてその名前を知っているだけであった。

梅原がつづけた。

「浜岡さんが、わたしに、『安倍君にはガールフレンドがいないみたいだから、誰か紹介してくれ』と言ってきてね。どう、松崎さん、一度安倍君に会ってみないかい？」

松崎昭恵は、森永製菓の松崎昭雄《あきお》社長の長女である。名家のお嬢さんらしい品のよさと天真爛漫さを兼ね備えていた。梅原は、政界屈指の名門の子息である安倍晋三にふさわしい女性として、昭恵に白羽の矢を立てたのだった。

だが、昭恵はこのとき二十二歳。まだ結婚など、考えたこともなかった。

「いえ、お見合いの話でしたら、ご遠慮いたします」

「そうかい」

梅原は、それ以上昭恵に安倍に会うよう執拗には誘わなかった。が、安倍の写真を持ってきて、昭恵に見せた。

「安倍さんは、こういう方ですよ」

昭恵は、その写真を見て思った。

〈ハンサムだけど、なにぶんにも、年が離れ過ぎているわ〉

二十二歳の昭恵にとって、三十歳の安倍晋三は、恋愛対象として見るには大人すぎた。

梅原は言った。

「安倍君は、本当にいい青年だよ。だから、お見合いとか堅苦しいものじゃなくて、一度会って、食事くらいしてみても、いいと思うよ」

それからも何度か、梅原は昭恵を安倍晋三との食事に誘った。

昭恵には、結婚を意識して付き合っている男性はいなかった。上司に何度も誘われた上、「食事だけでもいいから」と言われると、頑なに断りつづける理由もなかった。あまり気が進まなかったものの、承諾することにした。

「それじゃあ、お食事だけ、ということでしたら」

こうして、晋三と昭恵、紹介者である山口新聞の浜岡、昭恵の上司の梅原の四人で、晋三の友人が経営しているという原宿のレストランで会うことになった。昭恵はそのレストランを知らなかったので、梅原と電通のオフィスで合流し、いっしょに出かけることになっていた。

ところが、約束の日、約束の時間をだいぶ過ぎているというのに、新聞雑誌局で待ちつづける昭恵の前に梅原が現れないのだ。

昭恵は、オフィスの中を探して回った。すると、スタッフの一人が言った。

「梅原さんなら、だいぶ前にお帰りになりましたよ」

「えッ！」

昭恵はおどろき、とまどった。当時、携帯電話はなく、梅原に連絡を取る手段はない。ただ、約束のレストランの場所がどの辺りにあるのかだけは、梅原からあらかじめ聞いていた。

〈仕方がない。自分一人で、レストランまで行ってみよう〉

約束の時間から、四、五十分も過ぎたころ、昭恵はようやく待ち合わせのレストランを見つけて入った。レストランには、安倍晋三と浜岡、そして上司の梅原も、すでに来ているではないか。

「梅原さん、わたし、ずっとオフィスでお待ちしていたんですよ」

せっかちな性格の梅原は、主役の昭恵を置いたまま、一足先にレストランへ来ていたのである。

昭恵は、ともかく謝った。

「遅くなりまして、申し訳ありませんでした」

理由はともあれ、昭恵は初対面の安倍に、いきなり失礼なことをしてしまったことを心から申し訳なく思っていた。

が、晋三は、遅れてきた昭恵を、やわらかな物腰で迎えた。

「初めまして。安倍晋三です」

昭恵は、ホッと胸を撫で下ろした。

〈とても、感じのいい人だわ〉

晋三は、政治の難しい話ではなく、海外の要人たちのこぼれ話など、父晋太郎の秘書として海外へ行ったときのエピソードを、面白おかしく昭恵に話して聞かせてくれた。

昭恵の眼に、安倍晋三は非常にまじめで誠実そうに映った。が、やはり自分には遠い、大人の男性であった。昭恵の周囲の三十代男性は、いわゆる業界人であった。彼らと比較すると、垢抜けしていないように見えた。

下関の披露宴は五〇〇〇人が出席

それから二、三週間経ったころ、昭恵は上司の梅原に訊かれた。

「どう、安倍君から連絡はあった？」

昭恵は、首を振った。

「いえ、ありません」

所用で電通に来ていた山口新聞の浜岡も心配して、昭恵に同じことを訊いてきた。

浜岡は、晋三から連絡がないことを知ると言った。

「それは、安倍君に、一回言わなければいけないな」

浜岡は、さっそく、安倍晋三に連絡を入れた。

「昭恵さんを、一回ぐらいデートに誘ったらどうだい」

晋三は、仕事が忙しかった。この三週間の間も、海外を飛び回っていたのである。が、浜岡に言われてすぐ、昭恵に連絡を入れた。それからは、二週間に一度の割合で、晋三から昭恵のもとに連絡が入るようになり、二人で定期的に会うようになった。

晋三は、酒を飲まないが、昭恵はたしなむ。二人が食事をするとき、晋三はアルコール度数の低い甘いカクテルを、昭恵は水割りを頼む。

ボーイが飲み物を運んでくると、迷うことなくストローや果物などが飾られたカクテルを昭恵の前に、水割りを晋三の前に置いていく。毎度のことで、これには二人とも苦笑するしかなかった。

昭恵は、何度か会ううちに、あることに気づいた。

〈この人は、いつ会っても、優しい。しかも、分け隔てなく、誰に対しても、優しい。裏表がなくて、本当に誠実な人なんだわ〉

食事をしたときのボーイへの対応一つにしても、晋三は、丁寧であった。昭恵は、会うたびに魅かれていった。

二人だけでなく、お互いの友達といっしょにスキーに行ったり、テニスをして遊んだりした。

昭恵の友人たちにも、晋三は非常に評判がよかった。

「安倍さんは、本当にいい人ね。結婚の話は、どこまで進んでいるの？」

二人が初めて会ってから、二年が経った。昭恵の両親は、昭恵には直接言わなかったものの、いろいろと心配し始めていた。

晋三は、別に昭恵との結婚をためらっていたわけではなかった。昭恵と結婚したいという気持ちは、すでに固まっていた。が、晋三には独身の兄の寛信がいる。まず兄が結婚した後、自分も昭恵と結婚するつもりでいた。

昭恵の両親は、晋三の娘に対する真摯な気持ちを聞いて、うれしく思った。

父親の昭雄は、昭恵に言った。

「自分で選んだ人、自分で選んだ人生なのだから、応援するよ」

いっぽう、昭恵の母親の恵美子《えみこ》は、結婚が決まると、また心配が頭をもたげた。

〈政治家の妻になったら、この娘は苦労するのではないか……〉

が、当の昭恵は、晋三への一途な気持ちしか抱いておらず、政治家の妻になる苦労などは、まったく考えていなかった。母校である聖心女学院時代の同級生には、自民党の佐藤信二《さとうしんじ》や松本十郎《まつもとじゅうろう》の娘、池田行彦《いけだゆきひこ》の孫娘などがいた。が、政治家の家族の苦労というものを、見たことも、聞いたこともなかった。

晋三も、昭恵に何も言わなかった。「政治家になるけど、かまわないか?」といった話も、政治家の妻としてこうでなければならない、という話もなかった。

晋太郎は言った。

「本人同士が好き合っているのが、一番だ」

昭和六十二年(一九八七)六月九日、安倍晋三と松崎昭恵は結婚した。挙式は、港区赤坂の霊南坂《れいなんざか》教会でおこなわれた。

この教会で挙式することは、昭恵のたっての願いであった。森永製菓創業者の森永太一郎《もりながたいちろう》が渡米して菓子の勉強をした修行時代、森永を温かく迎え、支えてくれたのは、現地のクリスチャンたちであった。森永は、教会で洗礼を受けて、自らも信者となった。日本に帰国後、森永の商標をキリスト教にちなんで「エンゼルマーク」とした。昭恵自身はクリスチャンではなかったが、学校がカソリック系であったこと、昭恵の両親も、母方の祖父母も、霊南坂教会で挙式したことから、ウエディングドレスを着てこの教会で式を挙げることは、幼いころからの憧れであった。

折しも、昭恵の親族側は、グリコ・森永事件で揺れている時期であった。二人の結婚は、深刻な状況がつづく中での光明となった。

披露宴は、東京と、安倍家の実家のある山口県下関市の双方でおこなわれた。

東京では、港区高輪の新高輪プリンスホテル飛天の間が会場となった。仲人は、安倍晋太郎が会長を務める派閥清和会の元会長である福田赳夫夫妻であった。金丸信《かねまるしん》元副総理ほか九十五人の国会議員をふくめ、八五〇〇人が出席した。

昭恵は、参席者の多さと、錚々たる顔ぶれに、圧倒された。参席者があまりに多いため、自分の友人たちを披露宴に呼べないほどであった。その代わり、披露宴の後、友人たちを呼んで盛大な二次会をおこなった。

両組は、安倍晋太郎の地元山口県で合同の結婚披露宴を挙げた。しかも、下関市で二カ所。六〇〇〇人を招いた披露宴は、市の中心部にある結婚式場でおこなわれた。

圧巻だったのは、海辺近くのホテルでの披露宴であった。地元の支持者を招くため、巨大な披露宴会場を設営したところ、約五〇〇〇人が出席した。ウシオ電機会長で、長女の幸子を晋太郎の長男安倍寛信に嫁がせている牛尾治朗は、総理の座を狙う政治家の勢いをまざまざと見せつけられ、身震いした。

〈これは、すごいなあ〉

披露宴が済むと、安倍晋太郎の実家のある大津郡油谷町をはじめ、各所をお披露目に回った。そのとき、沿道では大勢の地元民が手や旗を振って新郎新婦を出迎えた。漁港には、停泊している漁船すべてが大漁旗を高く掲げ、二人への歓迎の意を表した。昭恵は、なんとも言えない衝撃に包まれた。

〈安倍のお父様は、こんなにたくさんの方たちに支持されているんだ。主人は、その跡を継いでいく人なんだ〉

各地をめぐったときは、安倍晋三夫婦だけでなく、兄夫婦もいっしょであった。が、人々は、「安倍晋太郎の跡継ぎは、安倍晋三だ」とすでに理解している。そのため、晋三の妻となった昭恵に、非常に興味を抱いていた。それが、昭恵には痛いほど伝わってくる。

〈わたしは、こういうところにお嫁に来てしまったのね〉

ずっと東京で生まれ育ち、田舎を持たぬ昭恵にとって、地方で暮らす人々の絆の深さ、連帯感は、まったく未知のものであった。それだけに、人々の歓迎が、なおのこと胸に沁みた。

中曽根裁定で竹下登が総裁、晋太郎が幹事長に

昭和六十二年（一九八七）十月八日、ポスト中曽根を決める自民党総裁選が告示され、「ニューリーダー」と言われていた幹事長の竹下登、総務会長の安倍晋太郎、大蔵大臣の宮沢喜一が名乗りを挙げた。三人は、本選挙を回避し、話し合いによる決着を目指した。だが、三人とも一歩も引かず、中曽根総理による後継者指名、いわゆる中曽根裁定に委ねる公算が高くなった。

しかし、中曽根総理は泰然としていた。自分に正式に要請があるまで何も口にすまいと心に

決めていた。それが、中曽根の要諦であった。ただし、心の中では、ひそかに思っていた。

〈安倍か、竹下か、そのどちらかだな〉

中曽根は、五年間もの長期政権で外交はのびのびとやった。自分の後は、内政で点を上げ、それを土産にした外交ができるタイプがいい。また、中曽根内閣ではついに税制改革はできなかったが、次の政権に受け継いでもらわねばならない。それには、中曽根内閣で四期連続で大蔵大臣を務め、いろいろなところにネットワークを持っている竹下が適任であると判断したのだ。もし、このときのメインテーマが外交問題であったならば、また別の選択があったかもしれない、と中曽根は思っていた。なお安倍は外務大臣を経験し、外交に強かった。

安倍晋太郎は、竹下内閣誕生にともなう党三役人事で幹事長に就任。晋三は幹事長秘書となる。秘書として、幹事長の任務の厳しさをつぶさに見て学ぶことになる。

なお、安倍晋太郎はわたしにこう言ったことがある。

「竹さんと五つの約束をすると、二つは裏切られることがある。それでも、おれは竹さんを恨む気にはなれないんだ」

安倍の優しすぎる点と、安倍を裏切りながら、相手を怒らせないようにしたたかに動く竹下を表すエピソードといえよう。

リクルート事件「秘書がやったことはおれの責任だ」

昭和六十三年（一九八八）六月十八日、川崎市助役のリクルート社未公開株取得による不当利得が発覚した。七月五日には、中曽根康弘元総理、宮沢喜一大蔵大臣、安倍晋太郎幹事長らの秘書のリクルート社の未公開株取得が判明し、永田町を揺るがすリクルート事件へと発展した。

安倍幹事長の妻洋子に、リクルート社から月額三十万円の顧問料が渡っていたことも報道された。安倍晋太郎は、辛そうな表情を見せた。このとき、安倍事務所には二十人を超える秘書がいた。安倍事務所の総合力で政治資金を集めており、安倍晋太郎本人がすべてを把握しているわけではなかった。派閥政治の時代である。現在とは違い、派閥の領袖が政治資金集めを一身に背負って派閥を運営しなければならない。そのような状況の中で、安倍晋太郎本人も知らないような事実が連日マスコミをにぎわした。

安倍晋太郎は、のちに病院のベッドで、実に残念そうに秘書の奥田斉に言った。

「おれは、リクルートとは本当に関係してないのに、しょうがなかった。あれがなかったらなあ……」

総理になっていたのに、と実に悔しそうであった。

リクルートの件は、秘書一人の責任でやっていた。安倍晋太郎は、まったく関知していなかった。安倍洋子も、リクルートから顧問料をもらっていたことが明らかになったが、本人はまったく与かり知らないことであった。その担当秘書のところで、みんな止まっていたのだ。

しかし、幹事長という立場にある安倍晋太郎とすれば「これは、秘書がやった」とは言えない雰囲気があったのかもしれない。

安倍晋太郎は、奥田にきっぱりと言っていた。

「秘書がやったことは、おれの責任だ」

安倍晋三にとって、この事件は反面教師となった。

〈こういうときには、危機管理をちゃんとやらないといけない〉

父親の晋太郎は、めずらしく晋三に弱音を吐いた。

「どうすりゃ、いいんだろう…」

晋三は、進言した。

「基本的には犯罪を犯しているわけではないので、すべてきちんと出すべきではないでしょうか。すべてさらけ出したほうがいいと思います」

父親は、晋三の進言を受け入れ、事件の解明に精一杯協力した。

いっぽう、平成元年（一九八九）三月三十日リクルート社が、昭和六十二年（一九八七）の「竹下登幹事長を激励する夕べ」のパーティー券を二〇〇〇万円購入したことが発覚した。竹下総理は四月二十五日、辞意を表明した。竹下内閣が、事実上崩壊したのだった。

安倍晋太郎は、順天堂医院に入院のため自らが竹下の後継総裁になるどころか、大事な後継選びの調整役まで棒に振らなければならなかった。断腸の思いであった。

六月二日、竹下に代わり、宇野宗佑が総理となった。

が、宇野も、女性スキャンダルで傷ついた。そのせいで、七月二十三日の参院選は社会党に惨敗を喫した。ついに参院選は与野党逆転となった。

宇野総理は、七月二十四日、退陣表明をおこなった。発足後、わずか六十七日間の短命に終わった。

安倍晋太郎は、宇野総理の退陣表明の翌日の七月二十五日、順天堂医院を退院した。

八月十日には、海部俊樹内閣が成立した。竹下はなんとしても盟友の晋太郎を総理に据えるつもりでいた。そのためにも、晋太郎と当選回数の同じ海部を総理に据えたのである。橋本龍太郎だと若返りになる。

ゴルバチョフとの会談と総理大臣になる意思

平成二年（一九九〇）一月十五日、自民党訪ソ団団長安倍晋太郎と、ゴルバチョフ議長との会談が、モスクワのクレムリンでおこなわれた。晋三も秘書官として同席した。

二人は、お互いに固く握手を交わした後、会談に入った。晋太郎が言った。

「あなたの来年の訪日を、日本国民はみんな待っている。桜が咲く四月ごろが一番美しいが、どうですか」

ゴルバチョフ議長は答えた。

「なんらそれに支障が起きないことを期待している」

のっけから訪日の話を持ち出した晋太郎は、ゴルバチョフ自身の了承を意味した言葉に奮い立った。ソビエトの最高会議議長が来日することなど、これまでにないことだった。

〈そのとき、ゴルバチョフと総理として握手するのは、このおれだ〉

ゴルバチョフもまた、日本の次期総理は晋太郎と睨んで、民族問題が噴出する中、わざわざ自分と会った、と信じていた。

晋太郎は、勢いに乗って言った。

「両国の困難は、英知をもって解決していくしかない。その他の道は、あり得ない。同時に他の面でも協力して両国関係を発展させたい。そのために八項目を提案したい」

晋太郎は、入院する前は、七十二キロあった。が、実は本人には知らされていなかったが、膵臓癌で十五キロも減って五十七キロになった。今は六十三キロで、まだ十キロ足りない。太るのは、退院して半年というが、安倍はこうして動き回っているので、なかなか太れない。が、気力は充実していた。

　晋太郎は、「漁業分野における互恵的民間協力の推進、人道的見地から、北方四島のうち墓参の実現していない択捉島への墓参の実現」など八項目の提案をおこなった。

　ゴルバチョフは、うなずいた。

「結構です。あなたの提案は、われわれから肯定的に迎えられるでしょう。日本の友人たちに、われわれが必要と思える措置を押し付けることはできない。それはあなた方の主権の問題であり、固有の権利だ。しかし、隣国同士のわれわれの関係は、不正常だ。今の提案には、よく考えて善処したい。択捉島墓参は、十分考えたい」

　択捉島墓参に、ゴルバチョフが柔軟な考えを見せたことは、北方領土問題に新展開をもたらしたことになる。

　晋太郎は言った。

「今、日ソは、両国間の困難な問題を克服する時期に来ている。ゴルバチョフ時代にぜひ解決していきたい」

　困難な問題とは、つまり、北方領土問題、日ソ平和条約締結へ向けての作業などを指していた。晋太郎は、最大の懸案を、ゴルバチョフ議長にぶつけたのである。

晋太郎は、内政問題であれ、外交問題であれ、曖昧なかけ引きはしない。ずばり、こちらの要求を出す。

晋太郎は、ゴルバチョフとの会見を終え、いよいよ帰国というとき、晋三に弾んだ口調で言った。

「ゴルバチョフとの会見は、一応成功した。北方領土問題についても、今までになかった前進があった。今度の総選挙では、ソ連は、話し相手として自民党を選んだ、しかも、安倍晋太郎を選んだのだ、ということをアピールしていく。やはり、これからは実力者の時代だ、派閥のリーダーこそ必要とされている、ということを訴えていく」

晋太郎は、総理大臣の椅子を掴むためにも、総選挙に賭けていた。

晋三に、胸の内の闘志を語った。

「このまま野垂れ死にして、なるものか。なんのために、三十年間も苦しい思いをして戦ってきたんだ……」

父晋太郎の死「死に物狂いでやれ。そうすれば、かならず道は拓ける」

平成二年（一九九〇）二月の総選挙は、安倍晋太郎が清和会の会長に就任後、初めて迎えた総選挙であった。晋太郎は、一人でも多くの同志を当選させるため、まさに命がけで戦った選挙でもあった。

晋三は、安倍晋太郎が選挙を前に、いつものように昂揚しているのがわかった。

「選挙は、命がけでやるもんだ」

そういうのが、安倍晋太郎の持論である。

安倍派は、この総選挙で、なんと二十二人もの新人議員を当選させた。一派で新人議員が二十人を超えるのは、自民党の党史上、初めてのことであった。

平成三年（一九九一）四月、ソ連のゴルバチョフ大統領が来日することになった。

四月十八日、安倍晋太郎は、順天堂医院の病室で紺のスーツに着替えた。やせ細った身体をふくよかに見せるため、下着のシャツを二枚重ね合わせ、その間にパッドを入れた。

このアイデアは、安倍晋太郎夫妻の親しい友達である俳優の芦田伸介《あしだしんすけ》の夫人の話を参考にしたものであった。

衆議院議長公邸での会見の間は、入口の近くに設営してあった。

安倍晋太郎は、顔をほころばせ、ゴルバチョフ大統領と握手をした。

ゴルバチョフは、安倍晋太郎に話しかけてきた。

「わたしは、約束を果たしました。サクラが、そろそろ咲きますよ」

安倍晋太郎は、うなずいた。

そこに、午餐会に招かれ庭にいた宮沢派会長の宮沢喜一が、ひょっこり顔を見せた。

宮沢は、安倍晋太郎を励ました。

「お元気そうじゃないですか」

安倍晋太郎は答えた。

「宮沢さん、がんばってください。わたしはもう、遠くから見てますから」

同行していた晋三は、父親の言葉におどろいた。

〈もう自分の命は長くないと思っているのだろうか〉

晋太郎は、死期が近くなると、晋三を枕元に呼び、諭すようにいった。

「政治家になるのは、大変だ。おまえも、相当覚悟をしないと駄目だ。が、死に物狂いでやれ。そうすれば、かならず道は拓ける」

晋三は、これまで命を削る思いで国のために働いてきた父親の姿を見て、覚悟ができた。

平成三年五月十五日午前七時七分、安倍晋太郎は、順天堂医院で、膵臓癌のために亡くなった。六十七歳であった。

晋三は、父親の無念の死に、男泣きに泣いた。五月十六日の芝の増上寺での五〇〇〇人もが参列した通夜、やはり増上寺での五月十七日の八〇〇〇人もの参列者による葬式と、忙しく動いている昼間はまだいい。が、夜になると、安倍は妻の昭恵の前で、涙を流しつづけた。

昭恵は、自らもいっしょに涙を流しながら、夫を慰めつづけた。

〈男が、これほど涙を流すには、よほど……〉

何より、総理への道を目指してたゆまぬ努力をつづけ、そこへ辿り着く一歩手前で病に倒れた父親の無念を思うと、晋三はどうにもいたたまれなかったのであろう。その悲しみが、やがて父親の志を継ぐ、固い決意へと昇華されていったと昭恵は見ている。

晋三、初選挙でトップ当選

晋三は、平成三年（一九九一）六月二十九日、増上寺で亡父晋太郎の七十七日法要を済ませた。それから九日後の七月八日、山口県萩市で、正式に次期総選挙に山口一区から立候補することを表明した。

「父の夢を追い求め、受け継いでいきたい」

亡き父親の弔い合戦とはいえ、決して楽な戦いではなかった。

山口一区の定数は、四議席。前回の平成二年（一九九〇）二月十八日の総選挙では、自民党安倍派会長の安倍晋太郎は、リクルート事件で票を減らしたとはいうものの、十万二二〇四票を獲得し、トップ当選を果たしていた。他に当選七回を数える宮沢派の林義郎《はやしよしろう》、福田派の重鎮であった田中龍夫の後継者で安倍派の河村建夫《かわむらたけお》、社会党の小川信《おがわまこと》の四人が、次点の共産党候補を大きく引き離して当選した。順当にいけば、安倍晋太郎の後継者である安倍晋三の当選の可能性は高い。

晋三は、命がけで選挙区を歩き回った。父親の故郷である大津郡油谷町など、それこそ一軒残らず戸別訪問をおこなった。

晋三は、絶対に勝ってみせるという強い信念のもと、ひたすら選挙運動に励んだ。政治家というものは、自信を持たなくては最後まで選挙運動などつづけていられない。

しかし、週刊誌の当落予想では、安倍晋三に当選確実の○を打った雑誌は、一誌もなかった。有力の△がちらほらあった程度で、苦戦の▼がほとんどであった。

新人候補にとっては、▼はマイナスとなる。後援者が、いくら応援しても駄目だと諦めてしまうからだ。しかし、△は、かえって後援者が燃えてくれる。晋三は、そんな後援者にも支えられた。

平成五年（一九九三）六月十八日、宮沢喜一総理は衆議院を解散した。

七月四日、総選挙が公示された。定数四の山口一区は、自民党前職で大蔵大臣の林義郎、二期目を目指す河村建夫、新人の安倍晋三、社会党前職の小川信、総選挙直前に、竹下派七奉行の主力メンバーであった小沢一郎《おざわいちろう》や羽田孜《はたつとむ》らが自民党を飛び出して結成した新生党から出馬した新人の古賀敬章《こがたかあき》、細川護熙《ほそかわもりひろ》の結成した日本新党新人の江島潔《えじまきよし》、共産党新人の田川章次《たがわしょうじ》、諸派の佐々木信夫《ささきのぶお》の八人が立候補した。

晋三陣営は、「改革派」の攻勢に対抗するための戦術として、安倍晋太郎からの継承を、あえて前面には出さなかった。ポスターには「チェンジ」の文字を入れた。安倍陣営は、二〇〇〇人以上も庭に集めることができる巨大事務所を設営した。さらに名簿のチェック。ローラー作戦を展開した。

七月十八日の投票日、下関の選挙事務所には、夕方から四〇〇人を超える支援者たちが詰めかけた。晋三も、支援者たちといっしょにテレビの開票速報に見入っていた。午後七時三十九分、開票一パーセントで、早くも当確が出た。いっせいに弾けるような拍手が湧き起こった。

晋三は、母親と妻の支えるダルマの残された片方の目に黒々と墨を入れた。晋三は、九万七六四七票を獲得し、山口県から出馬した八人のうちトップ当選を飾った。

第三章

小泉純一郎の台頭、安倍晋三と拉致問題

念願の大蔵政務次官就任と郵政民営化の持論の芽生え

いっぽう、小泉純一郎政権で総理秘書官として活躍する飯島勲は、小泉が昭和四十七年（一九七二）十二月の衆院選で初当選した直後に秘書となった。

飯島は、昭和二十年（一九四五）十月十三日、長野県上伊那郡辰野町《かみいなぐんたつのまち》で生まれた。小泉より三歳年下である。東京電機大学短期大学を卒業後、法律特許事務所職員となった。

知人に小泉純一郎を紹介された。小泉は、初当選を飾ったばかりであった。飯島にとっては、一種の賭けであった。

〈小泉さんの秘書になろう〉

このとき、小泉の秘書は、身内だけである。血縁者でない秘書は、飯島が初めてであった。定数四の神奈川二区は、激戦区であり、票の読めない選挙区であった。

小泉家は、祖父の又次郎、父親の純也、そして純一郎と三代にわたる政治家一族であった。とはいっても、決して楽な選挙ではない。しかも、小泉は一度落選しており、支援者の糸は切れている。それだけに、飯島にはやりがいがあった。

神奈川二区は、小泉の出身地である横須賀市をふくむ三浦半島と川崎のいわゆる飛び区であった。飯島は、川崎市を担当した。とはいうものの、ほかのライバルは、十数人の秘書を雇っている。生半可な気持ちでは、とても太刀打ちできなかった。飯島は、死に物狂いで働いた。

小泉は、昭和五十一年（一九七六）十二月の総選挙で、二回目の当選を果たした。

小泉は、父純也の「国家の全体を知るためには大蔵委員会に入れ」という遺言を守り、初当選のときから大蔵委員会に所属していた。

その後も、大蔵委員長と、大蔵畑を歩みつづける。大蔵以外のポストは望まなかった。

昭和五十四年（一九七九）十一月、当選三回のとき、小泉は、ついに念願の大蔵政務次官に就任した。

小泉の「郵政三事業を民営化したい」との持論は、小泉が昭和五十四年に大蔵政務次官に就任したときに芽生えた。役人が民間の仕事を奪い、民間に公共の仕事はやらせないという傲慢な姿勢を目の当たりにした小泉は、民間が官の分野、公共的な分野に進出する環境をつくるのが政治家の役目だと強く感じたのである。しかし、郵政は、自民党の聖域であった。なぜなら、特定郵便局は、全国約一万八〇〇〇カ所にあり、約一四万七〇〇〇人の党員を抱える自民党有数の支持団体の一つである。選挙ともなれば、地域票の取りまとめに動く強力な集票マシンであった。

ただ、これは何も自民党に限ったことではない。約十六万人の組合員を持つ全逓信労働組合、いわゆる全逓を支持母体にしている社会党、官営主導を主張する共産党にとっても、聖域である。

小泉は郵政三事業を民営化すれば、それまでの財政構造がガラリと変わると確信していた。郵政三事業の民営化は、財政投融資制度の見直しにつながる。そうなれば九十二の特殊法人、公庫、公団を整理統廃合することになる。当然、必要でないと判断されたものは税金を使えない。財政投融資で一番問題なのは、査定が甘い点だ。民間だけでなく、国も乱脈融資気味であった。これでは、いくら税収があっても足りない。

むろん、全省庁は、激しく抵抗するであろう。郵政三事業が民営化されれば、特殊法人の一つや二つを統廃合するどころの話ではない。全省庁の再編が起こる。

結婚と離婚の公表

小泉は、昭和五十三年（一九七八）の一月、製薬会社の経営者の姪と結婚した。彼女は、このとき三十六歳であった純一郎より十四歳も年下で、二十二歳の青山学院大学四年生であった。

一月二十五日、東京プリンスホテルで結婚式を挙げた。当時総理になっていた福田、安倍晋太郎官房長官、大平正芳自民党幹事長、財界代表として西武鉄道グループオーナーの堤義明《つつみよしあき》などが出席した。

やがて、小泉夫妻は、二人の子供を授かった。長男の孝太郎《こうたろう》と次男の進次郎《しんじろう》であった。

夫人が、突然、「子供を東京の私立の幼稚園に入れたい」と言い出した。小泉の教育方針は、子供は、自宅近くの公立に入れると決めている。意見の食い違いにより、夫婦間に深い溝ができた。

選択肢は、二つしかなかった。

一つは、夫人の願いを入れて、夫人が東京に移り住み、小泉は政治家を辞めて転職する。いま一つは、夫人が反省し、子供を近所の公立に入れる。

小泉には、小泉の将来を期待している有権者がいる。その有権者の期待は、裏切れない。夫婦間の溝はついに埋まらなかった。夫人は譲らなかった。小泉は、どちらも選択できなかった。もはや、離婚以外に解決策はない。

が、小泉は、離婚したことを隠そうとはしなかった。昭和五十八年（一九八三）十二月の総選挙直前であったが、川崎市婦人部の大会で堂々と発表した。

「妻とは、離婚しました」

小泉事務所が発行している機関紙にも、離婚したことを載せた。その潔さが支援者に理解され、票を減らすこともなく、三位で当選した。

小泉とつきあいのある田中派の大幹部・江崎真澄《えさきますみ》も、不思議そうに言った。

「一般的に、離婚は選挙でマイナスになるというが、なんで小泉君は票が減らなかったんだろう」

小泉の選挙応援をつづけている馬瀬金平《うませかねひら》が見るに、離婚によって小泉は人間的に大きくなった。郵政三事業民営化をはじめ何かに取り憑かれたように改革に向けて動き出したように見えた。

小泉は、厚生大臣になる前の選挙公報に、堂々と書いている。

「わたしは、地域や特定団体の代弁者ではない。特別の利益団体のために政治をやるのではない」

こんなことを書ける政治家は、そうはいない。そんなことを書けば、支援する団体が引いていく可能性がある。馬瀬金平は、それを恐れずに書いたのは、素晴らしいと感心した。

小泉は、慶應義塾大学の同級の中島幸雄と、彼の妻の文子に、郵政大臣に就任するころまでよく言っていた。

「ぼくは、感情を表に出さない訓練をしているんだ。政治家というのは、そうあるべきなんだ。喜怒哀楽を出さないようにしている」

厚生大臣として初入閣、カタカナや難解な役所言葉の見直し

小泉は、昭和六十三年（一九八八）十二月、竹下改造内閣で厚生大臣として初入閣を果たした。

世間には、世襲議員への批判も多い。しかし、秘書の飯島勲が見たところ、世襲議員で資産が増える人はいない。よくて横ばい、たいていは減ってしまう。これは、本能的に危険な毒饅

頭を見分けるからである。

また、世襲議員は、かならず親と比較される。が、親は、頂点の状況で引退したり、亡くなったりする。こちらは、当選したばかりだ。どんなにがんばっても、親の実績に勝てるはずがない。比較されるのは、いい迷惑である。世襲議員が、親を乗り越えるのは大臣になってからだ。小泉も、そうであった。小泉は、厚生大臣として初入閣したとき、初めて親と肩を並べることができたと飯島は思っている。

小泉は、厚生大臣に就任したときの心境を中学校の同級生松本光子《まつもとみつこ》らに語った。

「就任あいさつのとき、官僚がつくった原稿を読むか、それとも、自分の信念を貫いて自分の言葉で語るべきか、迷いに迷った。しかし、やはり自分の言葉で語るべきだと、官僚のつくった原稿を打ち捨てた」

小泉厚相は、平成元年（一九八九）二月三日、痛みをともなう改革を、いきなりぶち上げた。

「厚生年金の支給開始年齢を、段階的に六十五歳に引き上げる」「これにともなう六十歳からでも受給できる繰り上げ減額年金制度の創設」「厚生、国民年金の給付、保険料引き上げ」などを柱とした厚生年金、国民年金制度改正案を厚相の諮問機関である年金審議会に諮問した。

「六十五歳に引き上げ」は、わが国の急速な高齢化、年金受給者急増への対策として、現存の給付水準を維持しつつ現役世代の今後の負担額を、極力抑制するための措置である。男性は、現行の六十歳支給を、平成十年度に六十一歳とし、三年ごとに一歳ずつ引き上げ、二十二年度に六十五歳支給とする。女性は、現行の五十六歳支給を平成十五年度に六十一歳とし、その後の三年ごとに一歳ずつ引き上げ、二十七年度に六十五歳支給とする。

平成元年六月二日、宇野内閣が成立。小泉は、再び厚相に就任した。

小泉厚相は、七月一日、厚生省の役人に通達した。

「安易なカタカナが、多すぎる。福祉を担当する役所なのだから、お年寄りにもわかりやすい日本語を使うように」

厚生省は、省内に「用語適正化委員会」をスタートさせ、カタカナや難解な役所言葉の見直しをおこなった。

小泉の厳しい用語チェックは、実は厚相就任以来つづいていた。幹部から事業の概要や予算の説明を受けるにつれ、妙な和製英語や直訳しただけの難しい日本語のあまりの多さにおどろいた。「ホームヘルパー」は「家庭奉仕員」、「ナースバンク」は「看護情報センター」というように予算書を書き換えた。国会答弁でも、答弁書にある「ニーズ」や「コンセンサス」などを和訳した。小泉イズムは、省内に浸透したかに見えた。

ところが、六月の社会労働委員会の審議で、野党の質問者はともかくも、答弁に立った厚生省の委員からも、カタカナが続出、「適正化委員会設置」の鶴の一声につながった。

「デイケア」「ショートステイ」「ケアハウス」……。カタカナは今や厚生行政の日常語と化した感がある。「終末医療」も、「ターミナルケア」を直訳しただけでわかりにくい、と不評を買っている。

「委員会をつくっても、さて何をやればいいのか?」

が、宇野宗佑総理が、女性スキャンダルと参院選惨敗で与野党逆転を許した引責で、わずか二カ月で退陣した。小泉は、厚相の仕事は半ばで、党の全国組織委員長に就任した。

自民党の野党転落と総裁選初出馬

平成元年(一九八九)八月十日、海部俊樹内閣が誕生し、平成三年(一九九一)十一月五日に退陣。宮沢喜一内閣が誕生した。小泉は、平成四年(一九九二)十二月十一日、宮沢改造内閣で郵政相に就任した。

自民党は、平成五年(一九九三)七月十八日開票の総選挙で、当選は、二二三議席で、過半数を割り込んだ。小泉郵政相は、その翌日の十九日夜、テレビ朝日の討論番組に出演し、宮沢総理の進退問題についてきっぱりと言った。

「即刻、きちんと退陣表明をすべきだ。今の政治家は出処進退をおろそかにしすぎる」

これに対し、宮沢総理は「厳しく受け止めます」と答えた。閣僚が総理に辞任を直接求めたのは初めてのことである。小泉は、総理官邸で河野洋平《こうのようへい》官房長官に辞表を提出した。

小泉の在職期間は前年十二月の就任以来、わずか七カ月間。就任の際には老人マル優問題でスタートを切り、最後も宮沢総理に辞表を叩きつける形で終わるという、「波乱」で始まり「波乱」で終わった七カ月だった。

宮沢総理は、その翌日の二十二日、自民党両院議員総会で総選挙過半数割れの責任を取り、退陣を表明した。

自民党は野党に転落し、平成五年八月九日、細川護熙内閣が誕生した。

ところが、細川政権は、二六三日の短命に終わる。

平成六年（一九九四）四月、羽田孜内閣がスタートしたが、さらに短くわずか六十四日の超短命に終わる。

自民党は社会党の村山富市《むらやまとみいち》を総理に担ぐ奇策に出て、平成六年六月三十日に村山内閣をつくる。

平成七年（一九九五）七月二十三日におこなわれた参議院選挙で、自民党は、なんと前回三年前の獲得議席六十九議席を大幅に下回り、五十議席を割り込む四十九議席に落ち込んだ。

比例区の得票数では、小沢一郎が結成していた新進党に水をあけられ、第二党に甘んじるという信じられないことが起こった。

河野支持を打ち出している三塚派（清和会）幹部の小泉純一郎は、三塚博《みつづかひろし》、森喜朗に同調し、自民党の河野洋平総裁の再選を実現するため、懸命に派内をまとめていた。

「河野さんと橋本さんの政策に、大きな違いはない。しかも、二人とも連立政権を維持すると明言している。それなら、あえて現職の総裁を替える必要はないだろう」

八月二十一日、河野と橋本龍太郎が立候補を表明した。

ところが、八月二十八日、思わぬことが起こった。戦況不利と判断した河野が、突然出馬を辞退したのである。総裁候補の一人に三塚派の森喜朗の名前が挙がった。

だが、小泉は、どうしても森が決断できないのであれば、自分自身が名乗りを上げる可能性もゼロではないと思った。

〈ただし、そのときはおれの持論である行政改革、さらに郵政三事業の民営化、国連安保理常任理事国入りへの慎重な対応を主張するつもりでいる。自民党の有力支持団体をぶち壊す主張に、果たして三十人の推薦人が集まるかどうか。もしそろえば、出ざるを得なくなるかもしれない〉

現在の総裁選では推薦人は二十人でいいが、この当時は三十人を必要としていた。

小泉は三十人の推薦人が集まり、胸を撫で下ろした。

〈若手議員の懸命な努力で、どうにか三十人を確保することができた。これで、目的の半ばは

達成したな〉

九月十日、総裁選が告示された。小泉純一郎と橋本龍太郎が立候補を届け出た。

九月二十二日午前九時から、党員・党友投票分の開票作業が始まった。

午後三時からは、自民党本部八階にある開票会場で、国会議員分の無記名投票がおこなわれた。その結果、橋本龍太郎は、一万票を一票と計算する党員・党友票の八十票の有効票のうち、八割強の六十五票を、小泉純一郎は、十五票を獲得した。議員票でも有効票三一一票のうち橋本が二三九票を獲得し、小泉は七十二票、合計で橋本は三〇四票、小泉は八十七票で、橋本が圧倒的な勝利をおさめた。

「郵政三事業」が流行語大賞

国民的人気のあった菅直人《かんなおと》前厚相の後を受け、小泉は平成八年(一九九六)十一月七日の任命後、記者団に語った。

「総理からは、内閣の方針をわきまえてもらえば、郵政事業民営化の持論は拘束しないと言われたので受けた」

橋本総理は、十一月二十一日参院行財政改革税制特別委員会で、郵政三事業について答弁した。

「郵政事業に民間が参入し得る方向を確保し、資金は自主運用で国庫に迷惑をかけない形が基本だ。一番大事なのは資金運用部への預金をストップし、財政投融資制度と特殊法人の改革につながることだ」

この日、自民党役員連絡会で、橋本派の野中広務が述べた。

「郵政三事業は『五年をめどに』でなく『五年後に公社』にすることを、はっきりさせないといけない。（職員が）自分の身分に五年間も不安な思いで過ごしたら、士気に関係する」

小泉は、この日、厚生省で記者団に語った。

「五年後に新公社化だろうが何だっていい。ベルリンの壁といっしょ。一つ崩れたら、後は止まらない。さすが総理だ」

十二月二十八日、その年の流行語大賞に、「郵政三事業」が選ばれた。「民営化ができなければ、閣僚を辞める」と大見得を切った小泉が受賞したのである。

中央省庁再編で、新しい省庁名について、小泉は、平成九年（一九九七）十二月二日の閣僚懇談会で不満を表明した。

「名前の付け方が安直に過ぎないか。日本語の表意文字を活かして、二文字のいい名前にしてほしい」

小里貞利《おざとさだとし》総務庁長官は、平成十年（一九九八）一月二十二日、厚生省に小泉厚相を訪ねた。

行政改革で再編される中央省庁の新しい名称に理解を求めた。

が、小泉は、あらためて持論を展開した。

「ほかはともかく、（厚生省、労働省が合併する）労働福祉省という名称には反対だ。省名を変えなければ、基本法案にはサインしない」

会談は、物別れに終わった。

一府十二省庁のうち、複数省庁の統合例は「労働福祉省」以外にも「教育科学技術省」（文部省、科学技術庁）、「国土交通省」（建設省、運輸省など）と、過去のしがらみや既得権益をそのまま背負ったような名称になっていることに、小泉は耐え切れないらしかった。

もともと「国民福祉省」だったのが、労働省や労組の労使一体の反発で「雇用福祉省」、「労働福祉省」へと名称変更されていった経緯も気に入らないようであった。

厚相が行革の基本法案に署名しないとなれば、橋本政権にとって重大事である。

「変える議論を堂々と展開できるようになった」

小泉は最終的には署名した。

結果的には「厚生労働省」となる。

「永年在職表彰」を辞退

小泉厚相は、さらに物議をかもした。

「永年在職表彰」を、辞退したのである。

「行政改革で国民に犠牲を強いる以上、表彰や特権を受けるわけにはいかない」

表彰は、衆院議員として二十五年過ごせば受けられる。それまでに過去三一四人に与えられた。平成九年（一九九七）十月、小泉、加藤紘一《かとうこういち》、山崎拓《やまざきたく》らＹＫＫのメンバーをふくめ、九人が有資格者となった。議員にとっては一種の勲章である。が、この制度は、小泉が指摘するようにかなりの金がかかっていることも確かである。

永田町の常識では「変人中の変人」

小泉は、人をめったに怒らない。三十年も小泉の政策秘書をしている飯島勲が小泉に怒られたのは、ただ一度だけである。議員会館の車寄せで、議員が車に乗り込むとき、議員が頭をぶつけても痛くないように、秘書が、自分の手をドアの上に置く光景をよく見かける。

飯島は、あるとき秘書仲間から言われた。

「おまえさんは、ドアを開けたりしたことはないだろう」

飯島は、つい言った。

「おれもやるよ」

が、それまでそのようなことをしたことはない。

あるとき、飯島は小泉を車のドアを恭しく開けて乗り込ませるや、勢いよくドアを閉めた。小泉の細い脚をはさんでしまった。小泉は、よほど痛かったのであろう。怒鳴られたのだ。

「普段しないようなことはするな！」

小泉は、そのとき以外、一度も飯島を怒ったことはない。それは飯島にとって、逆にとても怖いことだ。怒られれば、どこが悪いのか判断がつき、今後、注意できる。

飯島のもとに、ある相談がきたとする。そのとき、「これは、小泉だったらどう処理するだろうか」と自問自答し、判断する。その上で結果を報告する。もし、読みがはずれていれば、「馬鹿野郎！」と怒るだろう。黙っていれば、読みが当たったことになる。

飯島は、そのような訓練をつづけてきた。いまや、完全に小泉の判断基準を熟知している。支援者にも、「政治家は、直接会って話さないと話が通らないことが多い。しかし、小泉事務所は、飯島さんに言えば小泉さんに伝わるし、きちんとした答えが出てくる」と信頼されている。それゆえ、小泉は、政治家としての行動に支障が出ることなく好きなことができるのである。

それに、小泉は、訪問客に対して決まって口にする。

「それじゃ、あとは、飯島と相談して決めてくれ」

訪問客は、飯島のもとに飛んでくる。困るのは、飯島だ。同席していれば、それなりに判断もできるだろう。が、同席も、ましてや小泉と打ち合わせをしているわけでもない。話を聞いた上で、自分なりに勝手に回答を出す。

「これまで小泉は、こうだったから、たぶん小泉は、こう判断するでしょう」

ずっとこのスタイルでやってきた。しかし、飯島の判断と小泉の判断は、大きくはずれることはない。ときおり、小さな誤差が生じることもあるが、そういうときには、小泉のほうから細部にわたり、その考えや注意事項が出るが、怒られたことは一度もない。だからこそ飯島はこれまでやってこられたのだ。

小泉は、東京に、議員会館以外に事務所を持たない。おかげで飯島は、三十年間、入り口と議員室の間にある三畳間で生活をつづけている。

政治家の中には、当選回数が多くなって要職に就くようになると、新聞記者をまったく相手にしなくなったり、外見だけで人を判断する人もいる。小泉は、一貫して変わらない。政治家としてはめずらしく、オフレコがない。地元新聞記者に言った。

「政治家が言った言葉は、責任ある発言なんだから、話したことはなんでも記事にしていい」

その代わり、発言は慎重だった。自分のわかる問題は、ずばりと口にする。このときには、記事にしやすい。見出しにもしやすい。しかし、微妙な問題だと、口を閉ざす。あるいは、口が重くなる。「うーん」と唸ったまま、考え込む。自分の発言がどのような影響をおよぼすか、考えている。このようなときには、いくら裏がとれていても記事にはできない。

永田町で当たり前となっている数を頼みとした政治手法でなくとも、総理大臣を狙える時代がくる。小泉の秘書で、弟の正也は、そのような予感をどこかで感じていた。

小泉は、総理を狙うのに、ほかの候補者のような手法は取らなかった。

いわゆる、永田町の常識からすると、総理を狙うなら、早くから子分をつくり、派閥の領袖への階段を上っていく。そのためには、金銭的にも、かなり無理をし、子分たちにも配る。が、小泉が若手の金銭的面倒を見たという話は耳にしたことがない。

小泉は、多くの政治家のように子分たちを集め、酒を飲んで情を通わせ合う時間があれば、一人でふらりと出かけ、オペラや歌舞伎を楽しんでいる。

小泉は、人からもらい物をしても、送り返す。森派の高市早苗が、バレンタインデーのチョコレートをプレゼントしても、送り返すほど徹底している。

田中眞紀子は、小泉を「変人」といったが、永田町の常識からすると「変人中の変人」である。それゆえ、利権をめぐるスキャンダルもないし、しがらみもなかった。

二度目の総裁選に敗北「おれは、心に墨を入れたよ」

平成十年（一九九八）六月二十五日、第十八回参議院通常選挙が公示された。

自民党は、結局、選挙区三十、比例区十四の四十四議席と惨敗した。

橋本総理は退陣を表明した。

七月十七日、三塚派（清和会）は、自派の候補者を出すか出さないかでもめにもめることになった。が、結局、三塚派として小泉を擁立することが決まった。

十八日午後四時過ぎ、本部長を三塚会長、本部長代行を森とする推薦委員会の初会合、つまり小泉の出陣式で、小泉は感極まって泣き出した。

「三塚会長をはじめ身にあまる激励をいただいた。人生意気に感ずとは、このことか。人間を動かすのは……」

思わず絶句し、しばらく間をおいてつづけた。

「計算じゃない……」

つづいて立った森は、おどろいてみせた。

「三十年間付き合っているが、純ちゃんの涙を初めて見た」

森は思った。

〈いくつもの障害を乗り越え、ようやく出馬にこぎつけることができた。純ちゃんも、感極まったのだろう〉

二十一日午前十一時、総裁選、党本部は立候補の届け出を受け付けた。

小泉純一郎、梶山静六《かじやませいろく》、小渕恵三の三人が届け出た。

田中角栄の娘である田中眞紀子議員は、テレビで三候補を切って捨てた。

「小渕さんは『凡人』。梶山さんは『軍人』。小泉さんは『変人』」

投票日の七月二十四日午後二時、自民党本部八階の大ホール。両院議員総会で総裁選の投票がおこなわれた。三塚派ながら梶山を担いでいる平沼赳夫《ひらぬまたけお》は、大ホールに入った。

平沼は、席に座ると三人の候補者の姿を探した。偶然にも、自分の席の列の真ん中に梶山、その後ろに小渕、真後ろに小泉が座っていた。

〈投票結果を聞いて、どういう表情をするのか、見ものだな〉

やがて、投票が始まった。

午後三時十二分、谷川和穂《たにかわかずお》選挙管理委員長が候補者の受け付け順に投票結果を読み上げた。

「梶山静六君、一〇二票!」

大ホールが、どっと沸いた。戦前の予想では、梶山は、小渕が会長を務める小渕派を離脱して出馬したため、派閥の応援はなく、三人のうちもっとも厳しいとされていた。それにもかかわらず、三桁の百票を超えたのである。

谷川選挙管理委員長は、つづけた。

「小泉純一郎君、八十四票」

なんと小泉は、梶山に二十票近くも差をつけられていた。

その瞬間、大ホールは静まり返った。あまりの少なさに拍手も起こらない。

百票を大きく下回り、三塚派の基礎票八十七票にも届いていないのだ。

平沼は、小泉が座っている後ろの席を振り返る勇気がなかった。

〈さぞ、がっくりしていることだろう。なんだか、かわいそうだな〉

谷川選挙管理委員長が、つづけた。

「小渕恵三君、二二五票」

小渕は、二二五票と過半数を十八票上回り、一回目の投票で当選が決まった。

平沼赳夫は、ようやく後ろを振り返った。小泉は、立ち上がり、頭を下げていた。

笑みは浮かべているものの、その表情は引きつっているようにも映った。

政治家は喜怒哀楽を表に出してはならないと自分を戒めつづけている小泉は、表情にこそ表わさないように努めたが、心の中ではあぜんとしていた。

〈変わらなきゃいかん、とみんな口では言いながら、変革を前面に押し出していたわたしが、

結局は一番馬鹿を見る結果に終わった……〉
　小泉は、敗北直後、親しい議員にきっぱりと言った。
「おれは、心に墨を入れたよ」
　こういう言葉は、普通の政治家は発しない。祖父又次郎が、全身に刺青を彫り込んでいたこととも関わりがあろう。小泉は、この敗北を機に、心に刺青を入れたという。おそらく、小泉は、こういう票数で総裁への道は完全に絶たれたであろうと見る政界の常識を覆し、かならず総理になってみせると誓ったに違いない。同時に、同じ派閥に属しながら、屈辱を味わわせてくれた亀井静香や平沼赳夫ら亀井一派への復讐を、誓ったのであろう。

総理・森喜朗に代わり派閥の会長に

　小渕総理は、平成十二年（二〇〇〇）四月二日午前零時半頃、総理公邸で体調の不調を訴えた。脳梗塞の疑いがあり、順天堂大附属医院に緊急入院した。

　二日午後一時頃、千代田区紀尾井町の赤坂プリンスホテルの部屋に、森派会長の森喜朗幹事長、江藤・亀井派会長代理の亀井静香政調会長、やはり江藤・亀井派の村上正邦《むらかみまさくに》参議院会長、小渕派の青木幹雄官房長官、やはり小渕派の野中広務幹事長代理の五人が集まった。

　このいわゆる五人組によって、小渕の後継は森と決まった。

森は、総理に就任したとき、小泉に後事を託した。

「おれの代わりに、清和会（森派）の会長をやってほしい」

小泉は、快く引き受けた。

「森さんが復帰するまで、清和会を守りますよ」

その際、森は、小泉に頼んだ。

「自分自身とまったく違う性格だと思うかもしれないが、週にいっぺんは、青木さんと会ってくれ。昼飯を食べながらでもいいし、夜、酒を飲みながらでもいいから」

「わかりました」

小渕派の参議院議員の青木幹雄と森喜朗は、早稲田大学の弁論部・雄弁会の先輩後輩の間柄である。森は、一期上の青木を慕い、雄弁会では青木派であった。それ以来、森は、青木との関係を大事にしてきた。森内閣時代、参議院自民党の実力者となった青木は、懸命に森を支える。二人の思いは、以心伝心で理解できた。

だが、反平成研のスタンスを取りつづけてきた小泉と青木の関係は、まだそこまで深くない。それゆえ、小泉と青木をどう結びつけるかが、森の仕事の一つであった。

小泉は、森との約束を守り、週に一回は青木と会い、親睦を深めたのである。

それゆえ、青木は、小泉の性格を知ったし、小泉もまた青木の性格を知った。ただし、青木は、まさかのちに小泉が総理総裁になるとは想像もしていなかった。

いっぽう、小泉にとって、のちの平成研との戦いにおいて、平成研参議院のドンである青木との関係は大いに役立つ……。

ＹＫＫが敵味方に分かれて争うクーデター

織田信長は、軍師というものを身辺に置いたことがなかった。彼は、孫子《そんし》、呉子《ごし》などの史書に学ばず、現実を分析し、自らの判断によって戦略を立てている。

信長は、常々公言していた。

「敵が白刃をふりかざして襲いかかってきたときに、学問行儀が何の助けになろうぞ」

実戦こそ彼の学問であった。徹底した合理主義者であった。

ＹＫＫの加藤紘一によると、小泉は「あまり政治家は、勉強や、議論をしてはいけない」が口癖であった。

「人の話を一生懸命聞いたりすると、結論を迷う。そうすると、メッセージが非常に曖昧になる。それよりも、自分が一番初めに感じた直感で行動を進めていくのが正しいんだ」

ＹＫＫが会って食事をしても、難しい政策的な議論は、ほとんど山崎と加藤のＹＫ間でおこなわれた。その間、小泉はコップ酒を飲んでいる。加藤が「純ちゃん、どう思う」と訊くと、小泉は、ワンフレーズ的にズバッと意見を言うだけであったという。

そのＹＫＫが、敵味方に分かれて争うクーデターが起こる。

平成十二年（二〇〇〇）十一月の「山里会」は、九日の午後六時半から始まった。この席に、加藤紘一がゲストとして呼ばれた。

「山里会」は、読売新聞社の渡邉恒雄《わたなべつねお》社長、政治評論家の三宅久之《みやけひさゆき》、早坂茂三《はやさかしげぞう》、それに、政治評論家で内閣参与となっている中村慶一郎《なかむらけいいちろう》らが毎月一回ゲストを呼んで会食する会だ。ホテルオークラ本館五階にある日本料理屋「山里」にちなんでそう呼んでいる。「山里会」のメンバーは、普段からどちらかというと、加藤に批判的な人が多かった。

加藤は、年末の人事について話がおよぶと酔いも手伝って高ぶった口調で言い切った。

「森さんの手で、内閣改造はやらせない」

一瞬、座は凍りついたという。

加藤は、つづけた。

「来年七月の参議院選は、森さんでは戦えない。森さんの手でやれば惨敗だろう」

ついには、踏み込んだ発言をした。

「野党の不信任案に対する態度は、まだ決まっていない」

「テレビで、野党の不信任案には同調しないと言ったじゃないか。嘘をついたのか」

そう突っ込まれ、答えた。

「三〇〇万人の視聴者の前で、手の内を明かすわけにはいかないですからね」

加藤は、彼らの前で、携帯電話まで取り出した。

「民主党幹事長の菅直人さんとは、五秒で話ができる仲だ。いつでも組める」

挑発された彼らは、その日のうちに親しい政治家に「ご注進」とばかりに連絡した。当然、話が一気に広がった。

翌日の十日、衆議院本会議がおこなわれた。

亀井静香政調会長は、森派の小泉純一郎会長に呼び止められた。

「亀ちゃん、ちょっと、ちょっと。話があるんだ」

「なんだ、いったい」

やはり昨夜「山里会」に出席していた政治評論家から加藤発言を知らされていた小泉は、声をひそめた。

「さっき加藤さんに確認したら、内閣不信任決議案に本気で賛成するつもりでいる」

亀井は、びっくりした。

「えーッ！　昨日、政治評論家との席で何か言うたらしいけど、本気なのか」

「本気だ」

「それは、エライことだ」

一種のクーデターである。

加藤は、これまで山崎と倒閣運動について相談していた。が、ＹＫＫの仲間でありながら、小泉には声をかけなかった。小泉は、森派の会長だ。森総理を守る立場にいる。声をかけても無駄だろうという判断であった。

が、小泉が、「山里会」のおこなわれた翌朝、ただちに加藤の発言を触れ回ったため、党内は蜂の巣をつついたような大騒ぎとなった。結果的には、この素早い行動に出た小泉に軍配が上がることになる。

森派の高市早苗は、この小泉の動きに首をひねった。

〈小泉先生は、なんで言いふらしているのかなあ〉

高市は、小泉に会い訊いた。

「なんで、言いふらしているんですか。加藤さんが、困るんじゃないですか」

小泉は答えた。

「いや、このことは新聞記者のほうが先に知っていたんだよ。知っているから、おれは言っているんだ」

しかし、新聞記者が知っているという事実と、小泉が周囲に語ることは、意味合いが大きく違う。記者は、担当の国会議員と信頼関係で結ばれている。噂になっても、確認を取らなければ記事にはできない。だが、小泉は、テレビカメラの前で堂々と加藤が野党の提出する不信任案に賛成する可能性があると口にしたことを語った。

テレビニュースで報じられ、あっという間に世間に広まった。

高市は、のちに思う。

〈小泉先生は、すごい。加藤先生は本気だと確信し、森総理を守るために早めにリークした。そうすることで、加藤先生を潰す態勢をつくるための時間ができる。その判断は、正しかった。加藤先生が根回しを終えた後、内閣不信任決議案の採決二日前くらいにバンと倒閣を打ち上げていたら、主流派は負けていたかもしれない。小泉先生は、そこまで読んで公にしたに違いない〉

加藤は、小泉の言っていることに真意と違うところがあると思ったのか、この日の自分のホームページで、小泉とのやりとりについてこう記した。

「本日、午前中、小泉純一郎さんから電話があり、内閣不信任案が出された場合の対応について話し合ったときに、『国民が七五パーセントも反対している内閣に、いくら自民党議員でもそう簡単に（不信任案に）反対、ということは簡単にいい切れるのか』と申し上げました。そしたら小泉さんは、『それはそうだな』といいまして、（わたしが）『じゃああなたもそうやって森さんにいって下さいよ』といいました。（小泉さんは）『まあ派閥の長だからそれはちょっと無理だけど。僕があなたの立場でも、同じようなことを考えたりいったりするだろうね。わたしだったらもっと激しくやったかもしれない』というような会話をやったわけです。その後、本会議場でまた一緒になりましたから、『そういうことだよね』『そうだよな』という会話を交わしました」

加藤は、昭和五十五年（一九八〇）の大平内閣に対する不信任決議で、福田派が欠席したことにも触れ、福田派若手として本会議を欠席した小泉と、

「おまえも経験あるだろう。欠席のほかに（不信任案に）賛成する人間も出るんじゃないか」

「すべての派閥から同調する人間がいる」

という会話を交わしたという。

小泉は、その日夕方、札幌市内の講演で言った。

「（加藤氏も）総理に対して思いがあるのなら、総理に直接会って言えばいい」

小泉は、まわりの議員に言った。

「これから政策の小泉から、政局の小泉になる」

三日後の十三日、山崎派の議員総会が開かれた。

山崎派は、この場で山崎会長と行動をともにすることで固まった。

この日午前、小泉は山崎に電話でこう抗議した。

「おれが煽ってるって新聞の取材に答えたそうだが、人のせいにするな。自信がないなら、やめろ！」

加藤の倒閣運動について、山崎が「小泉氏が発破をかけた」と党内外に説明したことが、小泉の耳にも入ったためだった。

小泉は「総裁派閥会長として、森総理支持にいささかの揺らぎもない」と講演などで強調した。

小泉は、十五日午前、外遊中の森総理に電話し、総理を叱咤激励した。小泉は、総理が「わかった」と応じた話を同日昼の森派会合でわざわざ披露し、派内の動揺沈静化に努めた。

小泉はさらに、派内引き締めを強化するため、この日午後、当選回数別に森派衆院議員と懇談し、「一致結束して不信任案を否決」する方針の徹底を図った。

加藤の乱で「小泉氏はまったくぶれない」と株を上げる

十九日夜、総理公邸で森総理と会った小泉は、記者団に語った。

「明日の衆院本会議は、やってみないとわからない。（票読みは）不確定要素が残っている」

内閣不信任決議案の採決に向け、自民党主流、反主流派は二十日未明まで熾烈な多数派工作を展開した。しかし、可否の見通しは立っておらず、小泉はこう見ていた。

「採決は、（接戦で）きわどい結果になる」

二十日午後八時八分、国会内で野中広務幹事長、加藤派の小里貞利総務会長の会談が再開した。

小里は、野中との最後の会談で、「賛成する人はいない」と伝えた。

午後八時過ぎ、加藤から谷垣禎一《たにがきさだかず》に電話が入った。

午後八時半、全日空ホテルを出てきた加藤は、記者団の前で語った。

「われわれは、全員欠席する」

これにより、本会議開会を前に否決が確定した。

小泉は、「加藤の乱」が終結すると語った。

「自民党的な、大人のいい知恵が出た。しこりは多少残るが、時間が解決するだろう。YKKの個人的つながりは、変わらない」

橋本派幹部は「小泉氏はまったくぶれない」と今回の「加藤の乱」での小泉の動きを評価した。

小泉が株を上げたのは、主流派内から加藤との妥協策として不信任案否決後の総理退陣論や総裁選の前倒し実施論が出ても「粛々と否決するだけ」と動じなかったためである。

ただ、今後、橋本派などが「森総理では参院選が戦えない」として総理の早期退陣に動くとしても、小泉が立ちはだかるのは確実と見られ、「党内抗争の第二幕は、野中・小泉戦争」との見方が少なくなかった。

小泉は、オペラや歌舞伎を愛し、確かにロマンチックな一面を持っている。が、政治の修羅場において、加藤のように冷静さを失うことはない。「刺青の又さん」譲りの修羅場に強い小泉の血が、度胸をすわらせ、冷静さを保たせつづける。小泉の「非情」な一面である。

織田信長は、状況判断に、まったく感情を入れなかった。合理的に判断したという。

そういう一面にもまた、小泉は魅かれるのであろう。

信長の父信秀《のぶひで》は、家督を継ぐ信長に、訓戒を残している。

「人に寝首をかかれるな。家来は使うもので、頼るものではない。女子供に情をかけてもよいが、気を許すな。下命を守らぬ者は、たとえ譜代衆でも斬れ。男はわが身一つが頼りで、余人に内懐へつけいられたなら、家は破滅、わが身は死なねばならぬことになる。構えて油断するな」

先祖代々の家来である譜代をも斬れ、というのだ。

小泉も、人をあまり内懐へつけいらせない。信頼しているのは、肉親の姉の信子《のぶこ》と、三十年も秘書として小泉を支えつづけている飯島勲、政治家の盟友山崎拓という。

ＹＫＫのメンバーでも、山崎がスキャンダルでマスコミの標的になろうとも、守り、信頼しつづけている。

「従軍慰安婦強制連行」教科書記述を糺す

いっぽう安倍晋三は、平成五年（一九九三）七月の衆院選で初当選を果たすや、はっきりと目標を定めた。

〈外交と安全保障を、やりたい〉

平成九年（一九九七）二月二十七日、「日本の前途と歴史教育を考える若手議員の会」の設立総会と、一回目の勉強会が党本部で開かれた。当選四回以下の衆参両院議員八十七人が参加。座長に自見庄三郎《じみしょうざぶろう》、代表に中川昭一《なかがわしょういち》、幹事長に衛藤晟一、事務局長に安倍晋三を選出した。

安倍らは、歴史学の世界に踏み込むつもりもなければ、学者の専門的な意見をねじ伏せるつもりもなかった。ただ、日本でも「従軍慰安婦強制連行」について錚々《そうそう》たる研究者たちの意見が分かれている。それなのに、中学生が習う歴史教科書に「従軍慰安婦の強制連行はあった」と断定的に載せるのはいかがなものか。事実をきちんと反映した教科書にすべきではないか、という思いであった。

衛藤は、この勉強会を通して思った。

〈わが国の歴史教育には、いかに深刻な憂慮すべき問題が存在しているか。いわゆる慰安婦問題が、いかに誤解されて伝えられているか。日本外交のこれまでのあり方が真の友好にとって

いかに問題であったか、などの事実が明らかになった〉
なかでも重要なポイントは、次の二点であった。
①軍や官憲による慰安婦の強制連行を示す資料は存在しない
②河野洋平官房長官談話が教科書の従軍慰安婦関連記述の検定通過において、唯一の根拠となっている

教科書記述の根拠となっている河野官房長官談話は、外交的配慮による面が強く、強制性を認定したのは元慰安婦たちの証言によるものであった。が、肝心な証言に対する裏付け調査はまったくなされていなかった。

従軍慰安婦という言葉は、この十数年前にできた言葉だ。慰安婦もいたが、日本軍が街を歩いている女性を強制的に戦地に引っ張っていったという事実はなかった。ただし、軍を相手に商売をした女衒《ぜげん》はいた。軍は、兵隊が病気になったら困るし、料金を設定するなどの管理をしただけである。

「従軍慰安婦はあった」とする中央大学の吉見義明《よしみよしあき》教授と「なかった」とする東京大学の藤岡信勝《ふじおかのぶかつ》教授を招いた勉強会では、結局、藤岡教授の論が勝った。吉見教授は、最後は何も話せなくなってしまった。

元官房副長官の石原信雄《いしはらのぶお》の話によると、実質的に韓国側から言われたことは「わが国で従軍

慰安婦だといっている女性の話を一応聞いてほしい」ということだけだったという。「本当のことを言ったかどうかは、調べないでほしい」と言ったともいう。

韓国では、従軍慰安婦だったとする女性たちが裁判を起こしている。それは、もらうはずのお金がただになったので、その保証をしてほしいというものだ。強制連行されたのではなく、「親に売られてきた」「親孝行のためにやった」「家族のためにやった」というのが事実なのだ。そのことを指摘した櫻井よしこは、様々な嫌がらせを受け、講演会もいくつか中止せざるを得なくなった。

つまり、「そういう事実は確かにあった」という河野官房長官談話は、彼女たちの証言を一方的に鵜呑みにし、国家を代表するスポークスマンが、裏付け調査もおこなわずに発信したことになる。

そのことによって、あたかも「歴史の事実」として後世に語り継がれていくだけではなく、諸外国に対しても、日本の「蛮行」が既成事実として発信され、セックス・スレイブ（性的奴隷）という言葉で定着してしまった。

平成八年（一九九六）の国連人権委員会につづき、平成九年も、人権委員会差別防止小委員会やＩＬＯ（国際労働機関）が、この問題を取り上げるに至った。

これでは、当時の兵士一人ひとりの人権や名誉はいったいどうなるのであろうか。日本民族全体に対する誤解を招くことにもなりかねない。このような状況下で歴史教科書に、さも事実であるかの如く、いわゆる「従軍慰安婦」の記述がおこなわれていることを、さらには外交的配慮という「政治的関与」によって歴史の真実が歪曲され、次代を担う若者に伝承されていくことを看過することは、将来に重大な禍根を残すことになる。

衛藤は、中川と安倍に言った。

「政治家として、この重大な誤りを糺《ただ》すことと共に、義務教育における歴史教育のあり方そのものについても、国民的議論を興す必然性がある」

平成九年十二月、「日本の前途と歴史教育を考える若手議員の会」は、『歴史教科書への疑問』を出版した。十回におよぶ勉強会で「従軍慰安婦強制連行」という記述は誤りであることが証明された。現在、すべての教科書から「従軍慰安婦強制連行」という記述は削除されている。

安倍は自負している。

〈これは、自分たちの努力の成果だ〉

秘書時代から関わる北朝鮮拉致問題

安倍晋三と北朝鮮による拉致被害者との関わりは早い。父晋太郎の秘書時代に、北朝鮮に拉致された有本恵子《ありもとけいこ》の両親の訴えを聞いていた。

昭和六十三年（一九八八）十月初め、衆議院第一議員会館六〇二号の安倍晋太郎の部屋に、有本恵子の母親の有本嘉代子《かよこ》が訪ねてきた。安倍晋太郎秘書の飯塚洋《いいづかひろし》が、応対した。

有本嘉代子は、初めて親切に話を聞いてくれる人に会えてうれしかった。

有本嘉代子は、その一カ月前の昭和六十三年九月六日午前十時ごろ、見知らぬ人からの電話を受けた。

「有本恵子さんの、お宅ですか」

うわずった相手の声におどろいて、反射的に答えた。

「そうです」

相手は、間髪入れず、話し始めた。

「おたくのお嬢さんは、息子といっしょに、北朝鮮の平壌にいるみたいです」

電話をかけてきたのは、石岡亨《いしおかとおる》の母親であった。石岡亨は、日本大学を卒業したあとにヨーロッパに留学、昭和五十五年（一九八〇）七月ごろ、スペインのマドリッドで松木薫《まつきかおる》とともに消息を絶った。その石岡が平壌で会ったポーランド人に託した手紙に、有本恵子といっしょに暮らしていると書いてあり、連絡先も書いてあった。そこで、石岡の母親は、ぜひとも知らせようと電話をしてきたのであった。有本嘉代子は、びっくりしたのと同時によろこんだ。

〈あの子は、やっぱり生きてたんだわ〉

三女の有本恵子は、神戸市外国語大学を卒業して昭和五十七年（一九八二）四月十日にロンドンに留学。語学学校「インターナショナルハウス」に入学した。しかし、帰国するはずの昭和五十八年（一九八三）八月九日、帰ってくると思っていた恵子は帰ってこなかった。ギリシャのアテネから発信された恵子の電報には、「仕事見つかる。帰国遅れる。恵子」とローマ字で書かれてあった。その後、八月のお盆前に、「先に帰国延期の電報が届き心配しているのではと思い、お便りしています」の書き出しから始まる手紙が届いた。ギリシャで市場調査のアルバイトをしていると、そこには書いてあった。その後、恵子からはまったく音信がなかった。

石岡の母親は、嘉代子に言った。

「北朝鮮は、社会党だけにパイプがある。有本さんは、社会党の議員さんを知りませんか？」

ところが、有本家にはその日のうちに、北海道の社会党からも電話がかかってきた。北海道の石岡が、社会党に連絡を入れたからに違いなかった。

社会党員は言った。

「今日（石岡さんから）電話があったことは、口外しないでください」

口外すると、恵子らの身に危険がおよぶかもしれなかった。

数日後、石岡亨が北朝鮮から出した手紙のコピーが、有本夫妻のもとに届いた。手紙は、粗末な大学ノートを切り取ったような紙に書かれていて、小さく折り畳んだ折り目がついていた。

裏には英文で「手紙を日本に送ってください」と書いてあったという。石岡の母親は、すぐに送ってくれたのだろう。消印は、九月七日となっていた。昭和五十八年八月に最後に届いた手紙以来、五年ぶりの、娘の恵子の生存を知らせる証であった。

有本明弘《あきひろ》と妻の嘉代子は、それから間もなく、西宮市今津曙町にある土井《どい》たか子事務所を訪れた。土井は、昭和六十一年（一九八六）に社会党の再生の重責を担って、日本初の女性党首として社会党委員長に就任していた。庶民派として、〝おたかさん〟と呼ばれて人気を博していた。土井たか子ならば、北朝鮮にパイプを持つ社会党の党首なので力を貸してくれるに違いない。そう思ってのことだった。

が、土井は動いてくれなかった。

有本明弘は思った。

〈社会党は、すぐに動く気配を見せない。頬かむりするつもりやろな。しょせん、社会党は野党や。恵子たちを戻すよう交渉する力もない〉

石岡亨からの手紙をもらった段階で、有本明弘が期待していたのは、やはり与党の自民党であった。

〈これほどの問題を取り上げてもらおうとしたら、これはもう総理大臣に頼るしかない〉

拉致問題解決のために相手にしてくれた国会議員は数人だけ

有本明弘は、時の総理大臣である竹下登に話そうと思った。すぐに電話帳に書いてある自民党本部に電話を入れた。

「竹下総理に連絡を取る方法を知りたい」

自民党本部の受付は、議員会館の竹下登事務所を紹介してくれた。ところが、衆議院の代表電話では、なぜか、「議員会館に、竹下登事務所の電話の在籍があるかどうかもわかりません」と言われた。

有本夫妻が、竹下の次に頼りにしたのが、自民党幹事長であった安倍晋太郎であった。竹下で取り付く島がないとなれば、次期総理大臣候補のところに行くべきだろうと考えた。新聞などマスコミによると、その一番手に安倍晋太郎の名が出ていた。議員会館に連絡を入れると、安倍晋太郎の秘書の飯塚洋が応対に出てきた。

安倍晋三は、飯塚から有本の訴えを初めて聞いたとき、正直言って半信半疑であった。

〈独裁国家とはいえ、果たして、そんなことを国ぐるみでするだろうか〉

気になった晋三は、北朝鮮に関する記事を調べた。拉致の可能性を指摘しているマスコミもあった。

安倍晋太郎の指示で飯塚といっしょに法務省と外務省を回り、担当者にかけあった。が、いずれの担当者も、木で鼻をくくったような対応であった。

それ以来、晋三は拉致問題に深い関心を寄せていた。国会議員になり、北朝鮮の犯行と確信していた晋三は、拉致問題の解決に向けて行動を起こした。が、相手にしてくれたのは、党内では衛藤晟一、平沢勝栄、他党では、新進党の西村眞悟《にしむらしんご》ら数人だけであった。

はじめは小さな行動であった。が、このことがなければ、平成十四年（二〇〇二）九月十七日の電撃的な日朝首脳会談に向かう過程において、拉致問題の解決を交渉の中心に据えるまでには至らなかったであろうと晋三は自負している。

拉致被害者の家族たちも、ずいぶんと辛い思いをした。家族たちが初めて外務省の担当者と会ったのは、加藤良三《かとうりょうぞう》アジア局長（のち駐米大使）の時代であった。加藤局長は、理解を示し、親切に対応したという。

だが、後任の槙田邦彦《まきたくにひこ》アジア局長（のちエジプト大使）のころから、拉致問題に取り組む姿勢は後退していった。党内最大派閥小渕派の大幹部で、政界に隠然たる力を誇示する親北朝鮮派の野中広務らの意向もあり、外務省もいろいろとやりにくかったのではないかと、晋三は思っている。

野中らは、北朝鮮へのコメ支援を推進していた。晋三らが、それに反対すると党の幹部たちからいろいろと圧力がかかった。

自民党、社会党、さきがけ三党による、いわゆる自社さ連立政権の時代である。幹部たちは、社会党に遠慮したのかもしれないとも思う。

しかし、晋三は、そうした圧力をあまり気にしていなかった。

「日朝問題小委員会」をつくるも圧力が強まり頓挫

平成九年（一九九七）二月には、横田《よこた》めぐみの拉致疑惑が表面化した。

三月には、安倍晋三らが中心になって「北朝鮮による拉致被害者家族連絡会」（家族会）が発足した。四月十五日、新進四十九人、自民八人、太陽五人、民主一人の超党派で「北朝鮮拉致疑惑日本人支援議員連盟」の設立総会が開かれた。晋三らは年功序列的に考え、旧中曽根派の中山正暉《なかやままさあき》を会長とした。晋三は事務局次長に就任した。

五月には、警視庁が北朝鮮による拉致疑惑は七件十人と公表した。

安倍は、五月十六日、衆議院外務委員会で拉致問題について質問に立った。

「この拉致疑惑については、もうすでにずいぶん前から世の中ではそういう噂はありました。また、わたしの父の支援者のお嬢さん、有本恵子さんという方も実は拉致をされているわけでありまます。そのことは早くから知っていたわけでございますが、残念ながら、今までマスコミもこのことは取り上げてこなかったというのも事実でございますし、また政府全体としても、正面から取り上げてこなかったのもそれは事実であるとわたしは思います」

安倍は、六月四日の衆議院外務委員会でも質問に立ち、自分が中心になって結成した「北朝鮮拉致疑惑日本人支援議員連盟」について語った。

「国会におきましても、『拉致疑惑に関する日本人及び日本人の家族に対する支援をする議員連盟』が発足いたしまして、大変な数の議員に参加をしていただきました。残念ながら、まだまだ自民党、新進党以外の皆さんには、あまりたくさんの皆さんには参加をしていただいていないわけでございますが、こうした議連が今後果たしていく役割は大変大きなものがあると思いますし、北朝鮮に対して大きなプレッシャーにもなる、こういうふうに思っております」

安倍は、さらに野中ら北朝鮮へのコメ支援派を皮肉った。

「北朝鮮に早く人道的な支援をしようという心優しい人たちがあまり参加をしていただいていないという皮肉な現状にあるわけでございますが、今後とも議連を通じてわたしもがんばっていきたい、このように思っておる次第でございます」

「北朝鮮に拉致された日本人を救出するための全国協議会」（救う会）常任副会長である西岡力《にしおかつとむ》と安倍晋三との接点は古く、「救う会」の前身にあたる「北朝鮮に拉致された日本人を救出する会」が新潟県で発足した平成九年一月からである。

「北朝鮮拉致疑惑日本人救援議員連盟（旧拉致議連）」の事務局次長に就任した安倍は、新進党の西村眞悟、拉致議連幹事長を務める自民党の桜井新《さくらいしん》らと同じく、北朝鮮に対して強硬派路線を貫いていた。平成九年十月、日本政府が、北朝鮮に対し、国連の世界食糧計画（WFP）を通じて二七〇〇万ドル（約三十三億円）、六・七万トンのコメ支援と、国際赤十字などに対する九四〇〇万円の医療関係の支援をおこなうことに猛然と反対した。

しかし、いくら反対しても、政府が北朝鮮への支援をおこなう方針を変えないとわかると、安倍は、「家族会」「救う会」の人たちと、小渕恵三外務大臣を会わせようと動いた。が、外務省は、「家族会」「救う会」の人たちと小渕を会わせるのを渋った。

安倍は、外務官僚に食ってかかった。

「おれは、父親が自民党幹事長だったころから、拉致問題に関わっているんだ。外務省は、少しもやってないじゃないか！」

外務官僚を論破して、小渕外務大臣に会わせた。西岡らをはじめ「救う会」「家族会」が、晋三を信頼し始めたのはそのころからであった。

安倍は、さらに衆議院外務委員会に「日朝問題小委員会」をつくる動きに出た。自らは事務局長に座った。小委員長には、鈴木俊一《すずきしゅんいち》を据えた。

平成九年十月二十一日、自民党本部で「日朝問題小委員会」の初会合を開いた。衆議院二十八人、参議院十一人の出席者であった。

十一月中旬に予定している北朝鮮への与党代表団の派遣を中心に意見を交換した。

訪問団の事務局長格となる野中広務幹事長代理は、この初会合にあえて出席して説明した。

「(政府と党の)二元外交にならないようにやっていく。正常化交渉再開に向けた環境の整備が一つの目的だ」

これに対し、出席者からは、執行部の対応を非難する声が出された。

「与党訪朝団の派遣を新聞報道で知った。党の外交部会長にも連絡がないうちに、方針が決められているのは異常なことだ」

さらに、過激な意見が出された。

「日本人拉致疑惑をうやむやにして、国交正常化などすべきではない」

「支援した食糧がきちんと配給されているか、確認作業をすべきだ」

加藤紘一幹事長や山崎拓政調会長ら幹部から、安倍に圧力がかかった。

「小委員会は、開かないでほしい」

逆らえば、どのような仕打ちを受けるかわからないが、安倍はその圧力を突破し、小委員会を開きつづけた。講師には、朝鮮銀行問題について詳しい野村旗守《のむらはたる》らを招いた。

三塚派の参議院議員山本一太《やまもといちた》も感心した。

〈安倍さんには、胆力がある〉

小委員会は、五回は開いた。が、圧力はさらに強まった。強気の晋三をもってしても、ついに六回目は開けなくなってしまった。

入院中の「安倍さんの存在は、もう永田町では忘れられているよ」という軽口に怒り

平成九年（一九九七）の暮れ、自民党の二回生の衆院議員の荒井広幸《あらいひろゆき》のもとに、やはり二回生で同じ三塚派（清和会）に所属する安倍晋三から電話がかかってきた。安倍は、沈んだ声で言った。

「荒井ちゃん、実は、おれ、入院したんだよ」

荒井は、びっくりした。

「えッ！　いったい、どうしたの？」

「腰を痛めてね」

「じゃ、お見舞いに行くよ。それで、どこの病院？」

「まだ誰にも言っていないんだけど、荒井ちゃんにだけは教えておくよ」

永田町では、病気を隠す傾向がある。病気を明かすことは政敵に足を引っ張られ、政治生命にも影響しかねないからだ。それゆえ、安倍は、親友の荒井にだけ、こっそりと病室を教えた

のである。

連絡役となった荒井は、寝ながらでも読書ができる器具や、気晴らしにマンガ本などを適当にみつくろい、ひそかに安倍の病室を見舞った。

このとき、安倍は、国対副委員長であった。国対副委員長は、党内各派の枠が決まっており、若手議員にとって花形ポストの一つである。入院のため国対を離れることになった安倍は、三塚派の三塚博会長、大幹部の森喜朗らに進言した。

「わたしの後継の副委員長には、荒井さんを推薦します」

三塚会長らは、それを受け入れ、荒井を国対副委員長に指名した。荒井は、安倍の代わりに、国対副委員長として汗を流した。

安倍の入院からしばらくすると、国会閉会中でもないのに、その姿が、国会でも、党本部でも、議員会館でも見られない安倍について永田町で噂話が立った。永田町は、弱みがあれば足を引っ張ろうとする世界だ。が、連絡役の荒井広幸から逐次情報を仕入れていた参議院の山本一太は、あえて安倍の見舞いには行かなかった。

荒井は、その噂話を病室の安倍に包み隠さず伝えた。

「安倍さん、永田町では、癌だって言われているよ」

安倍は、平然としていた。

「ああ、そう」

数週間後、荒井は、安倍に冗談めかして言った。

「永田町では『安倍さんは、死んだ』って言われているよ」

これまた、軽く受け流した。

「へーえ、そうなんだ」

それから数週間後、何を言っても顔色一つ変えない安倍に対し、荒井は、悪戯心で軽口を叩いた。

「安倍さんの存在は、もう永田町では忘れられているよ」

そうしたところ、安倍は、眉間に皺を寄せて、怒りをあらわにした。

「そんなことは、ないだろッ！」

荒井は、意外な気がした。

〈癌だとか、死んだとかでは怒らなかったのに、忘れられているぞ、という言葉で、こんなに怒るとは……〉

荒井はあらためて思った。

〈さすが政治家だな〉

数カ月の入院生活を経て、安倍は、ようやく国政に復帰した。荒井は、まるで自分のことのようにうれしかった。

荒井は、この入院生活は、安倍を人として、政治家として大きく成長させたと見ている。

安倍は、荒井には、あくまで腰が痛いと打ち明けていたが、実は、安倍本人によると、潰瘍性大腸炎という持病のせいであった。もともと中学校の後半の時に発症したという。自己免疫性疾患のひとつで、大腸に次々と潰瘍ができて、そこから出血をする難病であった。のちにこの持病のせいで第一次安倍政権も第二次安倍政権も途中で投げ出さざるを得なくなる……。

官房副長官に就任し森総理を支える

平成十二年（二〇〇〇）七月四日、第二次森内閣が発足することになった。官房長官に内定した中川秀直《なかがわひでなお》は、森喜朗総理と官房副長官人事について相談した。衆議院から起用される官房副長官は、橋本内閣の与謝野馨《よさのかおる》、額賀福志郎《ぬかがふくしろう》、小渕内閣の鈴木宗男《すずきむねお》など中堅クラスが通例だ。

四回生の福田康夫をはじめ複数の候補の名前が挙がった。

だが、中川は森総理に進言した。

「福田さんは、次の官房長官。副長官は、若手を育てましょう。わたしは、安倍君がいいと思います」

このとき、「当選三回生では荷が重いのではないか」との声もあった。

が、森総理はうなずいた。

「それじゃ、そうしよう」

安倍晋三も、官房副長官への抜擢は素直にうれしかった。

森内閣は、発足時こそ支持率は四〇パーセントを超えたが、森総理のいわゆる「神の国」発言などで支持率は急落した。中川秀直官房長官によると安倍官房副長官は中川を懸命にバックアップしてくれたという。国会を円滑に運営するため議院運営委員会や国会対策委員会などに小まめに顔を出し、逐一、連絡を入れた。また、自民党の若手議員の意見や考えを聞き、官邸にいてはなかなか入りにくい生の情報を報告した。

平成十二年十二月五日、中川秀直官房長官が辞職した。そのとき、森総理は、森派の会長を務めていた小泉純一郎と相談し、後任の官房長官は、当選四回生の福田康夫でいくことを決めた。森も、小泉も、お互いに福田の父親福田赳夫元総理のもとで修業を積んできた。この際、いいチャンスだと思い、福田を官房長官に据えた。森と小泉は、協力して福田と安倍のために働ける場をつくったことになる。

森内閣の支持率低下は、いっこうに歯止めがかからなかった。平成十二年十一月には、森総理では平成十三年（二〇〇一）夏の参院選は戦えない、と加藤紘一と山崎拓が、森総理に退陣を迫るいわゆる「加藤の乱」を起こした。

さらに平成十三年二月にハワイ沖で起こった、愛媛県立宇和島水産高校の実習船・えひめ丸と米原子力潜水艦の衝突事故後の対応の遅れで、森総理は国民から非難を浴びた。森内閣は、もはや風前の灯火であった。なにしろ森総理を支えるべき森内閣の閣僚はおろか、出身派閥である森派の幹部ですら、匙を投げていた。

そんななか、官房副長官の安倍は、最後まで森総理を必死にかばいつづけた。

「そんなことをいっても、森総理を支えるしかないんだ」

第四章

小泉純一郎の長期政権

三回目の挑戦で全国一億二〇〇〇万人の国民に訴えかける小泉現象

平成十三年（二〇〇一）四月、小泉純一郎は、森総理の退陣を受けて、自民党総裁選に立候補した。小泉にとって三回目の挑戦である。

安倍晋三は思った。

〈一回目、二回目とは違い、今回は勝てる可能性がある〉

自民党の数の論理でいけば、党内最大派閥の橋本派（平成研）が擁立する橋本龍太郎が優勢だ。小泉が勝つには、自民党がぎりぎりまで追い詰められ、政権を失うかもしれないという状況にならないと難しい。七月の参院選を前に、まさにそのような状況になっていた。小泉には、国民的な人気がある。国民は明らかに、ある種の閉塞感の中で改革を求めている。

橋本は、四月十一日の橋本派運営幹事会で立候補を表明した。

橋本派は、当初、森派を除く主流各派の支援を取りつければ、三四六の国会議員票の六割を固められると踏んでいた。だが、亀井静香の立候補という誤算に加え、十一日には橋本派に近い旧河本派も、河野グループの麻生太郎に推薦人を出すことにした。

いっぽう、小泉は山崎、加藤両派とＹＫＫ戦線を組む。決選投票になれば無派閥や若手の議員の行動次第で展開は読めなくなる。

小泉が出馬を決めたとき、秘書の飯島勲は小泉に訊いた。

「党員名簿を、用意しますか」

小泉は答えた。

「党員名簿は、いらない。街頭演説一本でいこう。チラシもつくらなくていい」

飯島は実感した。

〈小泉さんは、余計なことはせず、聴衆の心に訴えかければいいと考えている。それでも勝てると踏んでいるのか〉

従来の総裁選の必須アイテムは、党員名簿であった。自民党員は約二四〇万人で、党員名簿の値段は六〇〇万円であった。総裁候補の選対は、自分たちの秘書を総動員し、その虎の巻を頼りに支持を訴える文書を送付したり、電話作戦や面会作戦、いわゆるローラー作戦を展開する。これだけで億に近い選挙費用がかかる。

そこで、飯島は、思い切って党員名簿を購入することをやめた。この前代未聞の事態に、小泉選対幹部の国会議員はカンカンになって怒った。

「なぜ、買わないんだ！」

飯島は、ひたすら頭を下げた。

「すみません」

幹部の中には、親切心で言ってくれる人もいた。

「おれが持っている名簿を、貸そうか」

それも、断った。

「ありがたいのですが、いりません」

飯島がそこまで意固地になったのは、「この戦いは、党員名簿に頼るようでは負ける」という答えを導き出したからである。

〈街頭演説一本で、いい。全国一億二〇〇〇万人の国民に、ひたすら真剣勝負で訴えかける。そうすれば、かならず津波のような大きな波が押し寄せるだろう。二四〇万人の党員を、一億二〇〇〇万人の波で飲み込んでしまうのだ〉

街頭演説に時間を割くため、テレビ出演も極力控えた。テレビ討論会は、候補者が全員顔をそろえなければおこなわれない。必要最小限度、出るだけでいい。

この戦略は、的中した。四月十三日金曜日、人寄せパンダ的人気を博していた田中眞紀子とのタッグを組んだ小泉の街頭演説が有楽町マリオン前でおこなわれた。西に向かうキャラバン隊の出発地点であった。その数、なんと三〇〇〇人であった。小泉も、さすがにおどろいていた。

「今日は、人が多かったねえ」

だが、この小泉現象ともいうべき社会現象は、ほんの序章に過ぎなかった。

ＴＢＳは、この日、マリオン前の現場にカメラマンを送った。が、「ＮＥＷＳ２３」は、記者は出さなかった。なぜなら、街頭演説に集まる聴衆の中に自民党員は何人もいない。初めのうちは、それほど重要視していなかったからである。

ところが、取材から戻ったカメラマンが、筑紫に興奮した口調で言った。

「とにかく、すごい。ちょっと異常なくらい人が集まっている」

カメラマンは、ポジションを変えながら撮影をしたい。が、聴衆のあまりの多さに身動きが取れず、ポジションを変えられないというのだ。

聴衆が、それほど集まった背景にあるものは何か。テレビ報道は、小泉現象と無関係だとは言えない。が、小泉＝テレビ報道だと単純に割り切れるものではない、と筑紫は思った。

日本には、閉塞感がある。特に自民党的なものに対する不満が鬱積している。前年十一月の、いわゆる「加藤の乱」のときはインターネットを通していろいろな動きがあった。その動きが、このとき、ワッと出てきたのである。

たとえば、テレビ局は、小泉が××日に××で街頭演説をおこなう、という個別の情報はほとんど提供していない。それにもかかわらず、あふれるばかりの聴衆が集まる。彼らは、インターネットで情報を得ているのである。つまり、個別情報世界の中で情報が行き来し、行動したり、反応したりしているのだ。

「天のとき」「地の利」「人の和」

小泉は、これまでに二度、総裁選に出馬している。前回平成十年（一九九八）七月の総裁選では、小渕恵三、梶山静六と戦った。このときも、「NEWS23」に三人が出演し、討論会をおこなった。が、このような小泉現象は起こらなかった。

前回と比べ、何が変わったのか。情報の伝達の仕方が〝個〟に移行しているのだ。携帯電話が、そのいい例である。今や携帯電話から、様々な情報が得られる。インターネットで自分の好きな情報を個別に選択できる。

四月十四日、大阪・難波の繁華街で四候補が初めての共同街頭演説会をおこなった。

小泉の秘書の飯島勲は、小泉に同行したスタッフから報告を受けた。

「小泉さんが演説を始めたとたん、まるでサッカーの試合のウェーブのように聴衆がウワーッと波を打ちました。ほかの三候補のときには、そんなことにはなりませんでしたよ」

飯島は、胸を躍らせた。

〈もしかしたら、勝てるかもしれない〉

飯島は、この総裁選を通して小泉の怖さをあらためて知った。小泉は、信念を懸命に訴えつづけた。その気迫は、これまで二度挑戦した総裁選をはるかに上回っていた。

飯島は、ふと思った。

〈ひょっとしたら、自らの主張を訴えるだけ訴え、仮に自分が選択されなかったら、そのときは即座に国会議員を辞める覚悟じゃないか〉

小泉と、そのような会話を交わしたわけではない。が、その鬼気迫る表情から、三十年間も小泉と仕事をしてきた飯島は、そう受け取ったのである。

小泉は、ほかの立候補者たちとともにテレビに出演したとき、はっきりと言い放った。

「予備選で一位になりたい」

小泉が、そこまで、勝つことをはっきりと意識した発言をするのは、極めてめずらしいことだった。国民、党員に、強烈なメッセージを送ったのである。

小泉にとって有利だったのは、橋本派のドンである小渕恵三元総理が平成十二年（二〇〇〇）五月十四日に、竹下登元総理が同じ年の六月十九日にこの世を去っていたことだ。そのため橋本派が弱体化していた。もし小渕、竹下の二人が元気であったなら、いくら小泉に国民的人気があっても、総裁選での勝利はあり得なかったのではあるまいか。

織田信長が天下を獲ることができたのも、最強の敵であった武田信玄《たけだしんげん》が、元亀四年（一五七三）四月十二日病死、上杉謙信《うえすぎけんしん》が、天正六年（一五七八）三月十三日に急逝するという幸運に恵まれていたことによる。小泉も信長も、「天のとき」を得ている。

さらに、自民党執行部が予備選を四十七都道府県で三票ずつの一四一票としたのだ。しかも、総取り方式で、その都道府県の一位が三票総取りにするというシステムにしたのだ。小泉の主張しつづける「首相公選論」に近い形になった。いわゆる、「地の利」も得たわけである。残るは「人の和」、つまり、国民的人気を背景にした自民党員の地方票を得ることであった。

小泉は、四月十五日の日曜日午後四時半から、JR渋谷駅の忠犬ハチ公前で街頭演説をおこなった。なんと、一万人近くの群衆が集まった。

小泉を支持する東京選出の国会議員、平沢勝栄、下村博文《しもむらはくぶん》、そして松島《まつしま》みどりの三人は、三時四十分から前座で応援演説をした。

この日は、YKKの加藤紘一、山崎拓も、応援に駆けつけた。

最後は田中眞紀子が締め、眞紀子節で橋本龍太郎元総理をユーモラスに皮肉った。

森派二回生の下村博文は、渋谷のこの街頭演説には、一〇〇〇人の動員をかけた。が、動員をはるかに超える一万人が集まった。ある調査機関によると二万人だったという。渋谷の通行人は、政治に関心のない若者が多い。ところが、みんな立ち止まり、真剣な表情で小泉の演説に聞き入っている。今の閉塞感をなんとかしてほしいと願っていることが、下村にヒシヒシと伝わってきた。

四月二十一日、小泉は、森派町村信孝《まちむらのぶたか》の地元・北海道札幌市中央区の大通り公園で街頭演説をおこなった。聴衆は、なんと八〇〇〇人であった。

この日、前日の広島県につづき、千葉、岐阜、兵庫、徳島、福岡、佐賀、長崎の七県で予備選の開票がおこなわれた。中川秀直は、連日、朝から晩まで党本部五〇八号室の小泉選対本部に詰めていた。総裁選に突入した当初、小泉が予備選で取れるのは最大で二十八県という読みであった。

中川は、選対本部で結果を待った。

〈広島は、すでに亀井さんが取った。どう見ても、一勝七敗くらいかな〉

ところが、おどろくべきことに小泉は七県すべてで一位となった。一勝七敗どころか、七勝一敗となったのである。

中川は、胸を躍らせた。

〈これらの県で勝てるのなら、これは、相当の数を取れるぞ〉

全国各地で小泉現象が起こり、地滑り的に大勝する勢いとなった。

福岡は、麻生太郎の地元である。それにもかかわらず、小泉は、なんと二位の麻生の一万三七五六票を二〇三票上回り、一万三九五九票獲得し、一位になったのだ。佐賀県も、やはり橋本派幹部の保利耕輔《ほりこうすけ》がいる。小泉陣営は、森派の坂井隆憲《さかいたかのり》一人だ。それでも、勝ってしまった。徳島県も、小泉陣営が一人もいないのに勝った。岐阜県の県連会長は、橋本派のホープの一人で将来の総理候補といわれる藤井孝男《ふじいたかお》だ。橋本派の松田岩夫《まつだいわお》、旧河本派の野田聖子《のだせいこ》、亀井直系の古屋圭司《ふるやけいじ》もいる。小泉陣営といえるのは、加藤派の金子一義《かねこかずよし》ただ一人だ。しかも、金子は、藤井とコスタリカ方式を取っているし、総裁選の選挙管理委員でもあり、動きにくかった。

地方の予備選は、小泉が優勢であった。時代の勢いなのであろう。日に日に小泉への追い風が強まっていった。党員たちの間にも、「世の中は、変革を求めている。小泉さんなら、何か日本を変えてくれそうだ」というムードが漂っていた。

安倍の進言「亀井さんと会ってください。それが、この勝負を決しますよ」

小泉は、総裁選で盛んに街頭演説を展開した。あるとき、安倍は小泉に疑問に思っていたことを口にした。

「街頭演説をしても、その中に党員が何人いるかわからないじゃないですか。それよりも、党員を集めた講演会などで演説したほうがいいんじゃないですか」

小泉は、首を振った。

「安倍君、それは違う。あの街頭演説での熱気は、普通ではないんだよ」

確かに小泉の街頭演説に同行した仲間の議員の話を聞くと、みな異口同音に興奮した口調で言った。

「これは、大変なもんだよ」

結果的には、小泉の見方は正しかった。国民の熱気が党員を動かし、地方票は、小泉の地滑り的圧勝となる。それが、さらに国会議員にも伝わっていった。このようなケースは、自民党の歴史上、初めてのことである。橋本龍太郎元総理にも、国民的な人気があった。が、この総裁選での小泉人気は、そのレベルをはるかに超えていた。

しかし、橋本派幹部の藤井孝男は、諦めてはいなかった。

〈予備選は、なんとか五分五分に持ち込みたい。悪くても、四分六分を死守する。そうなれば、本選挙では勝てる〉

この総裁選では、都道府県連の持ち票を従来の一票から三票に拡大した。仮に国会議員票で橋本に負けても、党員票で逆転することも十分に可能となった。しかし、勝利をより確実なものにするためには、やはり永田町の中で多数派を形成する必要がある。

安倍は思案した。

〈なんとか、亀井さんと手を結べないものだろうか〉

総裁選に立候補した江藤・亀井派会長代行の亀井静香は、もともとは清和会の人間である。平成十年（一九九八）九月に清和会から独立するまで小泉と同じ釜の飯を食った。経世会対清和会という構図にあって、小泉と提携できるのは亀井しかいない。

安倍は、小泉に進言した。

「なんとか、亀井さんに会ってもらえないでしょうか」

小泉は、躊躇した。

「それは、ちょっと待ってくれ」

安倍は、そのいっぽうで、アサヒビールの樋口廣太郎《ひぐちひろたろう》名誉会長など財界人にもお願いし、亀井側に働きかけをしてもらった。

投・開票日が近づく中、安倍は、もう一度、小泉に進言した。

「亀井さんと会ってください。それが、この勝負を決しますよ」

小泉は、ようやく踏ん切りがついたようであった。

「それは、そうだな。じゃ、セットしてみてくれ」

安倍は、水面下で亀井と接触し、小泉との会談を呼びかけた。亀井は、了解した。

「わかった。純ちゃんと会おう」

安倍は訊いた。

「細かなことは、誰と連絡を取り合いましょうか」

「小林興起《こばやしこうき》だ」

亀井の側近である小林興起は、安倍とは同じ当選三回組である。安倍は、ただちに小林と連絡を取り合い、港区赤坂一丁目にある全日空ホテルの一室を会談場所に設定した。

四月二十二日夜、安倍と小林は、約束の時間よりも少し早めに全日空ホテルの一室に入った。やがて、小泉純一郎と亀井静香の主役二人が姿を見せた。

本選挙当日の四月二十四日午前にも、二人は、同じ部屋で会談した。いずれの会談も、番記者に気づかれぬように極秘裡におこなわれ、外に漏れることはなかった。

小泉新総裁の誕生

亀井・小泉会談は、本選挙当日の平成十三年(二〇〇一)四月二十四日の朝も内密におこなわれた。亀井は、小泉に釘を刺した。

「われわれは、人事に注文をつけない。しかし、志帥会は会長一任ということですべてやってきている。あとは、江藤会長と、よく相談してやってほしい」

小泉は、江藤会長と相談してやることをはっきりと了承した。

「わかった」

午後一時過ぎ、自民党本部八階ホールで総裁選の投票が始まった。

午後一時五十八分、開票結果が発表された。

小泉は、地方票一二三票、国会議員票一七五票、合わせて二九八票を獲得し、一回目で過半数を制した。橋本は、一五五票、麻生は三十一票であった。

小泉は、亀井が降りたことで、総裁選に確実に勝利をおさめることができた。

自民党の第二十代総裁に選ばれた小泉は、緊張感をにじませた。「変人」と呼ばれた政治家が、ついに「自民党の顔」になる日が来たのだ。

小泉が新総裁に選出された瞬間、小泉の秘書を三十年間も務めてきた飯島は、鳥肌が立った。うれしさよりも、むしろ、安堵感のほうが大きかった。

〈みんなは気づいていないが、今回の小泉さんには、いざとなれば命を絶ってもいいという不思議な怖さ、隠れた凄味があった〉

安倍は、この結果にしみじみと思った。

〈時代状況も変わってきている〉

これまでは、永田町にいる政治のプロの都合だけで総裁を選べばよかった。が、これからは国民から支持されない人物では駄目だということになる。

安倍は、この変化は、衆議院の選挙制度改革によるところが大きいと見ている。複数区の中選挙区制は、一五パーセントから二〇パーセントの得票率で当選できる。それゆえ、自分がタッチできる範囲で最大限の努力をし、信頼を勝ち取れば、強固な後援会組織の支援によって当選できる。党のイメージはいいに越したことはないが、決定的な要素ではない。従って党首が誰であろうと、そう影響はない。

しかし、一人しか当選できない小選挙区制は、五〇パーセント近い得票率でなければ当選できない。それは、自分がタッチできる範囲を大きく超えている。そうなると党のイメージがより重要となる。党のイメージとは、すなわち党首のイメージだ。当然のことながら、自分が当選するためには、いいイメージの党首を選ばざるを得ないのである。

「脱派閥」型内閣の小泉人事

小泉は、四月二十四日夜、議員会館の自分の部屋にこもり「意中の人」に自ら電話で就任を打診した。

幹事長には、政策で合意し、本選挙を辞退した亀井静香ではなく、YKKの一人の山崎拓が就任した。

政調会長には、小泉と亀井の真ん中にいる麻生太郎に白羽の矢を立てた。総務会長には、堀内派の堀内光雄《ほりうちみつお》会長を起用。なんと、橋本派は三役からすべてはずれることになった。

森は、「三役から橋本派だけははずすな」と忠告したが、小泉は頑として言うことを聞かなかったという。

党内では「最大派閥の橋本派を党内野党に追い込めば、小泉政権は不安定にならざるを得ない」との見方が一般的だ。小泉は、あえてその橋本派を党三役からはずす選択肢を選んだのである。小泉が批判した「派閥政治」の中心的存在として橋本派からの起用を見送ったもので、田中―竹下派時代に遡っても、彼らが党三役に起用されなかったのは、実に三木政権以来のことだ。

新総裁の周辺は、党内最大派閥の橋本派を三役からはずし、これで第三派閥の江藤・亀井派からそっぽを向かれては、政権運営ができなくなると心配した。

ところが、小泉総理は、なんと今度は平沼を経済産業大臣に留任させたのである。それまで、三期連続で旧通産大臣を務めた人はいない。江藤・亀井派に、あえて不協和音を起こしている。

かつて野中広務は「倶に天を戴きたくない」と著作にまで書いた憎き、自由党代表の小沢一郎と自自連立を組んだ。が、小沢と袂を分かつまでは、一年三カ月もかかっている。ところが、小泉は、亀井をわずか一日にして切り捨てている。小泉の心の底には、二度目の総裁選のときに亀井に裏切られたという恨みが消えていなかったのか。

外務省は、田中眞紀子が外務大臣に、という人事情報に敏感に反応していた。省内でささやかれていた。

「田中眞紀子は科学技術庁長官当時に幹部を更迭した。『恐怖政治』が敷かれる」

最終的には、小泉が反対論を押し切った。総裁選の大功労者の田中眞紀子を励ました。

「オルブライト前米国務長官のようにパワフルにやってほしい」

織田信長は、あえて人のやらないことをやることに快感さえ感じていたが、小泉もまた、これまでの総理のやらなかった人事をし終え、快感さえ感じていたのであろう。

小泉政権の五年五カ月間、組閣や内閣改造の人事は、小泉が誰にも相談せずすべて一人で決めた。入閣候補の調査、いわゆる「身体検査」をおこなう飯島も、小泉が誰を入閣させるつもりでいるのかくらいは事前にわかるが、ポストについては、まったくわからなかった。

なお、入閣候補のいわゆる「身体検査」は、このときも、のちの組閣でも、飯島が一人でおこなった。小泉内閣にスキャンダルを起こした閣僚はいない。飯島による「身体検査」が効いたからだといわれる。

小泉内閣以前でも組閣時には、内閣調査室や警察庁の情報を頼りに、閣僚候補にまつわるスキャンダルの有無を確認していたともいわれている。しかしその手段には弱点がある。誰が、誰のことについて調べているのか。閣僚候補Xのスキャンダルとは何か。そのすべてが役所側に筒抜けになる。そうなれば、あらゆる政治家にも情報が漏れる可能性もある。それは、新内閣の命取りにもなり得た。

ところが、飯島は、誰にもわからない方法で「身体検査」をしていたという。のちに「チーム小泉」の内閣参事官となる深山延暁《みやまのぶあき》は、飯島を旧商家でいうところの「大番頭」だという。飯島独自の「身体検査」は象徴的だが、飯島は小泉商店の大番頭に徹していた。それが小泉商店の暖簾を汚すような問題を未然に防いでいた。

小泉は、総理官邸からの入閣要請の電話をするにも、事前にポストが洩れぬよう、細心の注意を払った。たとえば、小泉が財務大臣に起用することを決めた議員の事務所には、財務省出身の秘書官ではなく、あえて外務省出身の秘書官に電話をかけさせた。

あるいは、国家公安委員長に起用することを決めた議員の議員会館事務所には、警察庁出身の秘書官ではなく、経済産業省出身の秘書官に電話をかけさせるといった具合であった。

「チーム小泉」による官邸主導の政治

小泉内閣は、小泉主導の「脱派閥」型内閣となった。女性閣僚を五人、民間人を三人起用した。秘書の飯島は思った。

〈小泉総理は、パフォーマンスといわれようが、人気取りといわれようが、言いたい奴には言わせておけという達観した気持ちでいる。総理になったからには、その職務に命をかけて取り組む覚悟だ〉

そうである以上飯島も、緊張感を持たなくてはいけない。飯島の自宅は、千葉県の津田沼駅近くにある。通勤時間は、一時間あまりだ。いつ何時、不測の事態が起こるかわからず「今日は遅くなりましたから、もう引き上げます」と帰るわけにはいかず、官邸近くの赤坂プリンスホテル（現グランド赤坂プリンスホテル）で寝泊まりをつづけていた。

小泉以前の総理は、特に官邸主導にこだわらなかった。平成研の総理や、平成研の息のかかった総理の場合、平成研の支配している自民党執行部の言う通りにふるまえばよかった。いわゆる平成研の手の平の上で踊っていればよかった。

従って、あえて官邸主導の政治をおこなう必要はなかった。

が、小泉は、「平成研」と戦って総裁になった。平成研をぶっ壊す腹でもあった。そのために、まず党三役から平成研をはずした。しかし、なお、党内では、平成研の力は強い。

小泉は、官邸主導で自分の思いを達するしかない。

さらに、霞が関の役人にも、平成研の力が強かった。

遡れば、田中角栄が、参議院の重要さに目をつけていた。田中は、優秀な官僚に目をつけ、田中派から参議院議員にし、その議員を通じて、その出身省庁に強いパイプを持った。ひいては、霞が関を支配した。従って田中派に陳情に行けば、どの省庁にもつながった。

当時中曽根派であった石破茂は一回生のころ、中曽根派の先輩に陳情を頼んでもらうが、埒があかないので、親しい田中派の政治家に頼んだほどであった。

田中派の霞が関支配は、「総合病院」と呼ばれた。田中派の流れを汲む平成研も、霞が関を支配していた。小泉は、その平成研に頼らず、自民党を、また霞が関を自分の思う方向に動かすためにも、官邸主導を推し進めるしかなかった。

小泉が総理としてもっともてがけたかったのが、郵政の民営化であった。が、党内で小泉に賛同する議員は当時ほとんどいなかった。しかも郵政の首領は、平成研の首領野中広務であった。

小泉の官邸主導を推し進めるために、飯島が知恵を出した。飯島は、秘書官の四人は慣例に従ったが、新たに参事官を入れた官邸チーム作りにかかった。

飯島は、官房副長官の古川貞二郎《ふるかわていじろう》と官邸スタッフについて話し合った。飯島は、官邸スタッフを強化するため、総理秘書官に準じたスタッフとして五省庁の参事官クラスで構成する連絡参事官、いわゆる特命チームである「チーム小泉」を創設することにした。

古川も賛同した。

「日本は、シビリアン・コントロール（文民統制）でありながら、防衛庁から誰も官邸に来ていない。これは、おかしい。防衛庁は、絶対に入れましょう」

小泉が総理に就任したあと、飯島は、小泉とも相談の上、将来的には、総理秘書官もふくめ出身官庁については、そのときどきの政策課題に応じて差し替えもありうべし、という前提で厚生労働省、文部科学省、総務省、国土交通省、防衛庁のとりあえず五省庁から連絡参事官を採用することにした。

飯島は、「チーム小泉」内にあえて全省庁を網羅しなかった。それは、省庁側の指定ポストのように固定化されてしまうことを避けるという意味があった。

「固定化すれば、役所側の都合でどんどん人を入れてくる。そういう形は駄目だ。官邸から見て、そのときどきの大問題を処理するために、結果としてどこの役所を取るかということなんだ」

もし官邸の言うことを聞かないで出身省庁の意のままに動くようなら、いつでもはずす、という構えであった。

飯島は、五省庁の事務次官に内々に電話を入れ、自分の考えを伝えた。

「連絡参事官は、総理直属のスタッフであり、政務秘書官のわたしのもとで補完的に働いてもらいます。それも、出身官庁に関係なく、一つのチームとしてコピーから何からありとあらゆることをやってもらいます。ときには、出身官庁に対して相当厳しい処置をすることもあるでしょう。また、何か起これば、わたしの判断で差し替える場合もある。それらのことを理解した上で、優秀な人材を出してください」

ただし、かならずしも各省庁が推薦してくる人材をそのまま採用したわけではなかった。飯島は、可能な限り、一人ひとりと面会し、最終的に人格識見を見極めた上で官邸に呼んだ。

チーム小泉のルールは、「財務」「外務」「経産」「警察」という四人の事務秘書官と「厚生労働」「国土交通」「総務」「防衛」「文部科学」という五省庁から参事官を新たに採用することだった。同時に、必要に応じて参事官の出身省庁の入れ替えをすることも決まった。

実際に「チーム小泉」の参事官でいえば、途中で文部科学省と農水省を入れ替えている。文部科学省は、その後、「チーム小泉」の席に戻ることはなかった。が、文部科学省はまったくほったらかしだったわけではなく、古川官房副長官のもとに秘書官が一人配属されるように配慮されていた。

とはいえ、飯島には、「チーム小泉」は、すべての省庁を完全に網羅すべしという頭はハナからない。つまり、必要に応じて呼べばいいのだ。

飯島の考えでは、秘書官四人、参事官五人という九人がワンセットだ。その九人は、秘書官であろうが、参事官であろうが基本的には同じ扱いだった。参事官は課長クラスの若手たちだ。が、「チーム小泉」の中では、若手参事官と熟練事務秘書官とは同等の扱いとなる。

たとえば、総理会議室での小泉総理との昼食も、秘書官四人、参事官五人、プラス飯島の十人でテーブルを囲む。外遊も秘書官三人と参事官二人、プラス飯島の六人で飛行機に乗り込む。それも、すべて飯島が決めたルールだった。

「チーム小泉」の参事官たちは、すべからく出身省庁との軋轢に向き合うことになる。

厚生労働省の香取照幸《かとりてるゆき》も、そうだった。しかし、香取には「そのために来ているのだから」という気概があった。それはほかの参事官も同様だったという。逆にいえば、飯島は、親元省庁をある程度抑え囲めるだけの力量を備えた人材を選別していたともいえる。出身省庁による「改革への抵抗」に対して、「チーム小泉」のメンバーたちはひるむことはなかった。

メンバーの中では、飯島自身が以前から個人的に知っている官僚は、香取と藤原誠《ふじわらまこと》ぐらいなもので、それ以外は、各省の人事担当である官房長や事務次官に適材の選出を求めていた。飯島が秘書として三十年来築いてきたネットワークがここで活きている。だからこそ、道路公団民営化しかり郵政民営化もしかり、「チーム小泉」の参事官たちは親元官庁と戦える人材だった。

所信表明演説の具体論・各論と「米百俵」

平成十三年（二〇〇一）四月二十六日に辞令を受けた丹呉泰健秘書官は、連休明けの五月七日に予定されていた小泉総理の所信表明演説づくりにあたった。連休中に開かれた勉強会では、昼間は各省ごとの要求を聞き、夜になれば小泉総理と中身を詰めていった。

そのときに、小泉総理は秘書官たちに長岡藩の藩士小林虎三郎《こばやしとらさぶろう》による「米百俵」の話をした。明治初期、藩政再建中に小林虎三郎が、越後長岡藩の窮乏を見かねた支藩の三根山藩から贈られた米百俵を教育費にあてたという故事だ。「米百俵」を小泉改革の精神として万目に示そうというのだ。新潟県に縁のある丹呉秘書官も思った。

〈米百俵は、斬新だな〉

それにもまして丹呉が印象深かったのは、小泉演説の言葉遣いだった。小泉は、徹底的にわかりやすい表現にこだわった。国民が普通に聞いて、「ああ、そういうこと言っているのか」とすっと腑に落ちる言葉遣いにこだわった。たとえば、お役所言葉の常套句であった「総合的に検討」などというのは言語道断。丹呉自身も、小泉の言語感覚が臓腑に落ちた。

小泉総理は、平成十三年五月七日、衆参両院会議で、所信表明演説をおこなった。

「わたくしは、『構造改革なくして日本の再生と発展はない』という信念の下で、経済、財政、行政、社会、政治の分野における構造改革を進めることにより、『新世紀維新』ともいうべき改革を断行したいと思います。痛みを恐れず、既得権益の壁にひるまず、過去の経験にとらわれず、『恐れず、ひるまず、とらわれず』の姿勢を貫き、二十一世紀にふさわしい経済・社会システムを確立していきたいと考えております」

「『新世紀維新』実現のため、わたしは、自由民主党、公明党、保守党の確固たる信頼関係を大切にし、協力して『聖域なき構造改革』に取り組む『改革断行内閣』を組織しました」

小泉総理は、こう結んだ。

「明治初期、厳しい窮乏の中にあった長岡藩に、救援のための米百俵が届けられました。米百俵は、当座をしのぐために使ったのでは数日でなくなってしまいます。しかし、当時の指導者は、百俵を将来の千俵、万俵として活かすため、明日の人づくりのための学校設立資金に使いました。その結果、設立された国漢学校は、後に多くの人材を育て上げることとなったのです。今の痛みに耐えて明日をよくしようという『米百俵の精神』こそ、改革を進めようとする今日のわれわれに必要ではないでしょうか」

それと同時に、小泉総理は、所信表明演説で自身のカラーを打ち出す意欲に充ち満ちていた。たとえば、実際の演説にある「痛みを恐れず、既得権益の壁にひるまず、過去の経験にとらわれず、『恐れず、ひるまず、とらわれず』の姿勢を貫き」というのも小泉らしい言葉だった。

また所信表明では、持論である「郵政民営化」も、きっちり盛り込まれた。

「郵政三事業については、予定通り平成十五年（二〇〇三）の公社化を実現し、その後のあり方については、早急に懇談会を立ち上げ、民営化問題をふくめた検討を進め、国民に具体案を提示します」

その後、郵政民営化は、口だけではなく実行に移されていく。

それと同時に、小泉は、積極的に他者の声を聞いた。小泉総理は、勉強会の席で坂東真理子《ばんどうまりこ》・男女共同参画局長にこう訊いた。

「いま、女性にとって、一番の問題はなんだ？　抽象的なんじゃなくて、なんだ？」

「保育所に預けたくても預けられない、待機児童を持つお母さんがいらっしゃるんで、そういう人たちの待機児童ゼロにするということを言っていただきたい」

小泉は、即断した。

「じゃ、入れる」

ただし、現実的には一年間ではできないので、何カ年かに分けて実施していくことが決まった。それは、所信表明演説にはこう入った。

「女性と男性がともに社会に貢献し、社会を活性化するために、仕事と子育ての両立は不可欠の条件です。これを積極的に支援するため、明確な目標と実現時期を定め、保育所の待機児童ゼロ作戦を推進し、必要な地域すべてにおける放課後児童の受け入れ体制を整備します」

また、所信表明演説の特徴は、具体的な各論を盛り込んだことにある。

歴代総理の所信表明演説といえば、「住みよい日本をつくります」「財政再建をします」という抽象的な総論になりがちだった。が、小泉は、丹呉にこう釘を刺している。

「抽象的なことは、みんなわかっている。具体的に何をやるかが、非常に大事なんだ。具体論、各論から入らなくちゃいけない。そして各論に入ると、かならずぶつかるだろう。でも、それを乗り越えなければ、今はもう駄目な状況なんだ」

平成十三年の実質GDP成長率を、平成七年（一九九五）基準で見れば一・一パーセント減となる。民需も三年ぶりのマイナスである一・二パーセント減。公需も〇・二パーセント減だった。同時に、不良債権処理も歩みが遅く、赤字国債も平成十一年（一九九九）には三八兆六一六〇億円に膨らんでいた。日本経済が死に体だった。

小泉総理は、各論として、国債発行額を「三十兆円以下」という枠組みを所信表明演説に盛り込んだ。

「わたしは、この構造改革を二段階で実施します。まず、平成十四年（二〇〇二）度予算では、財政健全化の第一歩として、国債発行を三十兆円以下に抑えることを目標とします。また、歳出の徹底した見直しに努めてまいります」

小泉の「国債三十兆円以下」の話は、丹呉としては「税収が五十兆円あれば、国債三十兆円以下」という認識だった。「税収五十兆円」がまずは前提だった。が、次第に「国債三十兆円以下」だけが一人歩きしてしまった。のちに、平成十四年の補正後国債発効額が、三四兆九六八〇億円となる。そのときには、野党やマスコミから「三十兆円を公約したじゃないか！」と批判されることになる。しかし、平成十四年には、歳入である一般会計が五十兆円を割り込み、四十六兆円台になっていたのである。

そのように、未来で起こり得るだろう摩擦を覚悟しながらも小泉総理は、平成十三年五月七日の所信表明演説に徹底的に「各論」を盛り込んでいった。飯島もまた、丹呉に口を酸っぱくして言った。

「総論というのは、まあ誰でもそんなに変わりはない。まさに、各論で何をやっていくかだ」

実は、今でこそ、小泉総理の演説は歯切れがよく、雄弁な印象を与えているが、丹呉によれば、小泉総理自身が昔は演説がうまくなかったと言っていたこともあったという。

小泉総理の選挙区は、小選挙区制が施行されてからは、横須賀市と三浦市だが、中選挙区時代は、川崎市や鎌倉市、逗子市などを含む比較的広大な選挙区で、著名な議員も多く、激戦区であった。新自由クラブの代表を務めた田川誠一や公明党書記長だった市川雄一《いちかわゆういち》、社会党の岩垂寿喜男《いわたれすきお》などライバルは有力な議員が多かった。

丹呉は、小泉総理が立会演説会で同じ選挙区の錚々たる議員たちと揉まれることによって、演説を鍛えられたと言っているのを聞いたことがあった。

また、小泉総理の演説の特徴は、キーワードの使い方のうまさである。

特徴のあるキーワードを演説の中に織り込み、聴衆の頭にそのキーワードだけでも印象が残るように考えられた演説である。

演説だけでなく、何か議論をする際にも小泉総理は短いセンテンスで簡潔に述べることを好んだという。

丹呉たち秘書官はよく小泉総理から言われた。

「結論をまず、最初にきちんと言ってくれ。○○だから、△△で、最終的には、××です、という説明じゃなくて、わたしは賛成です。こういう問題について、□□だからです、と」

また、丹呉たちが想定問答を書いているときにも、小泉はよく言っていた。

「専門家向けじゃなくて、国会中継を見ている普通の人が聞いてわかるような文章を書いてくれ。そういう人たちに理解してもらわなきゃいけないいんだから」

各政党が政策を競うマニフェストについても小泉総理の考え方ははっきりしていた。

「マニフェストは、厚いものなんかは絶対にいらない。自分たちが何をやるかってことを、きちんと伝えればよい。三つか、多くても五つぐらいに絞らなきゃ、有権者に興味を持ってもらえない。だいたい、自民党でつくっている政策集なんかは、各業界からあがってきた要望を並べているだけなんだから」

当時の野党第一党の党首だった民主党の岡田克也《おかだかつや》代表がマニフェストの内容にこだわっていたのとは対照的な指示だったといえる。

小泉総理は、そういった点でも、大衆を掴む才能があったのだといえよう。

一日二回のぶら下がりとスポーツ紙の内閣記者会への加盟

小泉内閣では、総理の考えを直接国民に伝える機会として午前一回、夕方一回の一日二回、ぶら下がり取材に応じてきた。総理が毎日何を考え、どのように国政を運営しようとしているのか、ぶら下がりを通じて国民に伝えるためだ。

飯島は語る。

「それ以前の総理への取材は、官邸や国会の廊下を歩く際、番記者の一人が代表して総理に付いて歩きながら、質疑していた。その記者は総理とのやり取りをメモに取ることや録音することは許されず、やり取りを暗記して、その後、番記者全員に口頭で伝えた。小泉内閣では官邸や国会での歩きながらの取材をやめて、総理が立ち止まって記者の質問を受けるぶら下がり取材を定例化するように改めた。総理が自分の言葉で国民に語ることは重要。報道各社に平等なぶら下がりを一日二回やることにした。報道各社は総理に直接質問し、やり取りは録音・録画できるようにし、総理の思いが国民に正確に伝わるようにした。一日二回にしたのも深い意味がある。昼は新聞・通信記者を主な対象にして、懸案に関して総理とのやり取りが深められるようにという配慮から、テレビカメラを入れないようにした。いっぽう、夕方はテレビ局が映像を流すことを考慮してテレビカメラの前で質問に答える形にした。毎日応じていれば、新聞やテレビが『スクープ』と銘打って報道した内容が間違っていた場合、昼と夕方のぶら下がりで総理自ら否定し、報道を修正できるメリットがある」

小泉内閣では日程の都合で秘書官が質問を終わらせることはあった。しかし、記者が質問をつづけようとしたため、総理が戻って質問に応じた場面を見た人もいる。それは国民のための政治をやろうという意識の表れでもあったという。

飯島は、マスコミとの向き合い方も変えた。平成十三年（二〇〇一）四月の総裁選のとき、顔見知りのスポーツニッポン、日刊スポーツ、スポーツ報知の政治担当の記者から、ある話を聞かされた。

「われわれ三社は、小渕内閣のときから、内閣記者会への加盟の申請を何回も出しているのですが、全然、許可が下りないんですよ」

飯島は初耳であった。

「へーえ、そうなのか」

首席総理秘書官となった飯島は、ただちに広報官を呼んだ。

飯島の要請により、広報官は、スポーツ紙三社の加盟を許可した。ただし、一般紙と差をつけたいという気持ちなのか、広報官は、通常の四角い記者バッジではなく雑誌協会の記者バッジにしようとした。

飯島は、広報官に苦言を呈した。

「差をつけるのは、おかしい。ちゃんと、一般紙の記者バッジを出せばいいじゃないか」

広報官は受け入れた。

こういった場合、「いろいろと尽力してやったのだから」と恩を売り、利用しようとするのが永田町の世界だ。が、飯島は、小泉政権の五年五カ月間、電話取材もふくめてスポーツ紙の記者と一度も一対一で会ったことがない。そればかりか、総理番の記者とも個別に接したことはない。

飯島は、小泉が総理になるまで一般紙も、スポーツ紙も、週刊誌も、分け隔てなく付き合ってきた。が、小泉が総理になって以後は、一切取材は受けなかった。

ただし、長い付き合いの日刊ゲンダイの寺田俊治《てらだしゅんじ》記者だけは、ときおり総理官邸の秘書官室に顔を見せた。小泉が総理になる前、寺田は飯島に言っていた。

「うちは、これまで小泉さんを叩いたことがない。当選回数が多い国会議員の中では、めずらしい。だけど、もし小泉さんが総理総裁になったら、その日から毎日叩きますからね」

日刊ゲンダイは、どちらかといえば反権力を売り物にしている。権力者を叩かなければ、読者はついてこない。

飯島は気にしなかった。

「別にいいよ。立場、立場で変わるのだから、気にしないで、これでもか、というくらいやってみな」

そうしたところ、日刊ゲンダイは、小泉が総理になったその日から本当に小泉政権をすさまじく叩き始めた。が、飯島は、寺田に宣言した通り、日刊ゲンダイには寛容であった。

飯島は、根も葉もないでたらめな話を記事にした週刊誌をたびたび告訴した。寺田は、それが気になり、官邸に感触を探りに飯島に会いに行ったことがあった。寺田は、飯島が淹れたお茶を飲みながら飯島に言った。

「不思議ですよ。毎日、小泉政権を叩いているのに、支持率はまったく落ちない。なぜなんでしょう？」

飯島は苦笑した。

「そんなことを言われても、困るよ。まあ、何を書こうが訴えないから、心配するな」

歴代の官邸で、そのようなことを平気で口にした秘書官は、飯島だけだろう。普通の秘書官なら「頼むから、叩くのは止めてくれ」と懇願するところだ。

飯島は、寺田が訪ねてきたことを小泉に報告した。小泉は、飯島を冷やかした。

「あ、そう。でも、何もお茶まで出さなくたっていいじゃないか」

小泉改革の牽引役・竹中平蔵と経済財政諮問会議・「骨太の方針」

小泉内閣が誕生すると、竹中平蔵《たけなかへいぞう》は、経済財政政策担当大臣に就任し、改革の牽引役として、経済財政諮問会議の議論をリードしていく。

竹中が当時のことを語る。

「経済財政諮問会議も、最初からうまくいったわけじゃないんです。実は、経済財政諮問会議で担当になったときに、最初は、経済財政諮問会議で何がやれるのかがわからなかったんです。ただ、そのときに、『骨太の方針』をつくることは決まっていたんです。なぜ決まっていたかというと、その前の森喜朗内閣で財務大臣だった宮沢喜一さんが、森内閣のときの経済財政諮問会議で『細かいことは財務省に任せて、ここでは骨太の議論でもしてくださいよ』とおっしゃっていたんです。そのときには、骨太というのを否定的な意味で使っていたんですよ。それで、わたしが大臣になったときに、小泉総理と相談して、それを逆手に取ろうという話になったんです。『骨太の方針』をつくることになっているのだから、構造改革のバイブルみたいなものにしましょう、と。それで、それまでに書き始めていたものを全部書き直させました。当時、内閣府の政策統括官だった岩田一政《いわたかずまさ》さん（のちに日銀副総裁）に、最初の総論を全部変えてくれと言って、全部書き直してもらったんです。それで、『骨太の方針』というのが内閣の基本方針に位置づけられるわけです。しかし、議員内閣制で政府と党が一体ですから、最初に自民党に持っていったときには、『なんだ、これは？』という感じで、抵抗はかなり強かったですよ。自民党の総務会にわたしが行くと、『なんだ、これは。おまえは、何様のつもりでこんなものをつくっているのだ』という感じでした。普通、大臣が総務会に呼ばれることなんかないんですが、わたしは、何回も呼ばれて、いろいろなことを言われましたね。でも、自民党は、どれだけ揉めても、最後の最後に、『骨太の方針』を決定しましたから、立派だと思いましたよ。さすが与党の懐の深さだなと思いましたね。

『骨太の方針』をつくって、変化したのは、これまで一体であった政策と予算の関係ですね。政策にはかならず予算がつくから、予算をつくるときに政策が決まるわけです。だから、財務省が力を持っていました。でも『骨太の方針』は、予算と政策を切り離したわけです。まず『骨太の方針』で政策をつくり、後は財務省が予算をつければいいと。そして、その査定は財務省の権限でやればいいと。だから、最初のころは、『骨太の方針』をつくるのはけしからんという感じでしたが、これに書いておかないと予算をつける理由がなくなるということがわかってきて、二年目、三年目ぐらいから、『骨太の方針』にすり寄るようになってきました。最初から、そういう展開を見通せているわけじゃないんですよ。でも、小泉総理が就任後、最初の夏休みに箱根でキャッチボールをしたときがあったんですね。そのとき、わたしは、総理に呼ばれて、キャッチボールの後に、食事をしたんですが、そのときに、小泉総理が、『やっぱり、経済財政諮問会議と骨太の方針だな』と言ったんです。だから、小泉総理も試行錯誤の中で、官邸主導の政治には、経済財政諮問会議と『骨太の方針』が重要だということを強く認識していたんだと思います」

「患者」「医師」「健康な被用者」の三方一両損の医療制度改革

「医療制度改革」は「道路公団改革」と並んで、小泉改革全体の実効性を占う試金石になった。小泉総理の医療制度改革は、「患者」の医療費負担増を提案した。当時のマスコミは、そこを問題視していた。

平成十三年（二〇〇一）十一月十四日、参議院予算委員会で小泉総理はこう述べている。

「新聞は常に患者負担ばかり大きく取り上げるんですよ。そうじゃないんです。患者負担だと国民負担と思っていますけれども、患者負担なくても税金負担すれば国民負担なんですよ。その辺をわたしは新聞記者諸君にもよく言っているんですけれども、一面的に取り上げないでくれと。患者負担だけ国民負担。患者負担、じゃ、引き上げなかったら国民負担ないのかといったら、とんでもない、どこかで税金で負担する」

つまり小泉は、「患者」負担増を恐れて、「健康な保険加入者」の負担を無闇に増やすべきではないと説明したのだ。仮に「患者」負担減にすれば、結局は「全国民」負担増なのだ。

小泉の医療制度改革の骨格は、「窓口での患者負担を二割から三割に増」と「診療報酬のマイナス」ということだった。

当時、「患者」負担増への批判はあった。かといって、医療保険制度全体をそのまま放置すれば、制度そのものが立ち行かなくなることは誰の目にも明らかだった。保険料収入が足りなければ、「保険料比率」か「自己負担比率」を上げざるを得ない。さもなくば、国民皆保険制度は崩壊する。が、「保険料比率」増は、「健康な保険加入者」の負担増にもつながる。医療は、百パーセント受益者負担と決めつけられない面もある。が、増加しつづける「患者」のために、「健康な保険加入者」までもが不当な負担増を強いられることは、自己責任の観点からもややいびつである。小泉は、それを避けたかった。

小泉は「国民健康保険が現状で三割負担である以上、二割負担であるサラリーマンも三割でいいじゃないか」として、サラリーマンである「患者」に合理的な負担増を求めた。

十一月二十九日、医療制度改革大綱では、高齢者を除く「患者」に医療費の三割負担を求めることを明記した。

小泉総理は、「患者」「医師」「健康な被用者」の三方一両損こそが、国民全体に最良だと説いた。その観点から、医師会に対しても負担を求めた。診療報酬の引き下げである。医師会から猛反発があった。それに加えて、与党自民党の丹羽雄哉《にわゆうや》元厚相も大反対した。与野党問わず「反対」の大合唱となった。その結果、医療制度改革大綱には、診療報酬の下げ幅の数値は明記されなかった。しかし、小泉案に反対する政治家たちからは、現実的な対案が示されることはなかった。

十二月七日、政府与党は、診療報酬を過去最大の下げ幅である「二・七パーセント減」に決定した。

このように「医療機関」「患者」に等しく新たに負担を背負ってもらった。と同時に「健康な保険加入者」も、病院に行けば「患者」として負担増となることから、三方一両損とあいなるわけだ。もっとも健康とは、そもそも自己責任に負うところが大きい。まさに「医療制度改革」とは、自己責任に基づく「健康意識改革」でもあった。その後も、猛烈な与野党からの反発がつづいた。が、小泉政権はそれを乗り切るのである。

平成十八年（二〇〇六）六月十四日、医療制度改革法案は可決した。

そんな医療制度改革への挑戦は、道路公団改革や郵政民営化という政府対与党の前哨戦であった。

小泉政権下で、財務省出身の総理大臣秘書官を務め、その後、主計局長や事務次官を歴任し、のち、日本たばこ産業の会長を務める丹呉泰健が、小泉政権がなぜ五年五カ月もの長期政権になったのかについて語る。

「小泉総理の前の森（喜朗）政権も一年くらいでしたから、最初は、そんな長期政権になるとは思っていませんでした。やっぱり、一番大きかったのは、総理就任後すぐの平成十三年夏の参議院選挙に勝利をおさめたことですね。政権維持のコツは、最初の選挙にまずは勝つことだと思います。いくら政策がよくても、選挙に負けたら国民の信を失ってしまいますから。第一次安倍政権も、民主党の菅直人政権も、参院選で負けたことで求心力を失ってしまいました。参院選が大事だというのは、参議院議員は、任期が六年間ありますからね。小泉総理に当選させてもらった議員たちは、心情的に小泉ファンになります。それはすごく心理的な影響が大きいと思います。参院選は政権選択ではないと言われていますが、結局、負けてねじれたりすると、政権運営はかなり難しくなりますから、大変重要です。小泉総理が就任後すぐの参院選で勝てた理由は、いくつかあると思いますが、やっぱり、総理の強いリーダーシップと決意が一番重要だったと思います」

それと飯島勲総理秘書官を中心とした官邸スタッフの団結力だという。

「小泉総理は、もちろん、清和会の支持を得ていましたが、政界の一匹狼だったので、心情的に小泉総理を支えるといっても、昔の経世会みたいな厚い陣営ではないわけです。でも、官房長官に福田（康夫）さんがいらして、あとは、竹中（平蔵）さんのように新しい人材を重用しました。あとは、メディアの影響も大きいです。小泉総理は、メディアを通して、国民に訴えかける力は、あれほどすごいとは思いませんでした」

一日二回のぶら下がり記者会見も、試行錯誤をしながら、うまく活用された。

それと小泉総理は、答弁も当意即妙だったという。

「ブレない、人の悪口を言わない」小泉・飯島の哲学でチームが機能

平成十三年（二〇〇一）七月二十九日、小泉総理は、参議院選挙を乗り切った。自民党は、改選議席数六十一に対して、六十四議席を獲得した。民主党も、改選議席数二十二に対し、二十六議席と伸ばした。

「チーム小泉」の参事官が、小泉総理と接触していて感心したことがある。彼らは、小泉総理から人の悪口を聞いたことがない。人の批判を聞いたことがない。マスコミのインタビューでも、相手の政党に対しても、常に「どうですかねー」と言いつつかならず敬意を表す言葉がある。民主党の前原誠司《まえはらせいじ》代表にも「がんばれよ」という感じでエールを送りながら、すごく褒めていた。

杉浦正健《すぎうらせいけん》副長官も、おどろいていたという。

「ぶれないし、人の悪口を言わないよなあ」

小泉は、物事のおかしいところ、考え方のおかしいところは、徹底的にけしからんと言う。しかし、それを口にしている人物にひどいということは決して言わない。

「いつか、わたしに賛成してくれればいいいんですけどね」

そんなメッセージを言いつづける。

小泉は、部下に対しても、「この人はこんなひどい人だ」ということは口にしない。飯島秘書官も、よく怒ったりはするが、人の悪口は言わない。「チーム小泉」にも、二人の悪口を言わない姿勢が伝播していた。

小泉総理と飯島秘書官の二人には共通するところが多いという。

二人の一番の共通点は、ブレないということだ。

相談したことに対して、途中で絶対に曲げない。だから、仕えていく人間として安心できる。「チーム小泉」のメンバーたちは、自分らがやっていることが出身省庁の意に反していても、この二人が「やれ」という以上、信じて、とことんやる。「明日からでまあいいじゃないか」とか「前に戻そうか」ということは絶対にしない。それをされてしまったら、「チーム小泉」のメンバーは困る。小泉総理と飯島秘書官が求めている結論に向かってひたすらやればいい。そして、やるためには段取りもきちんと自分のところで考え、相談したりしながら、全部を押さえて結論まで持っていくようにした。二人は、決してはしごをはずすことはしない。

「チーム小泉」が、類稀なる力を発揮できたのも、小泉総理と飯島秘書官の一貫した哲学があったからだ。

「チーム小泉」の中心となり統率を取るのが、飯島秘書官、政策的な面を筆頭で補佐していたのが丹呉秘書官だった。

チーム内で、仕事を出身省庁ごとに縦割りにしてしまえば、参事官同士の関係にひびが生じてしまい、飯島秘書官が求める迅速な対応という面が損なわれてしまいかねない。ところが、飯島の意思を知ることになる参事官たちは、自然なうちにそれぞれが情報を共有するようになり、問題が起きると飯島の思い通りの動きができるようになっていった。もちろん、参事官同士だけではなく、その動きは秘書官にも伝わり、秘書官同士でも情報を密にしていた。このようにして、様々な方向からの意思疎通が大切にされていた。「チーム小泉」内では、飯島を筆頭に、情報の共有化が図られていた。基本的に、みんながいるからこそのチームだ。誰が何を担当し、行動するとしても、実際にそれをやるのは小泉だ。それが各省庁へ伝わり、政策実現のために動いてもらう。

飯島は、「チーム小泉」について総括する。

「官僚ならば、むしろおれが、おれがじゃなくて、チーム内部にいるものたちの名前がつとめて出ないようにしたからこそ、強いチームになった」

マスコミに対しては、一番の情報提供者は飯島だった。普通なら、それ以外の人に取材すれば様々な情報が出てくるものだが、「チーム小泉」では、飯島が話している範囲の中でしか情報は出てこない。それだけ、お互いの情報共有と管理がきちんとしていた。チームという意味をしっかりと理解し、そして誰も出しゃばらない。

参事官たちは、完全に事務スタッフだから、表に出ることは一切なく、記者から聞かれても「知らない」と言ってもいい。「あいつは、何も知らない」と馬鹿にされてもいいと平然としていた。そう言われても、どうということはない官僚たちだからこそ、情報が外に漏れることはなかった。特に飯島から厳しく言われたわけではなく、自然に「チーム小泉」内がそういう空気に覆われていた。

飯島が小泉総理と携帯電話について語る。

「当たり前のことですが、携帯での会話は、あくまで二人きりのものです。いわば密室での会話となります。携帯電話で政策や人事などの重要な案件が決まっていくという状態になれば、まさに密室政治そのものです。仮に、国家の最高指導者である総理大臣が、執務中に携帯電話を使い、秘書官も相手が誰だかわからない人間と会話しているとすれば、極めて異様な事態です。総理が携帯電話を多用し出すと、周りの人間はどうしても疑心暗鬼になります。周囲のスタッフは、自然と疎外感を覚えます。すべてを知っているのは総理のみで、この案件はAという人間、あの案件はBという人間、というふうに細切れの分割統治をしているのだなと思います。これでは、総理を支えるスタッフに一体感など生まれるはずがありません。小泉総理は在任中、携帯電話を一台だけ持っていました。それは常に枕元に置かれていて、緊急連絡用に渡したものです。この携帯が鳴ったときは国家の一大事だという意味です。幸せなことに、五年五カ月の任期の間、一度も鳴らすことはありませんでしたが。小泉総理に指導力と信頼感があったのは、その政策判断をすべてオープンにするという透明性があったからだとわたしは考えています。われわれ秘書官や参事官はもちろん、官邸詰めの記者に対しても、ぶら下がり会見などを利用し、総理は情報をできるだけ公開するようにしてきた。そうすることによって、各省庁の官僚や与野党の政治家にも総理の考え、総理の判断が常に理解できるようになります。官邸スタッフに総理の考えが浸透しているから、この案件を報告すればこういうふうな打ち返しがくるなとか、この案件は総理はきっと通してくれないだろうとか、だいたいの予測がつきます」

BSE問題で武部農水大臣に「問題を解決するのが責任の取り方だ」

千葉県でBSEの疑いのある乳牛が発見されてから、七カ月後の平成十四年（二〇〇二）三月二十二日、「調査検討委員会」は、歯に衣着せぬ報告書を発表することになった。

三月二十二日、「調査検討委員会」の報告書は、こう断じた。

「危機管理の考え方が欠落。感染源とされる肉骨粉の規制を行政指導で済ませたことは『重大な失政』」

「調査検討委員会」による三月二十二日の報告の前に、武部勤《たけべつとむ》農水大臣は、小泉総理に辞任を申し出に行った。

小泉は、武部に向かってこう言った。

「辞めたきゃ、いつでも辞めさせてやる。だけど早く問題を解決してくれ。問題を解決するのが、きみの務めだろ！」

それまで武部は、辞める覚悟だった。が、小泉総理が言外にいわんとする、「問題を解決するのが責任の取り方だ」との考え方に、武部は「おお、すごいな」と痺れてしまった。

そこで「ヨシッ」と思い直したわけだ。

しかし、その後も、与野党から武部に対する辞任要求がおさまることはなかった。

三月二十三日の「重大な失政」という報告書につづき、四月二日には「調査検討委員会」による最終報告書が提出される予定だった。

最終報告の提出目前である三月二十七日には、四月二日以降に武部農水相は一連の問題への責任を取って辞任するべきだとの声が強まった。四月五日には、武部農水相の辞任を求める問責決議案が国会に提出される予定もあった。

公明党の神崎武法《かんざきたけのり》代表は、四月五日を待たずに、武部農水相に自発的に辞任するよう要求した。

「一連の問題では農水省に責任がある。しっかり、きちんとしたけじめをつけてもらいたい」

武部は武部で、自身の責任で辞めるわけではなく、責任をまっとうできない状況から、あらためて農水相辞任を心に決めた。かつて小泉総理から「問題解決したら、辞めさせてやる」と言われて努力しているのに、問題解決するべきその術を失うところまで追い詰められていたのだ。

派閥の領袖である山崎拓も、林幹雄《はやしもとお》を通じて、武部に辞任を促していた。そこで、武部は、山崎拓に農水相はおろか国会議員も辞める意向を伝えた。山崎は、「ちょっと待て」と動揺しながら、武部の国会議員引退を引き留めた。

小泉総理と飯島秘書官以外の全国会議員による集中砲火に、武部は憤懣やるかたなかった。〈男として、こんな恥さらしはない。だから国会議員を辞める。そうでないと示しがつかない〉

そして飯島は、そのような武部の心境を、そのまま小泉に伝えた。すかさず小泉は、次の一手を打った。

野党が提出した武部農水相問責決議案に関連し、武部辞任を要求していたのは与党公明党だった。そこで、小泉は、四月五日の採決の前に、公明党の神崎代表に迫った。

「武部を辞めさせる。しかし、武部の後、あなたがやってくれるか？」

神崎は、「うーん……」と言葉を詰まらせた。

小泉は、貫禄の違いを見せつけた。その足で、武部に電話をかけた。

「神崎さんが面白かったぞ。飛び上がったよ」

「入れ墨の又次郎」の血なのか、修羅場における小泉純一郎の凄味である。

そのような経緯もあり、平成十四年四月五日、武部農水相罷免を要求する野党提出の問責決議案は、否決された。かならずしも公明党票は採決を左右するものではなかったが、公明党は欠席したのである。

否決は、ある意味で小泉・神崎会談の結果であり、同時に飯島・武部ホットラインの成果でもあった。強い批判にさらされながらも武部が踏ん張り切れたのは、そのような飯島・武部ラインの賜物だった。

第五章

北朝鮮訪問と拉致問題の展開

日朝首脳会談で北朝鮮に訪問

平成十四年（二〇〇二）八月中旬、小泉総理は、北朝鮮の金正日《キムジョンイル》総書記に「日本側は国交正常化や補償問題、在日朝鮮人の地位向上などに真摯に取り組むので、北朝鮮側も拉致問題や核・ミサイルなど日朝間の諸問題の解決に真剣に取り組んでほしい」という内容の親書を送った。

秘書の飯島は、その親書に小泉総理の次のような覚悟を読んでいた。

「うまくいかない場合のリスクは、自分が負う。日朝関係は、首脳会談以外のやり方では、打開し得ない」

これに対し、北朝鮮側からも肯定的な反応があった。そこで、小泉総理は訪朝を決断し、八月三十日、政府・与党連絡会議などを経て小泉総理の訪朝が発表された。下工作などまったくなかったという。

総理の外遊は、基本的に衆参の官房副長官が交代で同行する。小泉総理は、安倍官房副長官を呼び、命じた。

「この問題については、きみにやってもらいたいと思っている」

安倍は、小泉総理とともに北朝鮮まで行くという。拉致被害者の横田めぐみの父親の横田滋《よこたしげる》は思った。

〈「家族会」で信頼している安倍官房副長官が行くのであれば、安心だ〉

戦国時代は、相手の城の中に交渉に向かうときは、鎧兜をすべて捨てて入っていく。

実際には、そこで交渉が終わると殺されるケースが多かった。飯島は、今回、ふんどし一丁で相手の城の中におもむく心境であった。しかも、相手の城の中には、弾丸だけでなくミサイルすらある。

飯島は、起こり得るいろいろなことを想定した。

〈金総書記に抱きつかれた場合、総理は、どうしたらいいか。そういうときの通訳は、どうすればいいのか〉

これまで北朝鮮が受け入れたマスコミの最大人数は、ＥＵ（欧州連合）訪朝団に同行した記者団八十名という。飯島は、ニューヨークのホテルで即座に決めた。

〈よし、それなら、こちらは一二〇名にしよう〉

飯島は、さっそくスポーツ紙、週刊誌の記者、海外特派員もふくめてその一二〇人のマスコミの受け入れを要求した。ＥＵ訪朝団のときには認められなかった携帯電話の持ち込みや、先乗り取材なども合わせての要求だった。

飯島は思っていた。

〈今回の首脳会談の成功のためには、マスコミによる透明性の高い報道が必須である。本気で成功を願うなら、日本側の標準であるオープンな報道を認めるべきだ〉

そして北朝鮮は、日本側の要求を丸呑みしてきたのである。そこで、飯島はこう判断した。

〈ああ、本気なんだな〉

むろん、どのような記事を書こうとも自由だ。が、小泉と直接会うことで、憶測や噂ではなく、真剣になって記事を書くだろうと思ったのである。

北朝鮮での昼食は、万が一のことがあってはいけないのでこちらで用意していった。銀座でJAが経営するショップで、一人三個のたらこやおかかの入ったおにぎり、それとポテト一個ついた四〇〇円くらいのものを人数分購入した。飲み物は、ペットボトルの水を用意した。

飯島は、訪朝する前、警察庁からきている小野次郎《おのじろう》秘書官に言った。

「SPは、一番少なくする。二、三人でいい」

飯島は思っていた。

〈信頼していない国交のない国だから、逆手に取ってSPを少なく連れていくのも、心理効果が最高にある。ふんどし一丁でいこうという心構えに、まわりが槍や鉄砲を持っていく雰囲気をつくるのがおかしい〉

小泉総理の乗った政府専用機は、九月十七日午前九時六分、平壌・国際空港に着陸した。ゆっくりと誘導路を進んでターミナル前のスポットに到着した。この日の平壌は秋晴れで、気温は十四度とやや肌寒かった。

九時二十分過ぎ、専用機の前部ドアが開き、濃紺のスーツ姿の小泉総理が姿を見せた。一瞬立ち止まり、周囲を見回した後、ゆっくりとした足取りでタラップを降りた。手を振るなどのパフォーマンスはなく、表情は硬く笑顔は見せない。

小泉総理は、現職の総理として初めて北朝鮮の地を踏んだ。日本の総理が戦後、国交のない国を訪問するのは、昭和三十一年(一九五六)の鳩山一郎総理のソ連訪問、昭和四十七年(一九七二)の田中角栄総理の中国訪問以来となる。

小泉総理は、北朝鮮側、日本側双方の警護陣が取り囲む中を米国製リムジンに乗り込んだ。九時二十七分、会談場所となる平壌市内の百花園迎賓館へ向かった。

小泉総理は、九時五十分、百花園迎賓館に先着した。その直後、北朝鮮外務省の第四局馬哲洙は、外務省アジア大洋州局長の田中均《たなかひとし》にA4判二枚の拉致被害者安否リストを手渡した。リストはハングルで書かれ、最初に生存者四人、次いで死亡者八人、以下、「わが領域内に入ったことがない対象」つまり行方不明者一人、そして日本側の名簿になかった一人の生存という十四人の安否情報の記載があった。氏名のほか生年月日、死亡者については死亡年月日が記されていた。田中は急ぎ、安倍晋三官房副長官を別室に連れ出して報告した。

安倍は訊いた。

「有本恵子さんは、横田めぐみさんは、どうなったのか?」

田中は、暗澹《あんたん》たる表情で答えた。

「五人以外は、亡くなっています」

安倍は、その情報を聞かされたときの心境を、後で記者にこう語っている。

「大変なショックだ。国会議員になって以来、この問題をずっと取り上げ、被害者家族との交流もあったので、その方々のことが頭に浮かんだ。心が震えるような思いだった」

安倍は、田中に言った。

「総理に伝えなきゃ、駄目だ」

安倍は、別室から田中を連れ小泉総理の待つ部屋へ戻って、事実を告げた。小泉総理は、さすがに言葉を失った。

安倍は、ただちに日本にいる福田官房長官にも電話で伝え、要請した。

「家族への説明を、考えておいてください」

拉致を認め謝罪を受けて「日朝平壌宣言」に署名

金総書記が、やがて百花園迎賓館に黒塗りの車で到着した。おなじみのカーキ色のジャンパー姿で登場した。先着していた小泉総理は、正面入り口で直立して待ち受けた。

安倍は、前もって小泉総理に伝えておいた。

「金正日に向かって、絶対に頭を下げてはいけない。それを写真に撮られたらまずい」

金総書記は、小泉総理にまっすぐ歩み寄り、少しだけ笑みを見せながら「パンガプスムニダ（お会いできてうれしいです）」と声をかけて歴史的握手を交わした。が、声はやや小さかった。

金総書記はこれまで金大中《キムデジュン》韓国大統領、プーチン露大統領らの外国首脳と会談し、闊達《かったつ》な指導者のイメージを振りまいてきた。が、今回は、国交正常化の道筋がつくかどうかの正念場だけに、やや緊張気味に見えた。その表情も、硬かった。

金総書記と小泉総理は、肩を並べて廊下を会談場に向かった。ただし、二人ともまっすぐ前を見つめ、特に話も交わさない。

日本側が、廊下の途中で外務省幹部を紹介した。金総書記は右手を出して握手に応じた。が、幹部の顔を特に見ようともせず、会談場に入り、席に着いた。

会談は、午前十一時三分からおこなわれた。金総書記は手元に白い手帳を広げ、黒のボールペンを握りながら即刻、小泉総理に語りかけた。

「近くて遠い国という関係は、二十世紀の古い遺物になるのではなかろうかとわたしは思います。総理が平壌を直接訪問されたので、近くて遠い国でなく、友好的な隣国になるべきだと思います」

小泉総理は、こわばり、青ざめた表情で、拉致被害者の八人死亡について金総書記に迫った。

「直前の事務協議で情報提供がなされたことに留意するが、国民の利益と安全に責任を持つ者として、大きなショックであり、強く抗議する。家族の気持ちを思うと、いたたまれない。継続調査、生存者の帰国、再びこのような事案が生じないよう適切な措置を取ることを求める」

午前の会談は、予定より三十分早く、わずか一時間後の十二時五分に終了した。

首脳控え室に戻った小泉総理ら一行は、日本から持ち込んだおにぎりの弁当を開いた。北朝鮮の申し出を断り、持ち込んだものである。水も日本から持参していた。水道水も飲まないという徹底ぶりであった。薬物を混ぜ、日本側の体調を悪くし正常な状態にさせずに、突然、夜中に交渉を再開しようとするかもしれない。

また、日本側の控え室は、北朝鮮側に盗聴されているかもしれない。そのため、控え室の中では絶対に重要な話はしなかった。どうしても必要なときは、みんなでメモ書きを回したり、庭に出て小声で話そうとさえ考えていた。

安倍は、盗聴されているかもしれないということは百も承知で、小泉総理に迫った。

「被害者全員の情報を伝えてきたのは、予想以上の成果ですが、(日本側が拉致と認定している)八人が亡くなっているのは、非常に重い事実です。総書記の謝罪と、どういうことだったのかという説明がない限り、共同宣言への調印は考え直すべきです」

高野紀元《たかのとしゆき》外務省審議官も同調した。

「わたしも、そう思います」

田中均外務省アジア大洋州局長は、何も言わず、黙っていた。

握り飯を一つつまんだところで手を止めた小泉総理は、椅子に座って、テーブルの一点を四十分近くジッと見つめつづけていた。

飯島は、この間、梅本公使に指示した。

「事実確認をしたいので、首脳会談が終わった後、迎賓館でも、ホテルでもいいから、拉致被害者の皆さんと会えるようにしろ。日本側で面会するのは、小泉総理と安倍官房副長官のみ。後は、同席させなくていい。総理の帰国が遅れてもいいので、とにかく会えるよう努力しろ」

梅本は、このとき、腹痛で苦しんでいた。脂汗をかきながら、拉致被害者とその家族が待機している平壌市内のホテルにすっ飛んでいった。その中には、横田めぐみの娘とされるキム・ヘギョンもふくまれていた。

梅本公使は、彼らと小泉総理らとの面談をセットするべく調整を試みた。が、心の準備ができていないという理由で、不調に終わった。

午後二時四分から、首脳会談が再開された。金総書記が、小泉総理にいきなり切り出した。

「行方不明と言ってきたが、拉致だった。素直におわびしたい」

これまで否定してきた拉致を認め、謝罪したのだ。

安倍が小泉総理に迫ったことを、まるで盗聴していたかのような発言であった。

金総書記は、事情を語った。

「背景には数十年の敵対関係があるが、誠に忌わしい出来事だ。特別委員会をつくって調査した結果が、お伝えした報告だ。七十年代、八十年代初めまで特殊機関の一部に妄動主義者がいて、英雄主義に走ってこういうことをおこなってきたと考えている。

二つの理由があると思う。一つは特殊機関で日本語の学習ができるようにするため、一つはひとの身分を利用して南（韓国）に入るためだ。わたしがこういうことを承知するに至り、責任ある人々は処罰された。これからは絶対にない。この場で遺憾であったことを率直におわびしたい。二度と許すことはない」

なお、この会議で、小泉総理が北朝鮮の核開発問題について金総書記にただした。

金総書記は強い口調で言った。

「（米国と北朝鮮と）どちらが強いか、戦争をやってみなければならない」

核開発を進めている可能性を示唆していたことが、のちの十月十八日に政府筋が明らかにする。

会談後、金総書記と小泉総理とで、「日朝平壌宣言」に署名した。

金正日総書記が拉致を認め、謝罪したことで、平壌宣言に調印し、国交正常化交渉を再開するという判断に至った。

安倍は、この首脳会談を通じて金正日総書記について思った。

〈しゃべっている中身はなかなか論理的だし、合理的な判断のできる人だな〉

もちろん、そのことは彼の人格とは別だ。ヒットラーだって頭脳は明晰だし、合理的な判断はできた。

電撃訪朝の成果に貢献した安倍官房副長官

拉致議連を安倍と中心になって立ち上げた中川昭一は、安倍晋三は、普通の官房副長官をはるかに超えた情熱と実力をもって北朝鮮による拉致問題に取り組んだと高く評価している。

〈北朝鮮での日朝首脳会談でも、安倍さんが同行していなければ、とんでもないことになっていた。小泉総理に同行した外務省のチームは、放っておけば何をするかわからないチームだった。安倍さんがいなかったら、小泉総理にとっても、日本にとっても、大変な汚点を残すところだったのではないか〉

北朝鮮が拉致を認めたのは、安倍が行政におけるリーダーシップを発揮したことと、関係者との深い信頼関係を築き上げたことによる。外交は、小さなことでも見過ごすわけにはいかない。そのことが、将来、大きな火種になりかねないからだ。平壌での数時間、安倍は、当たり前のことを当たり前にするために、ずいぶん努力したと中川は聞いている。

石原伸晃《いしはらのぶてる》も、中川と同じ見方をしている。

〈もし安倍さんが官房副長官として日朝首脳会談に同行しなかったら、果たして北朝鮮が拉致を認めたかどうか。小泉総理もぶれない人物だが、安倍さんも、小泉総理に的確なアドバイスを送ったのではないか〉

飯島は、北朝鮮が謝罪したことにびっくりした。なぜなら、最後に出す金総書記のカードを最初に切ったからだ。北朝鮮は後に切るカードをなくしてしまった。

飯島は思った。

〈おれだったら、カードを大事に最後までしまっておくのに……〉

それゆえ、今もってお互いに困っている。

その場でトップ同士が直で話す。想定問答集をつくっていたわけではなく、事態の急変、首脳同士の突発的な会談であった。だからこそ、小泉内閣で北朝鮮の拉致問題が前進した。

普通の政治家は、ちょっとしたカネや女に関する問題や失言などでクビを切られる。

が、小泉は、カネや女問題こそなかったが、失言はあった。

イラク特措法をめぐる平成十五年（二〇〇三）七月二十三日の党首討論で、民主党の菅直人代表が、小泉に訊いた。

「イラクのどこが非戦闘地域なのか言って下さい」

小泉は、開き直った。

「わたしに聞かれたって、わかるわけないじゃないですか」

　普通の総理ならクビが飛んでいたかもしれない。

　しかし、世間の人は、笑って済ませた。

「小泉さんらしい」

　小泉には、ぶれない姿勢や信頼感がある。その許容の範囲なのだ。

　飯島が思うに、永田町の三分の二以上は机上の空論で政治家になった人が多い。叩き上げで、経験を積み重ねてきた政治家は少ない。いわば二進法のデジタル回線のようなもので、実の部分がない。小泉も、世間では二進法のデジタル回線の政治家のように見えるが、実際は微分回路や積分回路まで備わった人物である。

　飯島は、小泉の祖父小泉又次郎に接したことはないが、小泉は、小泉又次郎の任侠的ＤＮＡが一気に出てきた男ではないかと思う。どのようなことになろうとも、最後は自分が決断し、自分が責任を取るという意思の強さを世間は求めているはずだ。国民は、そのような政治家を本能的に信じるのだ。

帰国翌日朝一番に被害者家族に報告に出向く

　北朝鮮から帰国した安倍は、思った。

〈明日の朝一番に、被害者家族の皆さんに報告しなければいけない〉

平成十四年（二〇〇二）九月十八日朝、「救う会」の西岡力は、安倍晋三の秘書からおどろくべきことを聞かされた。

「官房副長官が、今からそちらにうかがいます」

「ここに、ですか」

西岡は、思わず聞き返した。「家族会」の人たちとともに、港区芝にあるビジネスホテル三田会館に二日前から泊まっていた。

西岡は、感激していた。

〈忙しい職務のはずの官房副長官が、帰国して最初の朝にまず、家族のところに来てくれるとは……〉

それも、家族を呼び出すのではなく、自分からビジネスホテルに来るというのである。

西岡は、家族たちに、安倍が来ることを伝えて回った。

前日の九月十七日、拉致されたと見られていた八件十一人をふくむ計十四人の消息が明らかになっていた。港区にある飯倉公館に呼び出された拉致被害者の家族たちは「慎重に確認作業をしています」と言われ、一時間ほど待たされた。その後、家族それぞれが順番に別室に呼ばれ、福田康夫官房長官から安否を言い渡された。蓮池薫《はすいけかおる》、奥土祐木子《おくどゆきこ》、地村保志《ちむらやすし》、浜本富貴恵《はまもとふきえ》の四人と、名簿に載っていなかった曽我《そが》ひとみの五人の生存が確認されたが、残る、横田めぐみ、有本恵子、石岡亨、松木薫、原敕晃《はらただあき》、田口八重子《たぐちやえこ》、市川修一《いちかわしゅういち》、増元《ますもと》るみ子《こ》の八人が死亡したと言われていた。被害者家族は、死亡したという拉致被害者については、小泉総理とともに遺骨が戻ってくるのではないかと思っていた。それも、帰って来なかった。もっと詳しい状況を聞きたいと、小泉総理との面会も要求していたものの、小泉総理は、「十日ぐらい後に会う」と言って会おうとはしなかった。家族の中には、ショックのあまり、その時間でもまだ着替えず、パジャマ姿のまま茫然としている人もいた。

安倍は、午前九時過ぎに、三田会館を訪れた。急遽借り切ったホテルの二階にある会議室で対面した。

安倍は、開口一番言った。

「ご家族にまずお話をしないといけないと思って来ました」

娘や息子が亡くなったと知らされた家族は、安倍に訊いた。

「死因はなんですか」

安倍は、一つひとつの質問に真摯に答えた。

「わかりません。自分のところには、外務省から情報が上がってきていないのです」

安倍の口からは、「わからない」の言葉が繰り返された。家族の聞きたいことは、まったくわからない。

西岡は、苛立った。思わず、大きな声で詰め寄った。

「北朝鮮の安否情報は、確認を取ったのですか。われわれは、遺骨くらいは帰って来ると思っていたのに帰って来ない。しかも、交渉に行った人が、わからないことばかりではおかしいじゃないですか」

安倍は、はっきりと言った。

「確認は取っていません。確認作業ができませんでした」

安倍の話では、午前中、小泉総理は、金正日総書記に拉致被害について厳しく抗議した。

金正日は、黙って聞いていた。午前十時半には、すでに拉致被害者十一人の安否を報せるデータが、外務省官僚に手渡されていた。朝鮮語で書かれた紙一枚のものだった。

西岡にとって安倍の話で印象的だったのは、首脳会談中の昼の休憩の話であった。

外務省官僚が、安倍たちに言った。

「生存している四人と、めぐみさんの娘の確認に行きます」

安倍は、間髪入れず言った。

「総理がここにいるのだから、ここに連れて来てもらえ」

外務省官僚は言った。

「ちょっと遠くにいるので、連れて来れません」

安倍は言った。

「では、わたしが確認に行きましょう」

西岡が、のちに蓮池、地村から聞いたところによると、外務省官僚は、嘘を言っていた。生存者は、平壌市内の高級マンションにいた。目と鼻の先にいたのである。しかも、日本の情報など入らない北朝鮮で、安倍の情報が拉致被害者たちに入るわけがない。にもかかわらず、拉致被害者が、安倍のことを拒むのはおかしい。

そのようなやりとりをするうち、午後の会談が始まる時間となった。安倍は、心残りだったが、確認作業は、外務省に任せることにした。平成二年（一九九〇）の金丸訪朝の際のこともある。金丸が訪朝したとき、訪朝団はあくまでも、金丸と、社会党委員長の田辺誠《たなべまこと》を団長としていた。ところが、金日成《キムイルソン》の別荘に連れていかれ、金日成と会談をしたのは金丸ただ一人だった。しかも、金丸は、日本側の通訳も連れていかずに、まさに単独で会談したのである。そのこともあって、安倍は、「総理の行くところは、トイレまでついていけ」とまで言われていた。そこで、小泉総理を一人にはできないと判断したのであった。外務省で確認作業に行ったのは、当時イギリス大使館公使であった梅本和義《うめもとかずよし》であった。

元北東アジア課長ではあったが、彼が平壌に呼ばれたのは、先乗りとして、車、部屋の手配などを担当するために過ぎなかった。事情には疎かった。

家族会の人たちも、安倍に安否情報について訊いた。

「これは、ちゃんと確認したんですか」

「こちら側は、確認できていません」

「それだったら、死亡というのをすぐに認めるわけにはいかないじゃないですか」

安倍は、家族の気持ちとしては、当然、そうだろうと思った。が、後でよく考えてみれば、確かに北朝鮮側も認めていないのだから、日本側も認めるわけにはいかなかった。

横田滋夫妻のほかの「家族会」は、安倍に頼んだ。

「北朝鮮へ行って、直接自分たちの眼で確かめたい」

安倍は答えた。

「なんとかしましょう」

横田滋は訊いた。

「昨日、めぐみに娘がいると聞いたのですが、その女の子の名前と、いくつなのかわかりませんか」

安倍は、その場で携帯電話で外務省に電話を入れた。横田夫妻の孫にあたるその女の子の名前と年齢を調べるように指示した。そして、横田夫妻に言った。

「わかり次第、すぐに連絡します」

安倍からは、十八日のうちに連絡が来た。名前は、キム・ヘギョンで、十五歳だという。

彼女の話では、彼女が五、六歳のときに、母親は亡くなったという。つまり、横田めぐみは十年前、二十七歳前後で亡くなったことがわかった。ちなみに、横田めぐみの現地での名は、「ユ・ミンシュク」。漢字表記はわからない。娘のキム・ヘギョンの漢字表記は、「金恵京」ではないかという。

安倍は、「家族会」が「政府内に省庁を横断する連絡会をつくってほしい」と頼んだことに対しても、ただちに動いた。

「五人は政府の意思として戻さない」

小泉総理の訪朝から九日後の九月二十六日、閣僚会議の下部組織に拉致事件に関する専門幹事会を置くとして、内閣官房に支援対策室を設置した。拉致事件の全容解明に向け、政府の態勢整備や被害者家族に対する支援策などを検討する。その責任者である議長に、安倍が就いた。

九月二十七日午後、拉致家族たちは、ようやく小泉純一郎総理と面会できた。小泉総理は、十月に再会される日朝国交正常化交渉に関して、日本の立場を重ねて表明した。

「拉致事件の解決が、正常化の前提です」

だが、小泉総理は、精彩がなかった。話のトーンもいつもとは違った。耳の遠い有本嘉代子は、小泉総理の声がなかなか聞こえにくかった。

有本明弘は、みんなが発言を終えた後、手を挙げた。

安倍が言った。

「どうぞ、お話しください」

有本明弘は、安倍がそう言ってくれたので、遠慮なく思いのたけをぶつけた。

「小泉総理は、北朝鮮で生きている人たちを見殺しにするのか。どっちや」

有本明弘は、安倍に感謝している。

〈安倍さんは、政府の中で唯一といっていいほど拉致被害者家族会の立場に立ってくれている〉

「家族会」は、安倍晋三が北朝鮮拉致問題が解決するよう、いつも祈ってくれているとの情報を得ていた。まわりの政府関係者が、北朝鮮の拉致問題に関わることに反対する中で、安倍の存在は大きかった。だが、安倍にあまりに接触をつづけると、安倍の立場が悪くなるかもしれない。それを気づかって、個人的には会わないようにしていたのであった。

有本嘉代子には、小泉総理だけは掴みどころがなく、何を考えているのかわからなかった。

安倍は、さらに、家族会が開かれるときには連絡をくれて、北朝鮮とどんな交渉を進めているかなど、そのときの状況を説明してくれた。横田夫妻は、赤坂プリンスホテルで食事をしながら、話したこともある。常に拉致被害者の立場に立って、物事を進めてくれた。

安倍官房副長官は、総理官邸に日朝国交正常化交渉担当大使の鈴木勝也《すずきかつなり》、外務省アジア大洋州局長の田中均、外務省アジア大洋州局参事官の斎木昭隆《さいきあきたか》、北東アジア課長の平松賢司《ひらまつけんじ》、官房副長官補の谷内正太郎《やちしょうたろう》、中山恭子《なかやまきょうこ》を集めた。

安倍は、切り出した。

「五人を返さないという選択肢も考えたい」

安倍と歩調を合わせている中山がつづいた。

「本人の意思はまだ申し上げられませんが、安倍さんの言う通りです」

しかし、田中は異論を唱えた。

「北朝鮮はキレやすい相手だ。そこを考えてほしい」

議論は、当然のごとく平行線であった。

谷内が、これまでの流れを小泉総理に説明した。

「五人は、政府の意思として戻さないと決めます」

小泉総理は、言い切った。

「よし、それでいこう」

最終的に安倍らの意見が通ったのは、核開発をめぐって国民の北朝鮮に対する不信感が頂点に達したことが大きかった。

安倍官房副長官は、平成十五年（二〇〇三）一月二十五日、千葉県市原市内で講演し、北朝鮮による日本人拉致事件について、朝日新聞を強烈に批判した。

「朝日新聞の元旦の社説に、『拉致問題は原則論を言うだけでなく落としどころを考えろ』との論調があった。（死亡したとされる）被害者八人のことは忘れろというのと同じことを言っている。こういう論調が、われわれが主張を通す障害になっている」

　安倍は、朝日新聞の論調がよほど許しがたいのであろう。

四十九歳、三回生で幹事長に抜擢

　平成十五年（二〇〇三）九月二十日夜、夕方から降り始めた雨の中を森派幹部の町村信孝らは森元総理の事務所に集まった。森は、安倍晋三に声をかけた。

「安倍ちゃん、今度は、副幹事長として党務をしっかり頼むよ」

　森は、まわりの者にも、安倍が次は副幹事長だということを明らかにしたのである。

　安倍はその夜、渋谷区富ヶ谷一丁目の自宅に帰り、眠りに就こうとした。二十一日になろうとしたとき、安倍の携帯電話が鳴った。電話に出ると、なんと小泉総理からだった。

「きみに重要な役職をやってもらおうと思うから、逃げないように」

　小泉総理は、それだけ短く言うと、携帯電話はぶちっと切れた。

　安倍は、森会長から「今度は副幹事長として党務で汗をかけ」と言われ、すっかりその気でいた。各派からまんべんなく選ばれる副幹事長は、副大臣、政務官人事を担当する。

森派の推薦リストをもらった安倍は、ここ数日、誰をどのポストに押し込むか、いろいろと考えていた。そこへ、小泉総理からの電話である。

安倍は、ぼんやりと考えた。

〈重要な役職って、いったいなんだろう。ひょっとすると、大臣かな……〉

山崎拓幹事長は、九月二十一日の日曜日朝十時から始まるテレビ朝日の田原総一朗《たはらそういちろう》司会の報道番組「サンデープロジェクト」の出演を終えた。まるで今後起こるであろうことを暗示するかのような豪雨の中を、東五反田の総理仮公邸に向かった。

午前十時五十七分に総理仮公邸に入り、小泉総理と会った。

小泉総理は、盟友の山崎に告げた。

「副総裁をお願いしたい」

山崎は、受け入れた。

「虚心坦懐《きょしんたんかい》で、総裁の判断に任せます」

その上で、山崎は訊いた。

「後任の幹事長は?」

「安倍だ」

小泉は、その場から、世田谷区瀬田の森元総理の家に電話を入れた。

小泉は、森に言った。

「幹事長を替える」

森は、ホッとした。

ところが、次の瞬間、小泉は、おどろくべき言葉を口にした。

「幹事長は、安倍君にしたい」

森は、びっくりした。

「ええっ！　安倍だって……」

なにしろ、安倍は、当選三回生だ。まだ閣僚経験もない。

小泉はつづけた。

「あと十分したら安倍に電話するから、あなたからも口説いておいてくれ。ただし、絶対に断らせないようにしてほしい」

森は、すぐさま安倍の自宅に連絡を入れた。

「晋ちゃん、きみは、幹事長だ」

副幹事長だと思い込んでいた安倍は、電話の向こうで絶句した。

「えッ……」

しばらくした後、言葉を継いだ。

「会長、本当ですか……」

「本当だとも」

「どうすれば、いいんですか」

「おれも、それはいいと思うから、受けなさい。こんなものは、そのときの政治の流れだ。受けなければいけない。きみは、あくまでも選挙の顔として幹事長に招かれるのだから、選挙に専念すればいい。近くおこなわれる総選挙で自民党が負けたら、その責任を取ってさっさと辞めてしまう。勝てば、そのまま来年夏の参院選までつづけろ。そして、参院選が終わったら、勝っても負けても、サッと下がったらいい」

　これは、森の親心であった。

　森は、つづけた。

「まもなく純ちゃんから電話がかかってくるから『受ける』と言ってくれよ。きみが断ったら、これまた人事を一からやり直さないといけないから」

「はい」

　森は、その後すぐさま小泉総理に電話を入れた。

「安倍に伝えた。受けると思う」

「そう、ありがとう」

森は思った。

〈純ちゃんは、とにかく変わっているし、あまり深く物事を考えない。選ばれた人は迷惑だし、大変だろうと思うが、がんばってもらうしかない〉

それからまもなく、小泉総理から安倍の携帯電話にかかってきた。

「幹事長になってもらいたい」

「わたしのような若輩者で、いいのでしょうか」

「だからこそ、できることもある。党にとっても、国にとっても、大変なときなので、ぜひがんばってほしい」

「お受けいたします」

安倍は、正直言って気が重かった。官房副長官に指名されたときは、心からうれしかった。が、幹事長に抜擢されても、手放しでよろこべなかった。むしろ醒めてさえいた。

〈これは、ろくなことにならないな〉

たとえば、大臣であれば、なってしまえば役人たちが動いてくれる。しかし、幹事長は、党全体を動かさなければいけない。自民党は、政権与党であり、四〇〇人近い国会議員を抱える大政党だ。それなりに国会議員にも認めさせないといけない。

しかも、永田町は、国会議員だけでなく、マスコミもふくめて嫉妬の海だ。安倍は、当選わずか三回で、四十九歳と若い。大臣経験もない。マスコミは、安倍の実力や実績を冷静に分析するまでもなく、「指導力が問われる」「調整力が問われる」などと書き立てるだろう。

が、安倍は腹を決めた。

〈これも、天命だ〉

小泉総理は、安倍の幹事長抜擢について、記者団にしてやったりといわんばかりの表情で語った。

「これだけ当選回数の少ない若手が幹事長ってのは、想像しなかったでしょう。自民党は若手を育成する必要がある。（党内に）刺激を与えるんじゃないですか」

安倍は、就任後の記者会見で、抱負を語った。

「新しい時代に、改革する政党としてふさわしい党に脱皮するために全力を尽くす」

それから、内閣改造人事などで多忙な小泉総理に代わり、大相撲秋場所の千秋楽でにぎわう両国国技館へ向かった。安倍は、優勝した横綱朝青龍に内閣総理大臣杯を手渡すため土俵に上がった。

「満員御礼」のかかった観客席から、声がかかった。

「がんばって！」

いっせいに大きな拍手が湧き起こった。人気絶頂だった小泉総理が、平成十三年（二〇〇一）五月、貴乃花の優勝に「感動した」と叫んだ、同じ土俵の上であった。

安倍は、それから民放局の生放送などに出演。さっそく「もう一人の党の顔」として多忙な日々が始まった。

安倍は、三年三カ月間もの長期にわたった官房副長官のポストに別れを告げた。安倍は、その三年三カ月を振り返って思った。

〈官邸は、権力の中枢であり、政策においてもすべて集約される。危機管理をおこなうのも官邸だ。そういう意味では、大変勉強になった〉

安倍晋三は、田中角栄と福田赳夫の激しい対立であるいわゆる「角福戦争」や、竹下登と安倍晋太郎が派閥の領袖になってからの密接な関係であるいわゆる「安竹連合」をつぶさに見てきた。角福戦争では、福田派のプリンスであった安倍晋太郎は冷や飯を食べつづけた。安竹連合では、党七役のなかに宮沢派の議員が一人も入らなかったことがある。安倍と親しい石原伸晃は、安倍がそのようなすさまじい権力闘争を間近に見てきただけに、権力とは何かということを肌で感じていると見ている。

〈だからこそ、森内閣、小泉内閣で官房副長官が務まった。かつての福田派の中からパッと起用されただけでは、これだけの評価は上がらなかったであろう〉

官房副長官であった安倍は、これまで官邸側から小泉総理を支えてきた。が、これからは党側から参議院自民党の青木幹雄幹事長とともに総裁の小泉総理をバックアップすることになった。

小泉総理と安倍幹事長の二枚看板で総選挙に勝利

平成十五年（二〇〇三）十月二十八日、いよいよ総選挙が公示された。総選挙は、小泉政権の発足後初めてである。自民党を軸にした現在の与党三体制の継続を選ぶのか、旧自由党と合併した民主党を軸とした政権に新たに委ねるのか、「政権選択」を有権者に問う選挙となる。各党がマニフェスト（政権公約）を競い合う初の選挙でもあり、年金改革のあり方や高速道路の建設問題、自衛隊派遣をふくめたイラク支援策などが争点となった。

小泉総理は、強気で語っていた。

「与党が過半数（二四一議席）を取れなければ下野する」

民主党の岡田克也幹事長は、期待を込めて語っていた。

「政権交代を実現するために、なんとか二〇〇議席を超えたい」

安倍幹事長は、幹事長に就任した直後から候補者の応援のため全国各地をフル稼働していた。衆議院が解散され、いざ総選挙に突入すると、選挙を仕切る自民党の町村信孝総務局長のもとには、応援要請が殺到した。

「安倍幹事長に、ぜひ応援に来ていただきたい」

小泉総理もさることながら、幹事長となった安倍への要請も小泉総理を上回るほどだった。町村は思った。

〈二枚看板というのは、まさにこういうことを言うのだろう〉

　安倍幹事長の第一声は、大阪市北区であった。大阪四区の三十三歳と若い中山泰秀《なかやまやすひで》の応援である。

安倍は、大雨の中、街宣車に上り、街頭演説をおこなった。横なぐりの雨のため、傘を差していても意味がない。そこで、安倍は、傘を手放した。ずぶ濡れになりながらも、安倍は声を張り上げた。

「大都市・大阪で勝てなければ、新しい自民として脱皮もできない」

　安倍は、こうつづけた。

「わたしも、四十九歳、国会議員十年で幹事長になった。就任最年少記録をつくってほしい」

　隣で、中山がのけぞった。

　雨の中を懸命に演説する安倍の姿が、繰り返しテレビで放映された。その必死さが、テレビを見た多くの国民の心をとらえた。

　安倍は、演説終了後、昭恵の持ってきたスーツに着替えた。

　のちに安倍が四階の総裁室に顔を出すと、小泉総理が褒めちぎったという。

「あれは、大成功だ！」

　ウシオ電機会長の牛尾治朗は、後で安倍からそのことを聞いて思った。

〈そういった雰囲気づくりは、父親の安倍晋太郎に似ている。茫洋とした人柄の安倍晋太郎は、ど

こか人を魅きつける魅力があった〉

どの選挙区の街頭演説でも、多くの聴衆が安倍見たさに集まってきた。が、当の安倍には、まるで他人事のように思えた。

〈こんなに人気が出ちゃって、言ったいどうしたんだろう〉

しかし、多くの聴衆に集まってもらえるのはありがたいことだ。それだけ、自民党候補をアピールできる。若き政界のプリンスに、女性からの支持率が急増した。

安倍は、冗談交じりで妻の昭恵に言った。

「若い女性から握手を求められると、それが元気のもとになるね」

昭恵も、それがうれしかった。政治に無関心な若い女性が、安倍を通じて政治に少しでも興味を持ってくれたらいいと願う。昭恵自身、安倍の仕事の細部までを把握しているわけではなかった。政治は、深く入り組んでいる。安倍もまた、そこまで妻に語ることはしない。が、昭恵は、安倍が信念を持って正しいことを主張していると信じている。多くの人々にその声が届くことは、昭恵にとってもうれしいことであった。

安倍幹事長の遊説日程を組んでいた町村総務局長は、安倍幹事長に助言した。

「幹事長、××選挙区の候補は、とても届きそうにないから飛ばしましょう」

とても受かりそうにない候補の応援にはなかなか行きづらいものだ。が、安倍幹事長は、きっぱりと言い切った。

「いや、総務局長、彼はぼくのことをものすごく信頼してくれている。無理をしてでもいいから、日程に入れてください」

結局、その候補は落選するが、町村は思った。

〈安倍さんは、信義に厚い人だ〉

十一月九日午後十一時半前、「与党三党での安定多数確保が確定的」との速報が流れた。自民党は、前回総選挙の二三三を上回る二三七議席を獲得した。が、目標の単独過半数二四一議席には届かなかった。民主党は、目標の二〇〇議席には届かなかったものの、一七七議席は獲得した。与党三党としては、公明党が三十一議席から三十四議席に、保守新党が九議席から四議席に減らしたものの、合わせて三十八議席で全常任委員長を独占した上で過半数を確保できる絶対安定多数の二六九議席を超え、三七五議席を獲得した。

安倍は、十日午前一時からの記者会見で、ようやくホッとした表情で語った。

「絶対安定多数が取れたということは、小泉内閣の信任を得ることができたということだ」

公明党との信頼関係

小泉総理は、自民党総裁になったときは、反公明の立場であった。それなのに、いつの間にか公明党と密な関係になっている。なんともしたたかである。

平成十三年（二〇〇一）四月、小泉純一郎が新総裁になった。公明党幹事長の冬柴鐵三《ふゆしばてつぞう》にとって、小泉は、自民党の中でも異質な存在として映った。いわゆる、自自公連立政権には反対し、選挙の際にも、公明党の推薦を拒んでいた。

冬柴は、小泉を連立与党の総理として担ぐのに、さすがに胸中は複雑であった。しかし、冬柴は、自分で自分に言い聞かせた。

〈山崎さんを通じて、小泉という人を理解していこう〉

冬柴は、山崎とは、山崎が橋本内閣時代に政調会長をしていたころからの付き合いで、酒を酌み交わすばかりか、十一回もいっしょに海外に出かけた。同じ昭和十一年（一九三六）生まれということもあって非常にウマが合った。さらに、山崎は付き合えば付き合うほど、味が出てくる。それだけ、人間的な魅力にあふれている。

平成十四年（二〇〇二）九月三日、小泉総理は、南アフリカのヨハネスブルグで開かれた環境開発サミットに出席した。その午後、環境開発サミット展示会場の日本館を視察した。

わざわざ小泉総理が日本館に足を運んだのは、冬柴が、SGI（創価学会インターナショナル）のパビリオン訪問を、小泉総理に頼んだからである。

冬柴の要請に、小泉総理は応えたのであった。

帰国後に、顔を合わせた。小泉総理は、冬柴に笑顔で言った。

「パビリオンまで行くのに二十分もかかった。演説は十分ほどだったのに、会場から二十分もかけて行って、五分だけ見てきたよ」

そう言ってから、つづけた。

「名誉会長の写真には、立派な作品があった」

小泉総理の印象に残ったのは、創価学会名誉会長である池田大作《いけだだいさく》が神奈川県箱根町で撮ったという風景写真であったらしい。

十一月二日午後、都内で開かれた公明党大会に来賓として初めて出席した小泉総理は、そのあいさつで、九月初めに南アフリカで開かれた環境開発サミットに出席した際、公明党の支持母体である創価学会の池田大作名誉会長が出展した月の写真を鑑賞したことを披露した。

小泉総理は、池田の写真を次のように評価した。

「空の果ての月のように、批判があっても、ときには孤独でも耐えなければいけない。池田会長の撮った月を眺めていると、世の中の動きに敏感でなくてはいけないが、不動心も大事だ、と思えた」

かつて、小泉総理は、総理に就任したころに、ある寺の和尚から漢詩をもらった。

その漢詩はみごとに小泉総理の心境を言い当てていた。総理に就任したころの心境を、漢詩ではなく写真に表すとしたら、池田名誉会長が、神奈川県箱根町で撮った写真になると、小泉総理は語った。歴代総理が、公の場で池田に言及することは極めて異例のことである。

それまで公明党とは距離を置いてきた小泉総理の豹変ぶりには、うがった見方も飛び交った。

「総理の経済政策に批判を強める自民党橋本派と、それに〝共同歩調〟をとる公明党の分断を図ろうという狙いがあるのではないか」

しかし、冬柴らは、小泉総理の言葉を素直に受け取った。

冬柴は、党大会後に、記者たちに語った。

「われわれの思いを理解し、あいさつに結実した」

芸術的なものに対するセンス、情緒は、とても政治の技術だけではいかんともしがたい。言葉を発した人たちの素のものがどうしても漏れてしまう。もしも、小泉総理が、とってつけた言葉で語っていたならば、冬柴らも素直には受け取れなかったろう。だが、小泉総理の言葉は、自ら発した言葉であった。精神が入っていた。このことによって、公明党と小泉総理との距離は思わぬほど接近した。

冬柴は思っている。

〈山崎の存在がなければ、小泉総理と公明党の密な関係はあり得なかったかもしれない〉

小泉総理は、どんなことがあっても、盟友である山崎拓を離そうとはしなかった。

山崎の境遇がどんなに苦しくとも、どんな非難を浴びようとも、小泉総理は歯牙にもかけなかった。非情な一面があるいっぽうで、とことんまで信じ抜く一徹さが、小泉総理にはある。そこが、加藤紘一などとは違って、まわりから支持されるのであろうと冬柴は思っている。

さらに、冬柴は、公明党が小泉総理とそこまでの信頼関係を得られたのは、連立を組んでから、知事選、補選といった選挙を、どんなに厳しい条件の下でもともに戦った、そのことによって、自民党、公明党で実績を築き上げてきた、その結果であろうと、思っている。

再訪朝と罵詈雑言

平成十六年（二〇〇四）五月四日、政府は、小泉総理が五月二十二日に北朝鮮を日帰り訪問し、金正日総書記と首脳会談をおこなうと発表した。

小泉内閣の支持率は、小泉総理自身の年金未納問題もあり、低下している。四〇パーセント前後にまで落ちている。拉致議連会長の平沼赳夫は、「このままでは、七月の参院選は戦えない。そこで『再訪朝すれば拉致被害者の家族八人全員を帰す』という提案を受け入れ、支持率回復のためにも再訪朝したのではないだろうか」と思っている。

五月二十二日午前十一時、平壌郊外の大同江迎賓館で、小泉総理と金正日総書記の日朝首脳会談が始まった。

そのころ、平沼は、「家族会」「救う会」「拉致議連」が待機する赤坂プリンスホテルの一室にいた。

午後三時半、細田博之《ほそだひろゆき》官房長官と川口順子《かわぐちよりこ》外相が、中間報告に訪れた。

細田官房長官は、意気揚々と報告した。

「日朝首脳会談は、一時間三十五分で終わりました。地村さん、蓮池さんのお子さんの帰国が決まりました、曽我さんの家族の来日については、協議中です。また、安否不明者の十人については、白紙に戻して再調査することになりました。それから、総理は、日朝平壌宣言が誠実に履行されている条件下において経済制裁は発動しない、と伝えました」

その瞬間、どよめきが起こった。

そして、小泉総理の対応を非難する声が次から次へと上がった。

平沼も、憤然としていた。

〈もう少し、したたかに外交テクニックを駆使してもらいたかった〉

小泉総理は、最初から経済制裁は発動しない、という外交カードを切ってしまったのだ。

安否不明者の十人については、白紙に戻して再調査する、などというとぼけたことを受け入れてしまう。それに、まるで身代金を払うかのように二十五万トンの食糧や一〇〇〇万ドル相当の医薬品を、国際機関を通じて北朝鮮に人道支援することを約束してしまった。

しかも、午後も会談の予定だったのに、午前だけで打ち切ってしまった。

午後四時半、小泉総理が高麗ホテルで記者会見をした。日本が北朝鮮に対する制裁法を発動する考えがないことを伝えたと表明。拉致問題では、金総書記が安否不明者十人の再調査を約束したことを明らかにした上で、これに日本側も参加する考えを表明した。

また、曽我ひとみさんの夫のジェンキンス氏に一時間にわたり来日するよう直接説得したが本人が固辞し、曽我ひとみさんは北京でジェンキンス氏と面会することに同意したと述べた。会見時間は、約二十分間であった。

いっぽう、日本では、川口外相が午後四時四十四分、拉致被害者らとの会談後、記者団に語った。

「総理は、最善を尽くしたと思う」

細田官房長官は、記者団の「成果がなかったのでは」との問いに「それはいろいろだ」と述べた。

谷内正太郎官房副長官補は、家族の反応について漏らした。

「非常に厳しい」

午後五時、平沼は、記者団に向かって小泉総理の対応を強く批判した。

「非常に不満だ。総理が行った割には、お粗末だ。あれなら、わたしにもできる」

午後六時五十分、小泉総理が平壌国際空港を政府専用機で出発した。

約三十分後の午後七時二十四分、蓮池さん夫妻と地村さん夫妻の子供計五人も、平壌国際空港を政府専用機の予備機で出発した。

午後八時五十五分ごろ、小泉総理が政府専用機で羽田空港に到着した。予定では、そのまま「家族会」などが待機している赤坂プリンスホテルに説明に入ることになっていた。

ところが、小泉総理は、子供五人を乗せた政府専用機の予備機が羽田空港に到着するのを待っているという。

平沼は思った。

〈純ちゃんは、五人の子供を連れて帰ることができるので、平壌では、凱旋将軍のように意気揚々と日本に帰れると思ったに違いない。しかし、飛行機の中で細田官房長官あたりから「家族会」のすさまじい反発を聞かされ、怖気づいたのかもしれない〉

テレビは、拉致被害者の落胆ぶりや小泉総理と面会したときの「家族会」の怒声を繰り返し、放送した。その際、小泉総理の再訪朝に対するねぎらいの言葉は省き、罵詈雑言を浴びせかけ、小泉総理が耐え忍んで聞いている光景だけを何度も放映した。これが、「小泉さんがかわいそうだ」という感情を生み、「家族会」が国民から批判を受ける要因となったのだ。

「相撲取りというのは、一瞬の判断を養うために稽古しているんだ」

小泉総理は、基本的に政治家を信用していない。小泉総理に影響力のある人は、飯島勲秘書官、丹呉泰健秘書官、山崎拓元自民党副総裁、それに、竹中平蔵の四人くらいだと森派の山本一太は思う。

竹中は、小泉政権では経済財政政策担当大臣とＩＴ大臣に就任した。さらに金融担当大臣も兼任する。平成十六年（二〇〇四）七月、参議院選挙に立候補し、自民党公認で全国比例でトップ当選を果たす。参議院議員として内閣府特命担当大臣、郵政民営化担当大臣も務める。

竹中は、自分が小泉総理の避雷針のような立場にあることを、どこかで苦々しく、つらいと思っているかもしれない。が、小泉総理は、最後まではしごをはずさない。

絶対に見捨てたりはしない。小泉総理は、「ドライ」「非情」といわれている。が、信義に厚く、男気がある。永田町の普通の政治家とは、信義の定義や種類が違うのだ。それが、竹中を駆り立てているのではないか。

竹中が小泉内閣で取り組んだことは、経済財政諮問会議を軌道に乗せることと、不良債権処理と、郵政民営化が大きな仕事だった。が、実は、郵政民営化よりも不良債権処理のほうがどちらかというと大変だったという。

「郵政民営化は、小泉チームと反小泉チームの対決だったんです。小泉チームの一番槍がわたしだったので、それはつらい面もありましたが、一応、チームでの戦いだったんです。でも、不良債権処理は一人の孤独な戦いだったんです。平成十五年（二〇〇三）五月十七日に金融危機対応会議を開いて、二兆円の公的資金注入を決定しますが、その翌日に、小泉総理に報告して、『新聞の評価はもう分かれていますと。よくやったというのも一部にありますが、こんなことになったのはそもそも政府の責任だという、わけのわからない批判もすごく多いです』、そう言ったら、小泉総理は『気にしなくていい。そのうちわかるから』と言ってくれたんですよ。小泉総理のその姿勢には本当に助けられましたね」

竹中には、もう一つ、小泉総理をすごいと思ったことがあった。

「新聞などのメディアで『竹中を辞めさせろ』の大合唱があったんですね。日本の新聞は、政策は何も書かずに、大臣の辞任がニュースになるから、そのことばかり煽っていたんです。そんな状況であるとき、小泉さんから電話がかかってきたんです。『竹中さん、これからひょっとしたら、小泉さんのために自ら身を引いてください』ということを言ってくる人がいるかもしれない。でも、それがすごく親しい人でも、とにかく何も言わずに、すべて総理にお任せしています、とだけ言えばいいから』と言われたことがあったんです。そうしたら、五日後に本当にとある親しい人から同じ内容の電話がかかってきたんです。小泉さんの読みはすごいな、と思いましたね。それでわたしは、『ご心配いただいてありがとうございます。わたしのことはすべて総理にお任せしていますので』と言って、電話を切りましたよ。小泉さんは、とっさの切り返しがウマいですよね。以前に『切り返しがすごいですね』と話をしたことがあって、そのとき小泉さんはなんと言ったかというと、『あれは、相撲の立ち合いと一緒だと思うんだ。右に回って上手を引いて、下手を捻って、こう寄る。そんなことを考えたら負けてしまうだろう。あれは一瞬の判断だ。相撲取りというのは、その勘を養うために稽古しているんだ』と言ってました。『稽古だ』と言ったんですよ。それを聞いて、この人は歴史小説を読んだり、歌舞伎を観ながら、一種のイメージトレーニングをやっているんだなと思いましたね。あらためて、リーダーというのはすごいと思いますよね」

第六章

郵政民営化と郵政選挙

「反小泉」の野中広務の引退と〝毒饅頭〟発言

小泉総理は、「自民党をぶっ壊す」と叫んで総裁になったが、その壊すべき自民党のイメージは、明らかに橋本派にあった。

平成十五年（二〇〇三）九月、自民党総裁選がおこなわれた。小泉に、亀井静香、橋本派のプリンスの一人藤井孝男、高村派の高村正彦《こうむらまさひこ》の三人が挑んだ。橋本派の衆議院最大実力者の野中広務は、藤井を推した。が、橋本派の参議院の実力者青木幹雄は、自分の派から出る藤井を推さず、小泉を推したのである。小泉は、橋本派潰しにかかっていたが、青木とは森の勧めで手を組んでいた。小泉の最大の敵は、郵政民営化に反対する郵政族のドン野中広務であった。

小泉は、この総裁選にも勝利した。この直後、野中は、橋本派幹部の村岡兼造《むらおかかねぞう》が「毒饅頭を食おう（ポストで優遇）としている」と怒り、なんと突然引退会見を開いた。

「手順を追って藤井孝男君を温かく総裁候補に出馬させたのに、村岡代理が仲間に報告せずに、小泉支持を打ち出した。目先のポストに惑わされているんではないか。むなしい感じすらする仲間がおられないではない」

野中は、さらに暴露した。

「青木さんが小泉総理から政権転換や内閣改造について一札取る。それをやらなきゃ反小泉になると約束していながら、約束違反をおこなった」

野中は、この会見後、派閥の若手に語った。

「青木さん、村岡さんに伝えるとしたら、これ（会見）しかないんだ」

小泉は野中の引退表明について冷ややかに語った。

「党内から『反小泉』の統一候補が出せず、総裁選の展望が開けなかった。『反小泉』統一戦線をつくる総責任者みたいな形だったからね」

小泉は、野中の引退で、青木といっそう強く手を組み、亀井ら郵政民営化反対派を封じ込んでいく。小泉にとって、次に打つべき敵は、橋本派内の反対分子と、亀井一派であった……。

郵政民営化関連法案の否決で衆議院の解散、反対派の慌てぶり

郵政民営化関連法案は、平成十七年（二〇〇五）七月五日、衆議院本会議で投票の結果、賛成二三三票、反対二二八票と、わずか五票差で可決した。

法案の審議は、参議院に舞台を移した。参議院で法案が否決されても、小泉総理は、衆議院を解散する覚悟でいる。

小泉総理は、きっぱりと言っていた。

「選挙になったら、法案に反対した者は絶対に公認しない」

自民党の造反者は五十一人だが、反対した議員は三十七人である。ということは、三十七人の対立候補が必要となる。

反対派は、うそぶいていた。

「埋まるわけがないよ」

しかし、小泉総理は、何があっても埋めるというスタンスでいる。しかも、勝つ可能性のある候補でなければ意味がない。

候補者の中には、数千万円の年収を捨ててまで小泉改革に賛同し、国政に挑戦する者もいるかもしれない。衆議院議員の任期は、最長で四年間だ。が、ときの総理が決断すれば、いつ解散になってもおかしくない。実際、大平総理は、昭和五十四年（一九七九）十月の総選挙から七カ月後の昭和五十五年（一九八〇）五月に衆議院を解散した。この未確定な四年の任期のために、自分の人生を賭ける人がどのくらいいるのか。それに、法案に反対した議員の多くは、選挙に強い。だからこそ、自分の意思を貫くことができる。彼らにぶつける候補のうち、半分以上が勝たなければ、いくら現有議席を守ったとしても、飯島なら、こう批判するだろう。

「しょせん、それだけか」

それだけでない状態は何かといえば、無所属で当選しても、絶対に自民党に復党させない意思を執行部が示せるかどうか、だ。それが、この勝負では大事なことであった。

小泉総理は、武部幹事長と二階総務局長にその方針で臨むことを伝えた。武部幹事長らは、理解を示した。

八月八日、参議院本会議で郵政法案に対する投票がおこなわれ、自民党から反対が二十二人、棄権が八人出て、賛成一〇八票、反対一二五票で否決された。その直後の午後一時五分、国会内で自民党の臨時役員会が開かれた。小泉総理は、この席で衆議院を解散することを表明した。

午後二時四十分、小泉総理と公明党の神崎代表が自民・公明両党党首会談で、衆院選の八月三十日公示、九月十一日投票で合意した。

午後五時二十分、衆議院解散を閣議決定し、臨時閣議は終了した。小泉総理は、解散詔書の署名を拒否し辞表を提出した島村宜伸《しまむらよしのぶ》農水大臣を罷免した。

午後七時、衆議院本会議が開かれ、衆議院は解散された。まさに、あっという間の解散劇であった。

自民党の安倍晋三幹事長代理は、参議院本会議での郵政民営化関連法案の採決を前にして、模索しつづけていた。

〈なんとか、解散を回避する方法はないものか〉

小泉総理は、法案が否決されれば、本気で衆議院を解散するつもりでいる。が、事前に、小泉総理に解散を思い止まらせようとは思わなかった。一度言い出したら、どんなに説得しようとも断固として考えを変えない小泉総理の性格を知り抜いていた。

小泉総理は、参議院での否決を受けて、ついに衆議院の解散に踏み切った。安倍は、覚悟を決めた。

〈こうなった以上、走るしかない〉

安倍は、自民党と公明党を合わせても過半数を超えることはなかなか大変だと思った。一つ間違えれば、下野しかねなかった。

だが、安倍は、さすがに反対派議員に対して刺客を送ることには抵抗を感じた。

小泉総理は、この夜、総理官邸一階の記者会見室で衆院解散を受けて記者会見した。

総理の会見のときに特別に用意される紅の幕を背に、濃紺のスーツに青のネクタイを締めた姿で、衆院解散について目を血走らせ、熱っぽく語った。

「本日衆院を解散した。改革の本丸と位置づけていた郵政民営化を国会は必要ないと判断した。郵政解散です。郵政民営化に賛成か反対か、はっきりと国民に問いたい」

当初はゆっくりした静かな口調だったが、次第に興奮してきたのか、手を前に突き出したり、指で会見台を叩いた。

ほとんどまばたきせず、憮然とした表情で、郵政民営化の持論、党内の「抵抗勢力」や野党への批判を十数分間つづけた。

「今国会で成立させたかった」と無念さをにじませた。

小泉は、郵政民営化を唱えつづける自分の姿を重ねたのか、高揚した様子で、ガリレオ・ガリレイを例にひいて語った。

「四〇〇年前、地動説を唱えたガリレオ・ガリレイは、有罪判決を受けた。そのとき、『それでも地球は動く』と言ったそうだ。自民党は既得権を守る勢力と戦う改革政党になったという立場から、国会が否定した郵政民営化について国民に聞いてみたい」

さらに主張した。

「自民、公明両党合わせて過半数を獲得できなければ退陣する」

また、衆院本会議で法案に反対した三十七人についてはこう言い切った。

「本当に自民党は改革政党になったのか。自民党は郵政民営化に賛成する議員しか公認しない」

ただ、欠席・棄権した議員についてはこう語った。

「郵政民営化に賛成すれば、公認する」

反対派の非公認によって分裂選挙に陥り、野党に転落する可能性についてはこう語った。

「勝てないと思っている人もいるだろう。率直に言って、選挙はやってみないとわからない」

小泉総理は、亀井ら反対派が、そろって新党を立ち上げることはないと読んでいた。

また、民主党も、自民党の反対派と同じく、まさか解散はあるまいと考え、戦いの準備ができていない情報も掴んでいた。

小泉総理は、すでに戦いの準備を整え切っていたのだ。自民党内の反対派にも、民主党にも、十分に機先を制することができる。

織田信長は、戦いに勝つ秘訣をこう語っている。

「戦場へ出て、敵と戦う前に勝負の七割は決している」

信長は、戦いに勝つためには、情報をもっとも重視していた。

亀井らの描いた戦略は、法案を否決することで小泉内閣を総辞職に追い込むというものであった。過去の例から、これだけ反対派にプレッシャーをかけられ、しかも、政治生命を賭けるといった法案を否決されたら、おとなしく権力の座から降りるはずだと見ていた。喧嘩を仕掛けられた側が、その十倍の力で受けて立つことになるとは、想定外だったのではないか。

亀井と綿貫は、結果的に「国民新党」を結成したが、実際には、新党をつくる気持ちなどなかったのではないか。追い込まれ、アリバイづくりのために仕方なく新党を結成せざるを得なかったのであろう。

幹事長とともに選挙を仕切る二階俊博《にかいとしひろ》総務局長は、八月十日の午後四時、八月十一日の午後四時と、二日連続で武部幹事長とともに総理官邸に小泉総理を訪ね、いろいろと指示を仰いだ。

そのとき、小泉総理は、言っていた。

「政治は、非情なものだねえ……」

二階は思った。

〈解散した後の反対派の慌てぶりから推察するに、彼らは、小泉総理が総辞職でもすると思っていたのだろう。彼らは、小泉総理を火薬庫とも思わず、藁でも積んであるくらいにたかをくくり、そのまわりで火遊びをしていたのだ。火が火薬庫に燃え移れば、爆発するのは当然のことだ。逆に言えば、反対派は小泉総理の思う壺にはまったともいえる。打つ気満々でバッターボックスに立ち、甘い球なら思い切り叩こうとかまえていたところへ絶好のボールを投げたようなものだ〉

小泉総理は、この衆院解散を郵政民営化に賛成か、反対かを問う、「郵政解散」と位置づけた。


総理・幹事長・総務局長の三人の意見が一致した人を刺客候補に

飯島勲総理秘書官、武部幹事長、二階総務局長の三人は、ただちに候補者の選定作業にかかった。作業を進めるのは、少人数がいい。この三人で作業を進めていった。

自民党の過去の総選挙は、総裁派閥を中心としたもので、党の金庫を預かる経理局長まで押さえるのが常道であった。また、幹事長は、総裁派閥以外から起用するという、いわゆる総幹分離の時代には、幹事長が横を向けば総理総裁は解散も打てないこともあった。

しかし、今回は、小泉総理、武部幹事長、二階総務局長ががっちりとタッグを組み、三者の意見が百パーセント一致した人でなければ公認しないという極めて異例な形での選挙戦を展開することになる。

三人は、候補者選定の基準について話し合った。

「まず、オールジャパンで名前が通っている人で、北海道から九州まで、どこの選挙区の有権者も納得するだけの経歴がある人。同時に小泉改革に賛同し、比例名簿の順位も、復活当選が可能な上位でなくても、『この小選挙区で戦い抜く』という気概を持った人。自分の身柄を党に預けるという覚悟のある人。『この選挙区でないと嫌だ』という人は、たとえ有名人であろうが、どのようなすごい経歴を持とうが、不適格です」

たとえば、東京十区から出馬することになる小池百合子《こいけゆりこ》の名前を書ける有権者は、東京十区の住人だけだが、小池が小林興起に勝てるかどうかには、北海道から九州までのオールジャパンの人たちが興味を持つ。そのような注目選挙区が十カ所あれば、十段重ねになり、二十カ所あれば、二十段重ねになる。国民の注目する選挙区が多ければ多いほど、最初で最後のとんでもない選挙戦を展開できるのだ。

しかも、解散当初は反小泉的な報道をしていたテレビ局や新聞社も、競争というメディアの原理を考えれば、いやおうなしに注目選挙区の動向を追わざるを得ない。刺客候補という、たとえば五本の花火を打ち上げただけで、日本中が大騒ぎになるだろう。

そのままの状況で公示日まで突っ込んでいったら、どうなるか。自民党に注目が集まり、民主党の影は薄くなる。そうなったら、しめたものだ。自民党は、間違いなく勝利する。

飯島はつづけた。

「そして、どの選挙区になってもやり遂げるという熱意とパワーを、この次の総選挙まで持続できる人でないと困る。法案に反対した非公認組は、自民党に復党できない。今回の選挙で勝っても、負けても、この次の総選挙で人生最後の大勝負を賭けてきます。この次の、いつあるかわからない選挙のために、ずっと選挙運動をおこなっていく。そんな彼らを潰して、かならず小選挙区で再選を果たすという熱意とパワーがなければいけない。今回、自分が出る選挙区は、新しい自分の城下町、領土という意識で懸命に戦える人でなければ、失格です。候補者が相当なタマでも、『わたしは、どういうポストがもらえるんでしょうか』とか『比例のトップでないと困る』とか、そんな生ぬるい人はいりません」

飯島は、力を込めた。

「そして、武部幹事長と二階総務局長が間違いなく合意し、総理総裁である小泉が了解した人を候補者として最終決定します。そういう形で最後までやらせてもらう。それ以外の持ち込みは、全部カットします。もちろん、『こういう優秀な人材がいる』という情報はもらいます。が、それを鵜呑みにすると、火傷することになるし、気の緩みにもつながる。独善的と言われようが、なんと言われようが、今回は小泉、武部、二階の三人の意見が百パーセント一致した人を候補者に立てたいと思います」

そして、そのような選考基準で選ばれた候補者を次々と刺客候補として発表していった。武部幹事長らは、飯島の意向に理解を示してくれた。

女性候補の擁立と小池百合子の決断

自民党は、前職の七人プラス十九人の計二十六人の女性候補を擁立し、全員が当選することになるが、この女性枠は、武部が、六月ごろ、小泉総理に提案したものであった。

「議員の一割くらいは、女性にしましょう」

小泉総理も、乗り気であった。

「それ、いいな。それでいこう」

それを今回、うまく利用した。

小池百合子は、閣僚が署名する解散詔書を前にし、ふと思った。

〈本当に解散しちゃうんだ〉

解散のための衆議院本会議が始まるまでの間に、小池は、自民党幹部と連絡を取り合っていた。その幹部は、ため息混じりに言った。

「（造反組の）選挙区が、いっぱい空いてしまう。それを埋めるのは、大変だよ。あなたみたいな人が、どこかから出てくれないかな」

小泉総理は、郵政民営化関連法案の衆議院採決で反対した三十七人を公認しない方針を示していた。

幹部はつづけた。

「あ、そうか、あなたは、今回、兵庫から小選挙区で出るんだったよね」

阪上善秀《さかうえよしひで》とコスタリカ方式を取る小池は、前回の総選挙では比例選に回った。今回は、小池が兵庫六区から立候補する番であった。話は、そこで終わった。この段階で、選挙区鞍替えの話はいっさい出なかった。

この夜、小池は、いろいろと考えた。

〈下手すれば、民主党が勝ち、政権交代が起こるかもしれない。そうなれば、これまでやってきたことが、根幹からひっくり返ってしまう。そうさせてはいけない〉

小池は、これまで環境大臣として地球温暖化対策、低炭素社会への移行、循環型社会の構築などに取り組み、浸透運動を展開してきた。

小池は、覚悟を決めた。

〈わたし自身が反対派の対立候補として起爆剤になろう。そうすることで、国民の共感を呼ぶことになるかもしれない〉

小池は、だいぶ前から、「次の総選挙も小池さんを比例単独候補にして全国の応援に回らせたほうがいい」という話を耳にしていた。しかし、選挙区は三〇〇もある。それほど応援には行けない。物理療法的にあちこち飛び回るよりも、自分自身を一つの選挙区に投じることで全国の選挙区に化学反応を起こさせるケミカル療法のほうがいい。

小池は、国会便覧を手に取った。狙いは、東京の選挙区であった。小池は、環境大臣としてアスベスト問題などを抱えている。東京の選挙区なら、選挙運動中、何か問題が起こったときには、すぐさま環境省に駆けつけられる。それに、メディア出身の人間として、東京ならメディアも取材に来やすいだろう、という判断もあった。小池は、東京十区に目を止めた。

〈ここだわ〉

小林興起は法案の衆議院採決で反対しており、今回は非公認となる。前回の総選挙では、民主党の鮫島宗明《さめじまむねあき》に競り勝ったものの、二人とも、それほど得票率は高くない。ここなら勝てる可能性が高い。それに、小林は、テレビなどに出演する機会も多く、知名度も高い。自分が立てば、世間に与えるインパクトも強い。メディアの注目も集まるだろう。

小池は、決断した。

〈東京十区から出よう〉

ただし、立候補を予定していた兵庫六区のことも考えなければいけない。自分が抜けることによって、みすみす民主党に議席を奪われてしまったら、改革勢力は全体としてプラスマイナス〇か、マイナス一になってしまう。

小池は、伊丹市の市議会議員を務める木挽司《こびきつかさ》に電話を入れた。木挽は、小池の応援で市議会議員になった改革派であった。木挽に事情を説明し、後釜になるよう説得した。

「明日の朝十時までに、態度を決めてほしい」

木挽は、一晩で兵庫六区から立候補することを決めてくれた。

なお、木挽が公認に決まったとき、小池は、一つだけ官邸にお願いした。

「総理には、わたしのところではなく、伊丹の木挽君のところに、応援に行ってもらいたい」

小泉総理は、八月二十日に全国遊説をスタートさせるが、そのトップに選んだのが、兵庫六区の伊丹市であった。

八月十三日午後、自民党本部を訪れた小泉総理は、休日返上で候補者調整に当たる武部幹事長、二階総務局長や党職員を激励した。

そのいっぽうで、郵政民営化関連法案に反対した前職が出馬する選挙区へ送り込む「刺客」といわれている新人候補者らと直接会い、直々に出馬の決断を求めた。

この日、小泉総理が面談したのは、法案反対派の城内実《きうちみのる》が立候補する静岡七区への出馬を電話で要請した財務省課長の片山《かたやま》さつき、新たに埼玉十一区で反対派の小泉龍司《こいずみりゅうじ》にぶつける方向になった埼玉県議の新井悦二《あらいえつじ》らであった。

郵政選挙の小泉総理のすさまじいばかりの執念

東京十区は、刺客候補の小池百合子、造反議員の小林興起、民主党の鮫島宗明、共産党の山本敏江《やまもととしえ》の四人の争いであった。小池人気は、次第に上がっていった。

その流れを加速させたのが、小林の動きであった。野田聖子のように無所属で戦い、半分自民党の看板を掲げてがんばっていれば、自民党支持者も陰で小林を支援したかもしれない。

だが、小林が、八月二十四日、長野県の田中康夫《たなかやすお》知事を代表とする「新党日本」に参画したことで、どちらを応援するか迷っていた自民党支持者は一気に小池側に走った。

公示前日の八月二十九日、自民党は、比例単独候補五十六人をふくむ三三六人の名簿順位を発表した。執行部は、各ブロックの上位に女性や、郵政民営化法案に反対した前職にぶつける対立候補、候補者調整で比例に回る立候補予定者らを据えた。

が、小池は、ほかの小選挙区候補者と同列の三位であった。

八月三十日、総選挙が公示された。小池は、そのとき、すでに勝利を確信していた。

〈絶対に勝てる〉

小池は、小泉総理以外の応援弁士は断った。選対事務所の組んだ日程表に応援弁士が入っていると、小池は、応援弁士に直接電話を入れた。

「こっちは、結構です。ほかのところを回ってあげてください」

小池は、今回の選挙は、できるだけ自己完結で終わらせたかった。選対事務所がイベントを組んでくれることに感謝はしていたが、基本的には自分の力で勝ちたかったのである。

小泉総理は、九月四日午後一時四十分、今にも雨の降りそうな中、ＪＲ池袋駅東口の街宣車の上に立った。詰めかけた約一万人もの前で、小池を褒めちぎった。

「さすが、環境は日本だけでなく世界の問題。世界で活躍しているのが、小池さんです」

小池は、この日も、沖縄の「かりゆしウェア」のシャツを着ていた。小池は、このシャツを買って、小泉にも着せたことがある。なお、小泉総理が着ているシャツの半分は、小池の見立てという。

小泉総理は、小池に感謝した。

「今回、政治の〝環境〟をよくしようとして、わざわざ東京で立候補してくれた」

小泉は、さらに言った。

「小池さんは、愛嬌だけでなく、度胸もある」

小泉は、小池の右手を取り、上に掲げた。そのたび、路上から拍手が響いた。小池は、満面の笑みを浮かべて語った。

「弾みがつきました」

投・開票の結果、小池は、一〇万九七六四票を獲得し、当選する。鮫島は、五万五三六票、小林は、四万一〇八九票で落選し、ともに比例区での復活当選も叶わなかった。

郵政選挙は、小泉内閣の一員の竹中平蔵にとっても非常にドラマチックであった。武部勤幹事長、二階俊博総務局長のコンビも強力であったという。

「投票日の二日前に、小泉総理も交えて、作戦会議があったんです。『竹中さん、あなたが一番郵政のことをわかっているのだから、接戦の選挙区を全部飛び回ってくれ』と小泉総理から言われましたね。総理の指示は徹底していて、『とにかく接戦の若い候補者のところへ行け』とおっしゃっていました。『若い候補者は、一日で評価が変わるから、重点的に応援しよう』と。そういう目のつけどころがすごいと思いましたね」

広報担当の世耕弘成《せこうひろしげ》らの今回の工夫は、遊説日程にもおよんだ。機械的に組むのではなく、最大の効果を狙うように緻密に組んだ。

特に最後の週の日程は、九月五日に小泉総理、武部幹事長、安倍幹事長代理立ち会いのもとで、データをもとに徹底的に調整した。

小泉総理が、きっぱりと言った。

「義理人情もあるけど、データで決めろ。おれが行けば何千票かひっくり返るんだ。だから、それがひっくり返れば勝てるというところに、おれを入れてくれ」

総理の応援演説日程には、どうしても義理人情が絡む。が、世耕は、非情と呼ばれても、あくまでデータで組むことにした。

日程の決定を受けて、応援に来てもらえない議員からは、大きなブーイングが起こった。

「ウチだって、激戦なんだ！」

が、世耕は決して予定を変えようとはしなかった。

「申し訳ないけど、九州へ行ってヘリで飛んでいる時間があったら、首都圏でその間に選挙区三つか四つ回れるんです」

特に最終日は、小泉総理と安倍幹事長代理を、二人とも首都圏に集中させることにした。選挙で応援演説の集中投入を試みるのは初めてのことである。首都圏に激戦区が多かったこともある。効率よく選挙区を回れるということもある。

データをもとに広報活動をおこなった自民党の有利は動かないように見えたが、最終日、広報担当の世耕弘成は、さらに工夫をした。

最終日の九月十日、夜八時前の最後のＪＲ千葉駅前での演説は、必ずニュースで取り上げられる。映像も出る。これを利用してもう一度小泉総理の解散のときの記者会見の感動を思い出してもらおうと計画した。普通、街宣車の上には、SPや候補者、地元の議員などがずらり並んで立っている。その人たちに全員車から降りてもらった。小泉総理一人にした。スポットライトを下から当てて、夜空をバックに小泉総理一人で声を嗄《か》らしながら、なお激しく訴える姿がニュースで出るようにした。テレビでは、世耕の狙った演出通りの映像が流れた。

なお、演説終了後、小泉総理は、異を唱えた。

「なんで、八時で終わりなんだ。まだやれるんじゃないのか」

「疲れてるなんてもったいないことは言うな。箱モノを使えば、夜の九時でも十時でもやれるだろう」

箱モノ、つまり、ホールや公会堂を使った個人演説会を、さらに首都圏でおこなうというものだった。小泉総理の意見も入れて、最終日は、千葉の街頭演説の後、さらに首都圏で二カ所演説することになった。小泉総理のすさまじいばかりの執念であった。

自民党の圧勝

開票の結果、自民党は、単独で安定多数となる二九六議席と圧勝した。公明党と合わせて定数の三分の二を超える三二七議席を獲得した。

しかも、公募によって擁立した候補者二十七人のうち二十二人が当選した。

いっぽう民主党は、一一三議席と、公示前の一七七議席から六十四議席も減らした。

ポスト小泉のフロント・ランナー、安倍官房長官

十月三十一日、小泉総理は、内閣を改造し、入閣候補の一人であった安倍晋三を官房長官に抜擢した。自民党の中川秀直政調会長は、推測した。

〈各省の担当大臣では、全体が見えない。官邸の中から内政・外交の帝王学を学ばせようという狙いだろう〉

官房長官は、政府のスポークスマン役だけでなく、各省庁の政策運営、政策課題、人事、さらには、国会対策に至るまですべて把握できる立場にある。まさに、政策の十字路に位置している。また、調整がつかないような政策課題や重要政策については、たいてい総理と官房長官の判断に委ねられる。

しかも、平成十二年（二〇〇〇）四月以降、組閣時などに総理大臣臨時代理の予定者を第五順位まで指定・官報掲載するように方針が改められ、原則として官房長官が第一順位となった。

官房長官は、いわば事実上の副総理大臣ともいえる重い役である。

官房長官をこなすことができれば、その視野は、自然と大局的、戦略的になっていく。小泉

総理は、安倍にそうなってほしいと期待していたのであろう。

安倍は、外務大臣か経済産業大臣ではないかと思っていた森派の下村博文は、おどろきを隠せなかった。

〈官房長官にするというのは、事実上、後継指名をしたようなものだ。ここまでストレートにするとは思わなかった〉

安倍は、他のポスト小泉の有力候補と比べて国会議員としてのキャリアが短いにもかかわらず、与えられたポストできちんと成長していると下村は思う。ただの〝親の七光り〟で注目を集めているわけではない。

森派参議院議員の山本一太は、内閣の顔ぶれを見て、小泉総理が安倍晋三を高く評価していると思った。具体的に言えば、ポスト小泉レースのフロント・ランナーに安倍を位置づけていることが明らかであった。

小泉総理と安倍の間には、外交政策や政治手法に微妙な温度差がある。今回、安倍を閣僚に起用するにあたり、小泉総理には、二つの選択肢があったと山本は思う。

一つは、もし小泉総理が安倍を自分の後継者と考えているならば、官房長官、外務大臣、経済産業大臣といった自分と考えがぶつかる可能性の高いポストに抜擢し、自分との政策の違いを解消させる。

もっといえば、「官房長官として最後まで小泉改革を支え、引き継いでもらいたい。外交政策については、もう少し視野を広げ、自分の後継にふさわしいリーダーになってほしい」という気持ちで、いわば「踏み絵」を迫るのだ。

しかし、ポスト小泉ではなく、その次に備えなさいということであれば、外交政策や政治手法の違いを表面化させることを避け、厚生労働大臣のようなポストで修行させる。もう一つの選択肢である。

果たして、小泉総理は、前者を選び、安倍を官房長官に据えた。ということは、安倍をフロント・ランナーに位置づけていることにほかならない。

小泉総理には、世論が党員を動かし、党員が派閥の枠を超えて国会議員を動かすというメカニズムがわかっていた。それゆえ、安倍を官房長官にしたのは別の意味もある。

官房長官は、毎日、定例の記者会見をおこなう。その模様は、テレビニュースで取り上げられることが多い。コンスタントにマスコミに露出すれば、さらに知名度が上がる。

それに、官房長官は、総理が外遊などで不在のときは、総理代行を務める。何か問題が起こったとき、「自分なら、こうする」ということを常に考えておかなければならない。これ以上の帝王学はないだろう。

道路特定財源の使途見直し

小泉総理は、道路特定財源の使途見直しの方針を打ち出した。

道路特定財源は、昭和二十八年（一九五三）の臨時措置法成立で生まれた。この議員立法の筆頭提案者だったのが、田中角栄だ。田中は自民党幹事長時代、「車が重いほど、道路を傷める」との独特の発想で、自動車重量税導入を強力に推進した。自民党田中派はその後、その流れを汲む旧橋本派時代まで道路予算配分に影響力を行使し、政界の「田中派支配」「経世会（竹下派）支配」の力の源泉になってきた。

道路公団民営化

小泉総理は、道路特定財源の一般財源化に執念を燃やすと同時に、道路公団民営化にも執念を燃やした。平成十三年（二〇〇一）六月三十日、本部長を小泉純一郎とする特殊法人等改革推進本部が、日本道路公団の廃止もふくめた見直しを決定。

八月二十八日には、小泉総理が道路四公団の廃止・民営化を扇千景《おおぎちかげ》国交相に指示。

十二月十九日、民営化を盛り込んだ特殊法人等整理合理化計画を閣議決定した。

平成十四年（二〇〇二）六月二十一日、注目されていた道路公団改革のための第三者機関「道路関係四公団民営化推進委員会」の委員が決まった。作家の猪瀬直樹《いのせなおき》ら七人であった。

猪瀬は、平成十三年には、小泉政権の行革断行評議委員となっていた。高速道路建設の凍結を主張するなど道路公団民営化推進の急先鋒でもある。

田中角栄政治との決別に執念を燃やす

平成十七年（二〇〇五）十二月六日夜には、自民党の石原伸晃、中川秀直と公明党の井上義久《いのうえよしひさ》政調会長、斉藤鉄夫《さいとうてつお》国土交通部会長が都内で会談。斉藤によると、中川らは「総理指示で財務省、国交省も合意している。譲れない」と迫る一方、「税率にこだわるより環境政策などへの使途拡大なら納税者の理解を得られる」との妥協案も示したという。

七日の公明党国交部会では、井上が「暫定税率分は本来、納税者に還元すべきだ。総理の指示は筋が悪い。悪代官的な指示だ」などと総理を批判し、結論を先送りした。

小泉総理は、十二月七日夜、総理官邸で基本方針を報告した中川秀直政調会長に「これでやってくれ」と指示した。

七日の党特定財源見直し合同部会では、昼の休憩をはさみ、計約二時間半、激論が交わされた。ただ、一〇〇人近い出席者の多くが、特定財源の仕組みより、平成十九年（二〇〇七）度以降の道路整備予算の確保を優先したほうが得策と判断したようだ。合同部会の基本方針には、

「真に必要な道路は計画的に整備を進める」と明記されている。

合同部会では最後に、座長の石原が「意見は出尽くしたので了承を」と求めると、あっさり了承された。

政府・与党は十二月九日、道路特定財源の見直しに関する協議会を総理官邸で開き、暫定税率の上乗せ分を維持したまま、道路特定財源を、使途を限定しない一般財源とする基本方針を決定した。具体案を平成十八年（二〇〇六）に取りまとめ、平成十九年度予算から反映させる。

基本方針では、①真に必要な道路は計画的に整備する、②財政事情と環境にも配慮し、暫定税率による上乗せ分をふくめ、現行の税率水準を維持する、③特定財源の一般財源化を前提とし、来年の歳出・歳入一体改革の議論の中で、納税者の理解を得つつ、具体案を得るとした。また、暫定税率の引き下げを主張している公明党に配慮し、「特定財源の使途のあり方について、納税者の理解を得る」との文言も盛り込んだ。

政府・与党は道路特定財源の一般財源化に関し、実施時期を一部前倒しし、平成十八年度予算に反映させることも検討するとした。国会答弁などを根拠に道路特定財源としている自動車重量税の税収のうち、約五〇〇〇億円を建設国債の償還にあてる案なども浮上した。

小泉総理は、九日昼、総理官邸で記者団に対し、「（平成十八年度予算への反映は）法律的には無理だろうが、方向性は一般財源化、過程についてはいろいろ議論があるだろう」と述べた。

田中政治との決別に執念を燃やす小泉総理の道路族との戦いは、その後も続くのだった。

皇室典範改正をめぐる安倍の苦悩

安倍官房長官は、平成十八年（二〇〇六）一月十日の記者会見で、政府が通常国会に提出する女性・女系天皇容認のための皇室典範改正案について党議拘束が必要だとの考えを示した。「自民党が決めることだが、基本的には議院内閣制の中で、内閣提出法案には今まですべて党議拘束がかかっていた」

自民党内では、女性・女系天皇の容認に対して慎重論が根強く、改正案の党議拘束をはずべきだとの意見が出ているため、これをけん制したものである。

寛仁《ともひと》親王殿下は、毎日新聞のインタビューで、女性・女系天皇容認とした有識者会議の報告について「腰を据えた議論をすべきだ」などと異を唱えていた。

一月二十六日、小泉総理が有識者会議の提案に沿って今国会での成立に意欲を示す皇室典範改正案について議論する超党派の「日本会議国会議員懇談会」の総会がおこなわれた。

自民・民主・無所属の四十四名が集まる中、「拙速な国会提出」への反対を決議した。

「日本会議国会議員懇談会」の事務局長を務める下村博文は、女性・女系天皇を容認する皇室典範の改正には反対であった。

〈皇室は、神武《じんむ》天皇から一二五代、過去に何度も断絶しそうになったが、男子男系が綿々と受け継がれてきている。それは、日本の歴史そのものだ。それを断絶して女性・女系天皇を容認する改正案は、この国の精神的、文化的な解体につながる。男系維持派は、旧皇族を復帰させるなどの案を提示しているが、旧皇族の十一宮家をすぐにすべて復活させるのは拙速だ。それよりも、まずは旧皇族の中から養子として皇室に入ってもらうなど、段階的なことも考えられるのではないか。国民の理解を得るため、時間をかけて議論すればいい〉

小泉総理は、二月一日、皇室典範改正案について総理官邸で記者団の質問に答え、今国会での成立にあらためて強い意欲を示した。

「国会に提出して成立を期す。（国会審議は）ののしり合いなんかにならないだろう。そうしないのが国会議員の良識ではないか」

安倍は、夕方の記者会見で、「日本会議国会議員懇談会」で提出反対が決議されたことについて語った。

「有識者会議にはしっかり議論していただいた。自民党でも議論してもらい、提出の状況に至ると思う」

二月三日、自民、民主両党などの計一七三人から慎重審議を求める署名を集め、一日に反対集会を開いた「日本会議国会議員懇談会」の事務局長の下村は、国会内で安倍官房長官に会い、今国会提出の見送りを要請した。

下村は、安倍の心中を慮った。

〈安倍さんも、きついだろうなあ〉

安倍は、心情的には慎重派に近かった。しかし、皇室典範改正の担当閣僚としての職務をおろそかにもできない。

世論調査によると、自民党の支持者であればあるほど安倍の支持率は高い。それは、対北朝鮮外交をふくめて安倍の国家観などを高く評価しているからだ。それなのに、強引に皇室典範改正を進めれば、「権力を握るためには、自分の魂も売ってしまうのか」と見られてしまうだろう。この難局をどう乗り切るか。安倍は、試練を迎えた。

しかし、ここで思わぬ神風が吹いた。

二月七日午後、「秋篠宮妃懐妊」が明らかになったのである。

河野グループの若手議員は、一時、女性・女系天皇を認める皇室典範改正法案に麻生太郎が署名拒否して閣僚を辞任し、総裁選に名乗りを上げる「三月十日決起作戦」を練り、本人にも進言したという。

下村が思うに、小泉総理が改正案を強行すれば、おそらく麻生は辞表を提出していたであろう。が、担当閣僚である官房長官の安倍は、そうはいかない。そうなると、安倍を支持する国民にとっては、結果的には裏切りとなり、主義主張がないのかと冷ややかな視線を送られることになったであろう。安倍にとっても、法案提出が見送られたことはプラスだったのではないかと下村は思う。

安倍は、ただちに小泉総理に進言した。

「今、改正すれば、お子さまが男の子だった場合、皇位継承権を奪ってしまいます」

一時は今国会での改正を支持した山崎拓元副総裁も、小泉総理を説得した。

小泉総理と安倍は、二月九日午後にも、改正問題を協議し、見送りが固まった。

中川政調会長は、安倍が小泉総理にこう進言したのではないかと見ている。

「改正案は党内にも反対意見が多く、もし強引に国会に提出すれば、国論を二分し、政局になるかもしれない。議論はまだつづけていきますけども、この国会で決めようとせず、ちょっと様子を見ていきましょう」

小泉総理が受け入れたのは、安倍の「この責任は、いつか自分が果たします」という覚悟を見てとったからではないだろうか。

退任前に公約の「八月十五日」靖国神社参拝

小泉は、終戦の日の八月十五日に靖国神社参拝をすることを総裁選の公約にしていた。小泉は中国・韓国の批判に一定の配慮を示し、公約の八月十五日ではなく、八月十三日に靖国参拝をおこなっていた。

平成十八年（二〇〇六）の靖国参拝は、因縁の「八月十五日」だった。終戦記念日である「八月十五日」を控えて、山崎裕人《やまざきひろと》秘書官はこう思っていた。

「最後には、ぜひ行っていただきたい」

それと同時に、「八月十五日に参拝するだろう」とも思っていた。

いっぽう飯島も、同じ思いだった。「八月十五日」参拝が、小泉総裁誕生時の公約だったことに加え、小泉は翌月には、退任すると公言していた。

二人は「ぜひ、行かせたい」と思っていた。そして「八月十五日」参拝で事前調整に奔走していた。

八月十五日の午前三時半、飯島から山崎にゴーサインの連絡が入った。飯島の声も弾んでいた。山崎としても、準備万端だった。山崎は、官邸に午前四時半か五時ごろ到着した。

午前七時三十分、山崎は、公邸にいる小泉総理を迎えに行った。靖国神社に向かう車内では、小泉と山崎の間に会話は無かった。小泉は、高揚することもなく、淡々としていた。

午前七時四十分、降りしきる雨の中、小泉総理の政府専用車が、本殿で参拝する人が入る到着殿に着いた。モーニング姿の正装で車を降りた小泉は、厳しい表情を浮かべていた。総理就任以来初めて、総裁選の公約でもある「終戦記念日」の靖国神社本殿への公式参拝を実行に移したのだ。

参拝形式は、「二礼二拍手一礼」という神道形式ではなく、「二礼」であり、私費で献花料を納めていた。そのように宗教色が薄い参拝形式だったものの、前年のようなカジュアルなスタイルは微塵もなく、厳かなものだった。

参拝を終えた小泉総理は、口を真一文字に結んで公用車に乗り込んだ。その表情は、厳しさのなかにも安堵の色もうかがえないではなかった。

飯島は、してやったりと思っていた。

第七章

第一次安倍内閣の興亡と小泉の後継・進次郎

「支持率がこれだけ高いのに出馬しなければ政治生命を失う」安倍新総裁に選出

森喜朗元総理、中川秀直、町村信孝ら森派幹部は、平成十八年(二〇〇六)六月十四日夜、都内のホテルで会談し、九月の総裁選について意見交換した。

森派の安倍晋三と福田康夫が「ポスト小泉」候補とされることについて、二人の一本化が望ましいとの意見が相次いだ。出席者によると、森は語った。

「安倍氏は『支持率がこれだけ高いのに、出馬しなければ政治生命を失う』と言っている」

福田については「何も言わないのでわからない」と語ったという。

町村は、会談後、記者団に語った。

「派内で安倍氏支持が多いことはほぼ共通認識だ」

いっぽう、小泉総理は、安倍を支援するニュアンスを伝えていた。平成十七年(二〇〇五)十二月十二日夜(日本時間同)、マレーシアのクアラルンプール市内のホテルで同行記者団に対し、平成十八年九月の自民党総裁選では安倍官房長官を「温存」すべきだとの意見があることについて、語った。

「チャンスはそう来ない。チャンスをいかに掴むかだ。準備がない人は掴めない。困難に直面して逃げたら、駄目だ」

安倍の総裁選出馬に期待感を示したものだ。安倍については、森元総理が、その三日前の十二月九日、次期参院選で自民党が敗北する見通しが強いとして発言していた。

「安倍さんを大事にしておきたい」

小泉総理は、六月十九日、約二十分間の記者会見で、次期総裁の資質として「与党の反発も覚悟して、自分が掲げた問題に粘り強く取り組み、実現する情熱」などを指摘し、強調した。

「人間関係を損なう場合もあるかもしれないが、逃げることができない課題に強く、たくましく立ち向かってほしい」

官邸筋によると、小泉総理は記者会見をかたわらで見守った安倍に対し、「党内に配慮しすぎず、持論は曲げない強さを持て、と伝えたかった」とも受け止められている。

森喜朗元総理は、福田康夫は総裁選に立候補しないと思っていた。福田は、人を押しのけてまでしゃしゃり出る性格ではない。安倍もまた、福田が立候補に前向きな姿勢を見せたら「下りてください」と言えなかったと思う。要は、福田の意気込みだけである。

それゆえ、森は、派閥の議員に釘を刺しつづけた。

「みんなニュートラルでいてくれ」

ただし、森派の大勢は、安倍支持であった。森派の中で福田と親しいのは、森くらいなものであった。福田の父親福田赳夫と関係がある議員も、せいぜい、三、四人しかいない。

いっぽう、安倍の父親安倍晋太郎に恩義を感じている議員は多い。六回生は、安倍晋太郎が陣頭指揮をとり、二十一人の新人を当選させた平成二年（一九九〇）初当選組である。それゆえ、安倍晋三に思い入れがある。森直系の多い参議院森派は、大多数が安倍を支持していた。それが、「ただし、森会長がこうだと言われれば従います」ということでもあった。

森は思った。

〈みんな安倍でいきたいと言っているのに、おれが、「いや、駄目だ、福田でいけ」とは、なかなか言いにくい状況だ〉

いっぽう安倍は、終始、立候補に意欲を示していた。森は、安倍から次のようなセリフを三回、聞いた。

「わたしには、こんなに支持率があります。この国民の期待を無視するのは、よくない」

それは、暗に森に立候補を止めてくれるなという思いから出た言葉だろう。

結局、福田は出馬せず、安倍の出馬に決まった。

安倍が今回何がなんでもチャンスのあるときには掴みにかかろうという強い意志を示したのは、父晋太郎の姿があったからであるまいか。父晋太郎は、竹下登との総裁選のせめぎ合いで、押し切らなかった。万が一勝利できなくとも次のチャンスがあるという思いがあったろうが、二度とチャンスはめぐってこず、不運が重なり、ついに総理の座を掴むことなく、六十七歳の若さでこの世を去ってしまった。

父晋太郎の二の舞はすまい、と福田に譲ることなく強引に勝負に出たのであろう。

九月二十日の総裁選の結果、安倍が麻生太郎と谷垣禎一を大差で破り、新総裁に選出された。得票数は、安倍四六四票、麻生一三六票、谷垣一〇二票、無効一票であった。

政務の総理秘書官には井上義行《いのうえよしゆき》が、任命された。

総理の事務を担当する秘書官は四人。財務省から田中一穂《たなかかずほ》、経済産業省から今井尚哉《いまいたかや》、警察庁から北村滋《きたむらしげる》、外務省から林肇《はやしはじめ》がそれぞれ出向してきている。

第一次安倍内閣の低迷

第一次安倍内閣は、小泉内閣の禅譲といえた。それでも、スタートはよかった。理想に燃えた安倍は、「美しい国づくり」と「戦後レジームからの脱却」をスローガンに掲げ、就任直後の十月八日には北京へ渡り、胡錦濤《こきんとう》国家主席と会談。その首脳会談で、「戦略的互恵関係」という概念が合意された。

小泉政権下で首脳の往来が途絶えていた中国や韓国を訪問するなど、活発な外交政策をはじめ積極的な政策運営により、組閣当初の支持率は七〇パーセント近くを記録するほどの人気ぶりだった。

ところが、安倍政権の人気は長くつづかなかった。

総理に就任した平成十八年（二〇〇六）の冬。十二月四日、安倍は、郵政国会で郵政民営化法案に造反し、自民党を除名された議員十一人を復党させた。それ以降、安倍内閣の人気は急落。支持率は五〇パーセント台へ急降下。その後も復活することなく、落ちるいっぽうとなる。

安倍内閣を揺るがす問題の発覚は、止まることがなかった。

平成十八年十二月二十六日、佐田玄一郎《さたげんいちろう》内閣府特命担当大臣（規制改革担当）の事務所費問題が起きる。官邸内は、こうした問題に対処する相場が掴めずにいた。

今井は、対応が後手後手になることだけは避けたほうがいいと考えていた。

二十八日、佐田は辞任した。

平成十九年（二〇〇七）一月には柳澤伯夫《やなぎさわはくお》厚生労働大臣の「女性は子供を産む機械」発言が問題視され、野党から批判の声が上がる。

三月には、松岡利勝《まつおかとしかつ》農林水産大臣に資金管理団体の光熱水費問題が浮上し、五月に自殺する。

支持率は、年金記録問題が騒がれ始めた五月下旬以降さらに下降。毎日新聞が平成十九年五月二十六、二十七日に実施した全国世論調査では、支持率は三二パーセントとなり、四月の前回調査比で一一ポイント下落。安倍政権発足以来、最低を記録した。

平成十九年六月に入っても、問題が止む気配はなかった。久間章生《きゅうまふみお》防衛大臣が「原爆の投下はしょうがない」と発言。これを受け七月三日に辞任。七月には赤城徳彦《あかぎのりひこ》農林水産大臣に事務所費をめぐる疑惑が次々と発覚し、八月一日に辞任する。

毎月のように起こる不祥事に、どうすることもできなかった。

第一次安倍内閣の末期、今井秘書官は強く感じていた。

〈最初のつまずきは、復党問題だった〉

郵政解散のころ、欧州に出向し、日本でそこに至るまでの一部始終を見ていなかった今井は、的確な判断ができなかったことを後悔した。

〈復党を認める前に、解散総選挙を打つべきだった。あそこで、一度、民意を問うべきだった〉

もし解散すれば、獲得していた三分の二の議席を維持することはできなかっただろうが、それでも、あの選挙で小泉総理が問うた国民の信とは違う考え方で国政を預かることができる。新政権が向かう新たな政策を示し、「民意を問いたい」と、安倍はどこかで訴えるべきだった。それができなかったことが、国民の安倍政権に対する不信を生むことになったのかもしれない。

ただ、事務秘書官である今井が井上政務秘書官を超え、安倍に進言することも難しいことではあった。それは、それぞれに与えられた任務の枠を超えることになるからだ。

平成十九年七月の第二十一回参議院議員選挙で、与党・自民党は過半数割れの惨敗を喫した。安倍の脳裏には、「辞職」の二文字がよぎったであろう。そばで見ていた今井も、感じていた。

〈総理は、迷っておられるな……〉

参院選に対する世論調査の結果は、自民党にとって最悪なものばかり。投票先に対する回答は民主党が自民党を上回り、大敗することは予見できる状況だった。

八月七日、官邸は組閣について意見が割れていた。

今井の考えはこうだった。

〈とにかく、心機一転。お盆前に組閣を済ませ、お盆はゆっくり休暇を取るべきだ。それから、新しい体制でバリバリ仕事をする〉

いっぽう、井上政務秘書官の考えは違った。

「今度の組閣は失敗できない。身体検査に時間がかかる。そのため、八月下旬までの一カ月ほしい」

その日、総理のSPの一人が、今井に異変を知らせていた。

「今井さん、あれだけ足の速い安倍さんが、わたしたちの歩くスピードに着いて来なくなったよ」

参院選終了直後の安倍は、元気だった。

しかし、SPからの話を聞き、今井は思った。

〈もしかしたら、異変が起きているのかもしれない……〉

それ以降、安倍の様子を注意深く見守るようになった。

今井は、他の事務秘書官らに安倍の様子を報告し、相談した。参院選惨敗後、事務秘書官らの間には、どんどん安倍に進言していこうという空気が流れ、安倍を支える気運がますます高まっていた。

日増しに、安倍の顔色は悪くなった。八月下旬のインド外遊も、体調の悪化に拍車をかけた。事務秘書官らはそれに気づき、案じていた。

〈総理の体調、大丈夫かな……〉

安倍が突然の辞任を表明する九月十二日の前日、この日は今井が「箱乗り」する当番の日だった。体調がかなり悪いことは感じていたものの、まさか、明日辞めるなどという雰囲気は一切感じなかった。

むしろ、今井はやる気でいるようにさえ感じた。

〈所信表明もされたし、何か大勝負をかける気なのかもしれない。小沢（一郎民主党）代表との関係で、何か考えているのかもしれない〉

翌九月十二日。午後一時からの本会議を前に、朝十時から十二時まで、事務秘書官らと安倍は答弁の打ち合わせをしていた。

十二時になった。普通なら、食事に向かう安倍だったが、その気配が一切ない。麻生幹事長、大島理森《おおしまただもり》国対委員長以下、幹部がどんどん総理執務室に入ってくる。

総理執務室にこもったまま、安倍は出てこない。その中に、政務秘書官の井上は入っているが、事務秘書官は誰一人として呼ばれていない。

十二時半になった。話が終わる様子もない。

本会議は午後一時から。このままでは、食事もせず安倍は本会議に入ることになると察した今井は、指示した。

「総理用におにぎりつくって。多分、食事の時間がないだろうから、総理には車の中でおにぎりを頬張ってもらう」

十二時四十五分。本会議十五分前だというのに、なお総理は出てこない。

所信表明の翌日に突然の辞任

十二時四十八分。ＴＢＳテレビの画像に速報テロップが流れた。

「安倍総理辞任」

それを見た事務秘書官らは、おどろきの声を上げた。

「えッ」

それと同時に、声がかかった。

「事務秘書官、入ってください」

総理執務室に入り、安倍を見つめた。

安倍が言った。

「皆さんには支えてもらって感謝する。申し訳ないが、本日、辞めることにした」

その言葉を、素直に認めることなどできなかった。

いっぽう昭恵夫人から聞いたところによると、安倍総理辞任の瞬間に彼女の携帯電話が震えた。

出ると、友人からの電話であった。

「昭恵さん、どうなってるの?! 総理、突然の辞任なんて……」

「え? 嘘!」

「嘘じゃないわよ。TBSテレビをつけてごらんよ」

昭恵夫人は、慌ててテレビをつけた。嘘ではなかった。しかし、到底信じられなかった。その日の朝、夫は辞任するなど、口にもしていなかったのだ。

安倍は、機能性胃腸障害という難病の悪化で政権を投げ出さざるを得なかったのだ。

昭恵夫人は、あまりの衝撃にそれから二日間の記憶は消えているという。

三日目、昭恵夫人は、総理官邸の荷物を渋谷区富ヶ谷の自宅へ自ら運転して運んでいた。そのとき、車窓から見える街行く人たちが、みんな幸せに映り、思ったという。

〈わたしたち夫婦ほど惨めな存在はない……〉

つい三日前まで、世界の要人たちが総理官邸を訪れてきて、華やかなパーティも催し、自らも楽しい日々であったのに……。

昭恵夫人によれば、夫に言ったという。

「もしこれ以上政治家をつづけるのが苦しいようでしたら、お辞めになってもいいですよ。わたしは、政治家の妻であることに固執はしていませんから」

すると、安倍はきっぱりと言った。

「おれは政治家を辞めない。まだまだやらなければいけないことが残っている」

健康を理由に総理を辞任したあとの安倍の体調について、わたしはインタビューしている。次のような内容だ。

「わたしは、もともと中学校の後半のときに発症したんですが、潰瘍性大腸炎という持病がありました。自己免疫疾患の一つなんですが、大腸に次々と潰瘍ができて、そこから出血をする難病なんですね。そのとき以降は、だいたい一年間に一回ぐらいの頻度で、強弱こそあれ、発症を繰り返してきました。これまでに、この病気が原因で四回ほど入院したことがあります。

平成十年（一九九八）ごろには悪化して、三カ月も入院しました。そのときは、体重が二十キロも落ちましたよ。ただ、その後に新しいタイプの薬を試したこともあって、森政権や小泉政権で官房副長官、幹事長、官房長官を務めたときには、仕事をこなすことができたので、病気は克服できたと思い、総理大臣になる決意をしたんです。しかし、総理に就任した後、激務もあって少しずつ症状が悪化してしまったんです。平成十九年（二〇〇七）七月の参院選に負けて、八月にインドに外遊した際にウイルス性腸炎にかかったんです。これで、病気が一気に悪化し始めたんです。ただ、日によっては、薬が効いて症状が少し良くなったときもあったので、わたし自身、やり残したことはたくさんありましたから、内閣改造をおこなって、施政方針演説に臨んだんです。でも、実は、施政方針演説の数日前から、症状が急激に悪化を始めました。下痢がひどくて、一日に二十、三十回もトイレに行かなければいけない状態になってしまったんです。その状態では、国会の長丁場の委員会に出席し、答弁することはできません。そもそも、外交などもできません。総理大臣は、国民の命を預かる重要な仕事です。一カ月休養してみて、体調が戻らなかった場合、やっぱりできませんと辞めるわけにはいきません。そういう状況の中で、突発的に辞任をするという判断をせざるを得ませんでした。結果として、多くの国民に迷惑をかけたことは申し訳なく思っています」

小泉純一郎の政界引退と次男・進次郎への後継指名

平成二十年（二〇〇八）九月二十五日、突然、小泉純一郎は政界引退を表明し、マスコミを騒がせた。奇しくも、福田康夫内閣につづく麻生太郎内閣の初日という電撃発表だった。

自民党横須賀支部に、純一郎から連絡が入った。

「二十七日に、緊急講演会をおこないたい」

この意向を受け入れ、打ち合わせの会合が開かれることになったのである。

純一郎は、この日の夜七時から横須賀市でおこなわれた内輪だけの講演会で、後援者に今期限りでの引退を伝えた。

「三十六年間世話になった。総理を辞めたときから引き際を考えていた。自分の役割は済んだ。引き際を大事にしたい。自分なりに燃焼した」

会合には、次男で私設秘書の進次郎も同席しており、純一郎自身は進次郎を後継に指名した。

「後継には、進次郎を認めてもらいたい」

そう言って、純一郎は頭を下げた。

進次郎も、真剣な表情であいさつした。

「父の意を継いで厳しい戦いに挑んでいきたい。認めてもらえれば、やらせてほしい」

小泉純一郎の次男として神奈川県横須賀市に生まれた。産まれてまもなく両親が離婚し小泉家が引き取ったため、多忙な父親に代わり、純一郎の実姉で同居する道子に育てられた。昭和六十三年（一九八八）に関東学院六浦小学校に入学して、大学卒業まで関東学院で過ごす。

関東学院六浦中学校、関東学院六浦高校ではスポーツ、特に野球に熱中した。平成十六年（二〇〇四）三月、二十二歳のときに関東学院大学経済学部経営学科を卒業。

その後、コロンビア大学大学院に入学。平成十七年（二〇〇五）九月よりジェラルド・カーティスに師事して修士課程をスタートし、一年後の平成十八年（二〇〇六）に政治学で修士の学位を取得した。その後、アメリカ合衆国にある、ロンドンタビストック人間関係研究所配下の戦略国際問題研究所非常勤研究員を経て、平成十九年（二〇〇七）に帰国し、それ以後は父親である純一郎の私設秘書を務める。

会合終了後、車に乗り込んだ純一郎は、後部座席に座ると窓を開けた。報道陣が「本当に引退するんですか」と問いかけると、無言で何度もうなずいた。

後援会幹部は、純一郎が総理退任後、次の衆議院選挙に出馬しないだろうという情報を伝え聞いてはいた。そのいっぽう、純一郎は後継者を誰にするかということは、一切口にしなかったため、一部では、純一郎の秘書をしていた弟の正也が出馬するのではないかと思われていた。ただ、平成十九年九月から、アメリカへ留学していた次男の進次郎が帰国し、秘書として純一郎のそばについていたことが気になっていた。

このことがあるため、後援会幹部は思っていた。

〈小泉家には、長男の孝太郎、次男の進次郎がいるが、長男は俳優をやっている。おそらく、進次郎だろう。進次郎は、アメリカに留学して勉強してきているし、親父の秘書もやっている。器でいったら、進次郎だ。結局は、世襲というか、そんなパターンだろう〉

原点回帰の戸別訪問

清和政策研究会の下村博文は、安倍が失意のどん底をさまよう様子を見ながら、かならず蘇ると考えていた。

第一次内閣総辞職後、安倍は原点に戻って戸別訪問を実施したという。一国の総理経験者が、無差別の戸別訪問をおこなったのだ。最近では、一回生議員、二回生議員でも制限なしの戸別訪問などほとんど実行していないだろう。下村は、その話を安倍から聞き、彼のすさまじい覚悟を感じた。

他人のポスターが貼ってあろうと、おかまいなしに民家を訪ねては声をかけたという。

「わたしのポスターも、貼ってもらえませんか」

下村も、戸別訪問をおこなったことがある。戸別訪問は、一般的には、地域の有力者が訪問すべき家を引き回してくれるので、気は楽なものだ。しかも、支持者の家を訪れることが多く、握手をすればよろこばれたりもする。ただ、下村にも経験があるのだが、一軒一軒すべてはずさずに歩こうと思ったら、共産党支持の家庭もあるし、罵声を浴びせられることもあって、気楽なものではない。

安倍は、第一次政権の退任直後から、その挫折を忘れないため、自らノートに当時の反省や思いを綴りつづけたと語っている。

「政策が正しくても、優先順位が正しくないと、正しい政策も実行できない。結果として国民の支持を失う」

第一次安倍政権では、教育基本法の改正という難しい課題に挑戦し、さらに公務員制度改革にも挑戦した。

同時に、防衛庁の省昇格や、国民投票法の制定なども実現したが、戦後レジームに斬り込んだ改革に挑んだ分、短期間で相当な政治的資産を使い切ってしまった。

その過程で年金記録問題などが起こり、十分に政治をコントロールできない中で、参院選を迎え、大敗した。

安倍自身、教育基本法をはじめ、やるべき政策をやったという気持ちはあったが、結果として政治が非常に不安定化したのは確かだった。その後の厳しい経済状況にもつながってしまったという反省があったという。

安倍は、体調回復についてわたしに語った。

「アサコールという薬が日本でようやく認可されまして、これを試したところ、劇的に効いたんです。四十年間、炎症反応がなくなることはなかったのですが、この薬を試したら、ゼロになりました。体調は、その後回復し、今はここ四十年で一番元気なくらいです」

盟友・中川昭一の急逝と創生「日本」会長就任

安倍総理の退陣から三カ月後の平成十九年（二〇〇七）十二月に結成された「真・保守政策研究会」の会長で、その未来を嘱望されていた中川昭一は、自民党が野党に転落した平成二十一年（二〇〇九）八月の衆院選で落選した。

落選からまもない十月三日、中川は、五十六歳の若さで急逝してしまう。

保守派のホープであった中川の死は、志を同じくしていた衛藤晟一や安倍、麻生太郎らにとって大変なショックであった。実は中川は、落選したこともあり、亡くなる前に「真・保守政策研究会」の会長を辞任することを衛藤らにはほのめかしていた。

衛藤は、保守の危機を脱し、保守を再建するために動いた。衛藤は主張した。

「保守の再建のときに誰が中心となり得るのか。願わくば、この中から本当に闘う人間が出てきて、政権を取り返す原動力になるべきだ」

衛藤が当初、考えていたのは安倍晋三と平沼赳夫であった。

しかし、平沼は、平成十七年（二〇〇五）に郵政民営化問題で離党してから復党しようとはしなかった。衛藤がどれほど復党を促しても無理だった。そうなると、安倍しかいない。しかし、当時の「真・保守政策研究会」の中には、安倍の会長就任に苦い顔をする者もいた。

「安倍さんは、十年早いだろう」

突如として総理大臣の座を下りた第一次安倍政権の幕引きのマイナスイメージが世間にも強く残っていた。

衛藤は、会の議員たちに向かって問いかけた。

「将来、いざというときもふくめて、保守の中心として誰が自民党を背負っていけるんだ。名前を挙げてくれ」

誰からも即答がない。

衛藤はつづけた。

「いないじゃないか。安倍さんしかいない。それだったら、安倍さんになってもらおうと、幹事長をやったわたしとしてはそう思う」

「真・保守政策研究会」最高顧問である平沼赳夫も安倍に言った。

「『真・保守政策研究会』の会長になるべきだ」

衛藤は中川を失った悲しみの中で奮起し、中川の後任の会長に安倍を担ぎ上げ、保守再建の柱とすることに成功した。

中川の死去から一カ月後の十一月十六日、「真・保守政策研究会」は、国会内で衆院選後初の会合を開き、急逝した中川の後任に安倍を正式に選出した。会合には、自民党議員のほかに、改革クラブや、平沼赳夫元経済産業大臣のグループを含めて二十三人が参加した。安倍は訴えた。

「日本は危ないとの危機意識が現実のものとなってきた。保守を再生させたいという中川さんの思いを受けて、今こそ力を結集し、現状を打破しなければならない」

さらに民主党政権についても批判した。

「給付ありきの社会主義的な政策が目立ち、統治スタイルも議会を無視した傲慢だ」

年が明けて、衛藤は安倍に提案した。

「『真・保守政策研究会』の名前を変えませんか」

衛藤は、いくつかの案を安倍の前に広げてみせた。

安倍は、その中から一つを選び出した。それが創生「日本」だった。

平成二十二年（二〇一〇）二月五日、「真・保守政策研究会」は、三十六人が出席した総会を開催した。会では、創生「日本」への改称を決定し、「永住外国人地方参政権」や「選択的夫婦別姓制度」などに反対する運動方針、安倍が掲げる「戦後レジームからの脱却」、「社会主義的・全体主義的体質をむき出しにする民主党政権から一日も早く政権を奪還する」とする運動方針案を採択した。

会長の安倍は、名称の変更について、終了後、記者団に対して語った。

「『研究会』から『行動する議員の集団』に脱皮していくためだ。『保守』を取ったことに特別な意味はない」

会員も現職の国会議員だけでなく、先の衆院選で落選した議員たちにも広げることを決めた。

その後も、創生「日本」は、様々な講師を呼んで勉強会を開くなど、活発に活動した。重点を置いたのは、経済再生、安全保障、外交、教育の諸問題である。

それらの成果は、二年後の平成二十四（二〇一二）年二月にまとめ上げた。

そのかたわら、地方の賛同者をもふくめて総会を開き、街頭演説もおこなった。まるで政党のような活動を始めた。

会の名称変更の目的は、単なる名称の変更だけではなかった。「真・保守政策研究会」は、行動集団への脱皮を図る。そのことを意味していたのである。

衛藤は、安倍会長のもとで、闘う行動集団をまとめる幹事長に就任した。

そして、これは今まで雌伏のときを過ごしていた安倍晋三自身が、次へのステップを歩み出したことでもあった。

衛藤は安倍に言った。

「自民党が本当に崩れたときの覚悟はしとったほうがいいですね」

「わかっているよ」

衛藤に向けた安倍の真っすぐな視線からは、安倍の覚悟が伝わってきた。

いざというときには、この行動集団が保守勢力の中核となる。派閥云々などという小さなことにもこだわらず、あくまでも保守政治を貫く。

その当時は、選択肢がいくつもあった。まず第一に自民党内で次期総裁選に勝ち抜き、主導権を握る。もしくは、自民党という枠を飛び超えて、政界の保守派を糾合する中核を担い、大きな勢力を形成する。どちらの戦略も両睨みで考えていた。

衛藤の尽力もあり、創生「日本」は、安倍を総理総裁に再び押し上げる核となっていく。幹事長に就任した衛藤は、会長の安倍を必死で支えていった。

衛藤が当時について振り返って語る。

「なぜ安倍さんを会長にして創生『日本』をつくったかと言えば、そのときの自民党は野党でした。しかも、当時はまだ民主党政権の支持率が高く、自民党内には『もう政権を取り返せないかもしれない』という危機感があって離党者も出ていた。そのため、もしかしたら自民党が潰れる可能性もあった。そのときを考えて、保守を再建できるグループを確保する必要があったんです。当時、大分県二区選出の岩屋毅《いわやたけし》に『衛藤さん、もしかしたら、本当は安倍政権をつくろうと思っているんじゃないですか』と指摘されたことがありましたが、そのときは、もちろん頭には安倍政権がありましたが、『そんなことないよ、保守の再建だよ』と否定しましたよ」

衛藤の目論みは当たった。

結果的に創生「日本」は、安倍を押し上げ、第二次安倍政権誕生の原動力となっていく。創生「日本」の結成後、安倍の再登板に向けて、衛藤たちは必死に動いていく。

準備を始めたのは、総裁選の前年となる平成二十三年（二〇一一）の年末ごろからだった。

衛藤は安倍の出馬については誰にも言わなかった。打ち明けたのは創生「日本」の事務局長の加藤勝信《かとうかつのぶ》くらいだったという。

政権発足後は高い支持率を誇っていた民主党政権だが、鳩山由紀夫《はとやまゆきお》、菅直人、野田佳彦と毎年総理大臣が代わったことや、東日本大震災での対応への批判もあって、支持率はすでに低迷していた。

安倍も、そのころには体調もよくなり、いざ総裁選に出馬する、となったときのために動けるように準備を始めていた。

問題は、一度は挫折した印象が強い安倍の再待望論をどのように盛り上げていくか、であった。

経済界への対策は、安倍本人が「僕がやります」と自ら名乗りを上げた。

衛藤はマスコミ対策を担った。安倍と親しい評論家の金美齢《きんびれい》や、政治評論家の三宅久之らとともにどのように安倍をメディアに印象づけていくのか、その対策を練った。

このころから、のちに官房長官として第二次安倍政権を七年八カ月にわたり支えた菅義偉も、安倍の陣営に加わってきた。

創生「日本」にも所属をしていた菅だが、元々、思想的には保守色の強い議員ではなかった。菅は、もっぱら小此木八郎《おこのぎはちろう》や浜田靖一《はまだやすかず》など無派閥の議員たちとの連携役を担って、活動していた。

自民党の大敗と小泉進次郎の初当選

平成二十一年（二〇〇九）八月三十日、第四十五回衆議院議員総選挙の投票日を迎えた。

選挙の結果、民主党が選挙前を大幅に上回る三〇八議席を獲得するいっぽう、自民党は一一九議席を獲得したが、公示前議席より一八一議席の減少となり、一九五五年の結党以来、初めて衆議院第一党を失うことになった。

閣僚や党役員経験者も厳しい選挙戦となり、元総理の海部俊樹、現職の総務会長だった笹川尭《ささがわたかし》、元財務大臣の中川昭一などが落選。前回の選挙で躍進した小泉チルドレンは一〇人のみの当選にとどまった。

厳しい選挙だった。その中で初当選した議員は小泉進次郎をふくめて四人。厳しい選挙を戦い抜いてきただけあり、力があり個性的だ。小泉進次郎のほかに、千葉県七区では敗れたものの比例関東ブロックで復活当選した齋藤健《さいとうけん》、元釧路市長で北海道七区から名乗りを上げた伊東良孝《いとうよしたか》、富山県三区から出馬した橘慶一郎《たちばなけいいちろう》の四人はすごい。

自民党青年局長の小泉進次郎は、青年局のカレー懇談の中で自分の身内についても語った。

「刺青大臣」の異名を取った曾祖父の小泉又次郎元逓信大臣の話もたびたび登場する。

「今でも、選挙のたびに鳶の方たちがぼくの応援にワッと駆けつけてくれる。すごくありがたいことです」

曾祖父の又次郎は、全身に入れ墨を施した鳶職人だった。その当時の縁が代々受け継がれ、今も生きているというのである。

進次郎は、青年局のメンバーと酒を飲みながら、ふと言った。

「残念なことに、曾祖父の刺青の写真が残っていないんだよ。見たかったなぁ」

小泉元総理、突然の脱原発発言

小泉純一郎元総理は、平成二十三年（二〇一一）三月十一日に起こった東日本大震災ののち、脱原発について突然発言し始めた。毎日新聞平成二十五年（二〇一三）八月二十六日朝刊の山田孝男《やまだたかお》の執筆するコラム『風知草《ふうちそう》』が、小泉純一郎の「原発ゼロ」に火を点けた。

社民党の又市征治《またいちせいじ》幹事長は、そのコラム『風知草』のタイトルを見て、目を疑った。

「えっ、『小泉純一郎の「原発ゼロ」』⁉」

〈いったい、小泉さんの真意は、どこにあるのだろう……〉

又市は、二週間前に社民党新党首に就任したばかりの吉田忠智《よしだただとも》と、この件について話し合った。

「原発ゼロとは、いったいどういう意味なのか、小泉さんにその真意を一度聞いてみたいものだな」

生活の党の小沢一郎代表は、原発推進派だった小泉純一郎元総理が急に「脱原発」を訴え始めたことにおどろいた。

〈いったい、どういうつもりなんだろう……〉

小沢には、小泉が何を考え、何をしようとしているのかはわからなかった。が、小泉は喧嘩上手で勝負勘のいい男だ。ただの思いつきで脱原発を唱えているわけではない。それだけは確かだった。

小泉の発言は、小沢がずっと以前から主張してきた政策とほぼ一致していた。

小沢一郎率いる生活の党では、「原発は、遅くとも二〇二二年（平成三十四年）までに最終的な廃止を確定する」としている。が、自民党とは違って「原発の再稼働・新増設は一切容認しない」としている。あえて二〇二二年まで時間を取っているのは、原発処理に十年はかかるだろうという判断である。つまり生活の党も「原発は即ゼロ」で再稼働には反対しており、小泉が主張する脱原発と同じであった。

マスコミは、小沢がいくら脱原発を訴えてもまったく取り上げようとはしなかった。が、小泉が脱原発と言い始めたら、嫌でも書かざるを得ない。小沢は苦笑するしかなかった。

〈おそらく小泉さんは、いずれ世論が脱原発の流れになると読んだんだろう〉

第八章

再挑戦の安倍晋三長期政権

「今、日本は、国家として溶けつつある」安倍の総裁選再挑戦

かつて、わたしが安倍昭恵夫人に聞いたところによると、安倍が平成二十四年（二〇一二）九月の総裁選に出馬する前、昭恵夫人は安倍に次のように話したという。

「森（喜朗）先生も、今回の出馬はやめておけと言っていますが……」

森は、安倍に忠告していた。

「もし今回失敗すると、二度と総裁の芽はないぞ。もし待っておけば、かならず総裁への待望論が起こる」

しかし、安倍は昭恵夫人に敢然と言った。

「今、日本は、国家として溶けつつある。尖閣諸島問題にしても、北方領土問題にしても、政治家としてこのまま黙って見過ごしておくわけにはいかない。おれは、出るよ。もし今回失敗しても、おれはまた次の総裁選に出馬するよ。また負ければ、また次に挑戦するよ。おれは、自分の名誉や体のことなんてかまっていられない。国のために、おれは戦いつづけるよ」

昭恵夫人は、そんな安倍を励ましたという。

もし、安倍が、岸信介の孫でなければ、第一次安倍内閣でお腹を壊し、世間からボロクソに叩かれて一年で政権を投げ出しながら、再び総理に挑戦するような無謀なことはしなかったで

あろう。が、彼は、岸信介の遺言ともいえる「憲法改正」を実現しなくては……という宿命を背負っていた。おそらく、総裁選に再挑戦するまでの間、寝ていても、岸信介の亡霊に悩まされ、居ても立ってもいられなかったのではないか。

「晋三！　永田町にただ員数としてだけいるのなら、政治家なんて辞めてしまえ！　憲法改正は、どうした！」

安倍は、岸信介に突き動かされ、ついに立ち上がったのである。

自民党の政権奪還が徐々に現実味を帯びる中、平成二十四年九月二十六日、自民党総裁選挙がおこなわれた。

安倍のほかに、石破茂、石原伸晃、町村信孝、林芳正《はやしよしまさ》が立候補し、菅は安倍晋三の選挙対策本部で中核的な役割を担った。

第一回投票で、石破が議員票三十四票、地方票一六五票、合計一九九票でトップ。安倍が議員票五十四票、地方票八十七票で合計一四一票で二位。石原が議員票五十八票、地方票三十八票、合計九十六票。有効投票数の過半数二五〇票以上に達しなかったため、一位の石破、二位の安倍の決選投票がおこなわれた。

菅が、安倍が第一回投票で三位でなく、二位に入れば決選投票では勝てる、と予言したように、決選投票では、安倍一〇八票、石破八十九票で安倍が新総裁に選ばれた。

政務秘書官を打診された今井尚哉の覚悟と決断

　十月三十一日、野田佳彦総理の所信表明に対する代表質問に自民党総裁選で勝利をおさめた安倍が立つことになった。その代表質問を前に、今井尚哉に安倍から連絡が入った。

「今井さん、これからの政策について、少しばかり相談したいことがある」

　第一次安倍改造内閣が退陣し、事務秘書官であった今井尚哉は、経済産業省に戻っていた。今井は、十月中旬のある日、久しぶりに富ヶ谷にある安倍の自宅へ、打ち合わせのために向かった。ごく普通に、資源エネルギー庁次長として安倍邸に向かったはずだった。

　しかし、振り返れば、この日こそ、後に今井が経済産業省に別れを告げ、再び安倍とともに国政に汗を流すことを運命づけられた日となったのである。

　打ち合わせが終わった後、安倍が今井を引き留めた。

「もうちょっと、時間あるかな」

「はい」

「今井さん、ぼくがいずれ総理になったら、何か、手伝ってくれる？」

　安倍らしく、遠回しな言い方だ。

「もちろんです。昔の総理秘書官を再結成するのもいいですし、あれから五年経ちましたから、違ったポストでもかならず一員としてお手伝いしますから」

今井は、そう返し、安倍邸を後にした。

十一月十四日のクエスチョンタイムで自民党の安倍総裁は、野田総理から二日後の十六日に衆議院を解散するとの言質を取りつける。

いよいよ安倍総理大臣復活への戦線の火ぶたが切って落とされたその日、再び安倍は今井を、今度は事務所に呼んだ。

「いよいよだ。もし第二次安倍内閣が発足したら、政務秘書官をやってほしい」

その言葉を聞いた今井は、とまどった。

〈政務秘書官……〉

つづけて、今井は、正直な気持ちを告げた。

「光栄なことです。ただ、申し訳ないのですが、わたし、政治は本当に音痴なんです。わたしに政務が務まるとは思えないのです」

今井は、自分の気質に合うのは、政務よりも政策スタッフだと分析していた。

「わたしに、務まるでしょうか?」

安倍の意見を聞きたいという思いと同時に、今井自身も自問自答しながら矛盾している自分の発言を反省していた。

〈いやいや、ちょっと待て。先日、「何でもやります」と言ったはずなのに、舌の根の乾かぬうちに「務まりますか?」なんて言ったら申し訳が立たない〉

安倍は、さらにつづけた。

「チームプレーでやるから大丈夫。どうか今井さんに政務をやってもらいたい」

今井は帰る道すがら、過去の官邸スタッフの様々なあり方を思い出しながら、いろいろ考え、最後には腹を決めた。

〈これは、大変なことになったな。でも、もう失敗はできない。どういう世界が待ち受けているかわからないが、とにかく、身命を賭すしかない〉

第一次安倍政権のときには、各省庁から派遣される事務の秘書官であったため、終われば出向元の経済産業省に戻る。が、政務の秘書官に就任する場合は、経産省からの出向ではないので、官僚を辞めなくてはいけなかった。事務次官などをはじめとする官僚としての将来は幻となってしまう。それを覚悟しての大胆な決断であった。

父晋太郎の人柄のよさと祖父信介の政治的なしたたかさ

安倍総理が、安定した政権運営を継続できた背景には、第一次安倍内閣での失敗があったからだと官房副長官を務めた萩生田光一は見ている。

第一次政権は、言うなれば安倍晋三の理想だった。大きな理想を持った若き政治家が、その理想すべてを実現したいと突っ走った。アクセルを踏むのはよかったが、その先に政策の優先順位もなければ最終的なゴールもなかった。

あれもこれもと手を広げすぎ、未完のゴールに向かって突っ走る安倍政権は、やがて息切れしてしまった。確かに足跡も残ったが、その結果、安倍は挫折を味わうことになる。

その後、安倍は反省したようだ。政治家の家系という非常に恵まれた環境のもとスタートした政治家人生。順調に階段を上りトップまで辿り着いたが、経験が不足していたため理想を果たせず自らトップの座から降りた。

安倍は、その後、辛酸をなめていたに違いない。地方の講演に同行した萩生田は、ときに罵声を浴びせられたり、非難されたりする安倍の姿を見てきた。

しかし、安倍はぐっと耐えていた。政権交代の引き金を引いてしまった責任を、誰よりも感じていたからだろう。

自分に対する批判を一手に受け、それでも、安倍は自身の考えを発信しつづけた。

元総理大臣という肩書を捨て、チャレンジする安倍晋三という姿勢で国民や同僚たちの声に、真摯に耳を傾けるようにもなった。諦めないのが安倍だった。

安倍は、確実に大きく変わっていた。聞く耳も、すごく大きくなった。非常に低い目線から、国民の生活を見るようにもなった。

そばで見ていた萩生田にも、違いは一目瞭然だった。

〈安倍総理は、ものすごくたくましく、したたかな政治家に生まれ変わった〉

あの第一次政権での失敗があったおかげで、安倍政権は政策の優先順位を決め、一つひとつ結果を出し前進できるようになった。安定度には雲泥の差がある。その上、余裕すらうかがえるようにもなった。

第一次安倍政権で内閣官房副長官を務めた下村博文は、安倍内閣の第一次と第二次の違いを一言で言えば、それは「したたかさ」にあると考えている。

第二次内閣がスタートしてから、安倍は、安倍の父晋太郎の人柄のよさと、祖父岸信介の政治的なしたたかさの両方の面を匂わせるようになった。意識的に近づけているわけではないだろうが、結果的には、もともとの人徳ある人間性に加えて、岸信介的な抜かりのなさを感じさせるようになったのだ。

「戦後最高の総理大臣と官房長官」

丹呉泰健によると、安倍内閣の中心的な存在は、官房長官の菅義偉である。

平成二十四年（二〇一二）九月におこなわれた自民党総裁選に、安倍が出馬したきっかけをつくったのが菅である。その信頼感もあって、安倍総理と菅官房長官の関係は、飯島勲をして「戦後最高の総理大臣と官房長官」と言わしめるほどの強い信頼性で結びついていた。

小泉政権時代には、福田康夫、細田博之、さらに、安倍晋三が官房長官を務めたが、このときにはあくまでも官房長官は女房役であった。

それに対して、安倍総理と菅官房長官はどうかというと、明確に役割分担していた。安倍総理は、自分の目指したい政策にまい進する。安保法制をはじめとした安全保障にしても、外交にしても、アベノミクスにしても、安倍総理は思い切った政策を打ち出し実行した。当然のことながら、そのたび、政界でも、官界でも、波風が立つ。

そのときに、自民党や霞が関への睨みを利かせているのが、菅であった。

政権を脅かしかねない案件が浮上しても、先手先手で手を打った。第一次安倍内閣では、「ナントカ還元水」の発言でよりいっそう火をつけてしまった松岡利勝の事務費不正支出問題、赤城徳彦の収支報告書をめぐる疑惑問題など、次から次に巻き起こる大臣の不祥事によって支持率を下げ、参院選でも大敗北を喫した。

第二次安倍内閣でも、甘利明《あまりあきら》大臣の秘書の都市再生機構（ＵＲ）をめぐる口利き疑惑が浮上した。一つ対処を間違えれば、そこから傷口が広がり、支持率が下がってしまう事態へとつながりかねない状況でもあった。

ところが、そのときの支持率は、なんと、落ちるどころかやや上昇したのである。それは、第一次内閣の苦い経験を持つ安倍総理の、危機に対する意識の高さでもあるが、みごとなまでに、炎が広がる前に先手先手と手を打ち、初期消火ですませている菅の力が大きい。

菅の巧みさは、波風立ったところをうまい具合にバランスを取りつつ舵取りをしているところだ。しかも、菅は、総理大臣と官房長官という関係性を越えようとはしない。

丹呉によると、安倍を支える官僚たちも、第一次安倍内閣と第二次安倍内閣を比べると強化されていたという。

第一次安倍内閣では内閣府出身の井上義行を政務担当の内閣秘書官に起用したものの、官僚を束ねる官邸が官邸として機能しなかった。

第二次安倍内閣以降、政務担当の内閣総理大臣秘書官には今井尚哉が就いた。経産官僚である。

広報官には、第一次安倍内閣でも安倍を支えた、長谷川榮一《はせがわえいいち》を据えた。

事務担当の内閣官房副長官には、杉田和博《すぎたかずひろ》。内閣官房内閣情報調査室長、内閣情報官、内閣危機管理監などを歴任している。

参与も、小泉純一郎を支えつづけた飯島勲を筆頭に、成長戦略担当の堺屋太一《さかいやたいち》、防災・減災ニューディール担当の藤井聡《ふじいさとし》、国際金融担当の本田悦朗《ほんだえつろう》、浜田宏一《はまだこういち》、国民生活の安心全担当の宗像紀夫《むなかたのりお》、東日本大震災の被災地の復興・再生担当の岡本全勝《おかもとまさかつ》、スポーツ・健康担当の平田竹男《ひらたたけお》、国際広報担当の谷口智彦《たにぐちともひこ》、ユネスコの文化関係施策担当の木曽功《きそいさお》、国家公務員制度・健康医療戦略担当の大谷泰夫《おおたにやすお》、産業遺産の世界遺産登録推進と産業観光促進担当の加藤康子《かとうこうこ》と硬軟そろっている。ことに、本田、浜田は、安倍総理が得意ではない金融政策を促進するのになくてはならない存在である。

丹呉は、官邸が人事権を持っていることには賛成している。あくまでも、国づくりは政治が主導で進めるべきだろう。しかし、大事なのは官僚との緊張関係である。

あまりにも政治家がいい加減な態度を取っていれば、官僚は詰め寄ることだろう。

「一年前に言っていたことと、違うじゃないですか」

ただ、丹呉が気になるのは、大臣についている官僚たちの顔ぶれにベテランが多くなったことである。いわゆる、天下り先が少なくなり、ほとんどの官僚たちが定年まで残ることが多くなったからである。天下りも、民との癒着ばかりがクローズアップされるが、ベテラン官僚がいなくなることで若い官僚の活躍の場をつくることにもなる。

官僚の天下りの全部が全部悪いと否定するだけでなく、実際に不正をした場合には厳罰に処するなどのルールづくりをすればいい。「官僚主義」「官僚政治」などという言葉が先行し、官僚=悪のような性悪説がはびこっている。民間を登用することがすべて解決につながるわけではない。むしろ、民と官を競わせる。それでこそ、新たな時代が拓ける。

菅官房長官も、実は、官僚性悪説があまりにも強いことに気づいていた。だが、民の登用という今の流れに抗いきれない。バランスを取っていた。

二度目の内閣の「結束」

官邸がなぜ安泰なのかと聞かれれば、「結束」の一言だ。そして、第一次安倍政権時代、事務秘書官として安倍を支えたものたちの力も大きい。

警察庁から出向していた北村滋は、内閣情報調査室（内調）のトップとして活躍した。外務省から出向していた林肇は、外務省欧州局長として、ロシアとの関係に尽力した。財務省から出向していた田中一穂は財務省を勇退したが、財務事務次官として消費税の延期と軽減税率の問題に死力を尽くしてくれた。

今井は、田中の働きに感謝している。

「田中が事務次官にいてくれたからこそだ。どれほど、役所の中で辛かったことだろう。それでも、安倍総理と麻生大臣の両雄の間で、必死になって動いてくれた。わたしたちは、どれだけ助けられたことだろう」

世耕が語る。

「菅さんもわたしも、今井尚哉秘書官も長谷川榮一総理補佐官も、鈴木浩《すずきひろし》秘書官も、みんな第一次安倍内閣の仲間です。財務省出身の中江元哉《なかえもとや》総理秘書官もそうです。そういう人が集まっている」

世耕は、そのように「二度目の内閣」という事実が大きかったという。最初の安倍内閣が志半ばで終わったとき、様々な人の離合集散を目の当たりにした。世耕は一貫して安倍晋三の近くにいたが、安倍総理自身はあのころのままだと感じている。肩に力が入るわけでもなく、自然体だ。

カリスマ、というのとは違う、不思議な魅力だと思う。田中角栄や、小泉純一郎といったキャラクターとは違う魅力だ。うまく言葉にできない。

「家内からよく、あなた、なんで安倍さんのためにここまで仕事するのって聞かれるんだけど。わからない。なんとかしたいと思ってしまうんだ。こういうリーダーって、他にはいないんじゃないか」

それは「将たる器」ということなのかもしれないという。

いっしょに仕事をしていて、明るいし、楽しい。しかし厳しく、信念は曲げない。何か事があれば、心に響くような言葉をポンと漏らす。そういう事柄が全部混ざり合って、世耕はもう十数年もともに仕事をしてきていた。

官邸スタッフと安倍総理の間の絆が濃密だったのは、「安倍晋三が好きだ、という人間が同志的な紐帯《ちゅうたい》で集まって来るからではないか」と世耕は思っている。

第一次安倍政権が志半ばで終了して、それから五年の「沈んでいた」時期があった。第二次安倍内閣に官邸で仕事をしているスタッフの多くは、その沈んでいた五年を経験していた。

世耕はよく講演などで「官邸経験者の知見を活かして」と言うのだが、これはあくまで表向きだ。実際の心は「なぜこの人を守れなかったのだろう」という悔しさだという。

やろうとしていたことは何一つ間違っていなかったのに、なぜこんなことになってしまったのだろう。もしもう一度チャンスがあったら、今度は絶対に同じ失敗は繰り返さない。安倍総理を、とにかく盛り上げるのだ。

単独インタビューとゴルフの解禁

世耕官房副長官が、初めのうちは安倍総理に進言していた。

「単独インタビューを受けるのは、さすがにまずいんじゃないでしょうか」

が、安倍は言った。

「いいんだ。いったい、どこの首脳がマスコミに順番を決められてインタビューを受けるというんだ」

新聞やテレビの総理単独インタビューは、内閣記者会の取り決めで事実上、不可能だった。が、総理側が承諾すれば、記者会に所属しない外国の有力新聞や、国内外の雑誌などがインタビューできてしまうという矛盾が以前から指摘されていた。

安倍総理は、こうした記者クラブの「自縄自縛」の状態を、各社ごとに単独インタビューを受けることで突破しようとしていた。

安倍は言った。

「もちろん依怙贔屓はしない。ある程度、結果として均等になるようにするけれど、どのタイミングでどのメディアに出るかというのは、それぞれのメディアが今こういうことを聞きたいという提案を持ってきて、その中から自分がそれを受けていく、だけど当然相手はメディアだからこちらの思い通りの質問はしてくれない、この緊張関係だろう。だから自分はやる」

安倍政権は、どのマスコミに対しても分け隔てなく接するようになった。

朝日の記者が、世耕に言った。

「安倍総理に優しくしてもらって、ありがたいです」

が、だからと言って、朝日新聞の社の方針が変わったわけではない。

安倍総理は、野党やマスコミから多少のことを言われても、その発言にまったくブレは見られない。むしろ伸び伸びとしており、余裕すら感じさせる。

世耕は思った。

〈やはり第一次政権での反省が、今の政権にしっかりと反映されているのだろう〉

第一次安倍政権の時代、安倍総理は〈どうしようか……〉と迷うことが何度かあった。が、今は違う。「イエス」か「ノー」か、ハッキリしている。指示を受ける側としても、これは非常にありがたいことだった。

総理大臣のゴルフも、事実上、森喜朗内閣時代の平成十三年（二〇〇一）二月に起こり、そのとき、森総理がゴルフをして対応が遅れたことで非難を浴びた「えひめ丸」事故以降は、誰もやらない暗黙のルールになっていた。が、安倍総理は就任直後から解禁した。

世耕が語る。

「このときは、さすがにわたしも少し心配になって、『贅沢な遊びをしているという感じになりませんか』と言ったら、『これは自分の健康管理のためにやっているのだ』とおっしゃっていました。緊急時の連絡と移動の体制を確保してやるには問題はないはずだから、堂々とやると言って、ずっと毎月一回ぐらいのペースでやっています。このあたりも、すごい自信の表れが大きいと思います」

意思疎通の場「正副長官会議」

政務秘書官の一番大事な仕事は、安倍総理のスケジュール管理である。

今井政務秘書官は、三カ月、六カ月、一年、場合によっては二年の期間を先読みしながら、総理のスケジュールを組んでいた。

総理のスケジュールは、三つの視点から決めなければならない。

一つは、一週間という細かいスケジュール。それを一週間単位で組むいっぽう、国会日程など一年といった長期を見据えた視点と、半年、三カ月といった中期的なスケジュールの視点。この三つを視野に入れておかなければならない。

政府としての大きな動きを見る場合は、そのときの世論の動きも考慮する。

細かいスケジュール調整が求められる会議や面会などは分刻みだ。そんなスケジュールで、総理は一日中動き回る。

そこで、今井は総理の身になってスケジュールを組むことを心がけるようにしていた。また、一日の終わり方にも注意を払った。

夜の会食や政治家、政策スタッフ、マスコミとの会合などをセッティングするとき、タイミングや優先順位だけでなく、総理の気持ちにも最大限配慮した。

〈この日は、相当厳しいスケジュールになりそうだから、最後は忌憚のない人と会ったほうがいいいな〉

安倍との面会相手の判断は、政務秘書官に任せられているため、ときに断られた人から叱られることもあった。断られた人たちには相当、嫌な思いをさせてしまっているが、それも仕方がないと割り切るしかない。総理の体は一つである。

政務秘書官の立場から、第一に安倍の顔色を見て健康管理にも気を配りながら、国家に対する重要度を鑑みて判断しなければならない。それほど、総理のスケジュールというものはギッシリと詰められ、相当ハードなものとなっている。リラックスできる時間も十分確保しなければならない。

ちなみに、今井自身のスケジュールというものは存在しない。今井自身にも外から多くの面会要請が入るが、前日までスケジュールが決められない。それがよく誤解を受けることになる。生意気だとの評価につながる。

総理が出す談話やメッセージの内容も重要だ。安倍総理の場合、所信表明演説など国内の重要演説や海外でのスピーチなどのほとんどすべてを今井が総括することになっていた。

海外スピーチは、日経BPの元記者である谷口智彦がスピーチライターとして担当していた。

何よりも、総理が発する言葉には一貫性がなければならない。一年前に発したメッセージがあれば、それをレビューしながら、それから一年後に発すべきメッセージの内容とタイミングを精査する。これは、一人の人間が関わっていなければ不可能である。その役割を、今井が担っていた。

今井政務秘書官によると、官邸内の意思疎通の面でいえば、第一次政権のときにはなかった会合が大きく機能し、政権運営の上で一番の違いとなっている。

安倍総理、菅官房長官、衆参の官房副長官である加藤勝信と世耕弘成、杉田和博官房副長官、今井政務秘書官の六人による会合が、毎日、二〇分ほど開かれた。このメンバーは、のちに加藤と世耕が他のポストに移ると、萩生田、野上浩太郎《のがみこうたろう》に代わっている。

「正副長官会議」と名づけられたこの会合は、総理執務室で開かれていたため記者らにも気づかれず、総理の動静にも出ていなかった。

第一次政権ではあまり見られなかった光景である。

第一次政権のときから、今井は思っていた。

〈官邸の意思疎通が大事だ。官邸の五人の意思疎通こそが、政権安定の要諦である〉

その意思疎通の場が正副長官会議であり、総理の考えをみんなが共有し、衆議院、参議院における国会審議への対応もこの場でおこなう。また、総理へ進言する場でもあった。

「百パーセント私心なく支えている」菅官房長官

菅は、毎日のことだけに、国民感情なども考え、株価への影響も考えて、短時間の会見に臨んだ。しかし、どれほどの批判を受けようとも、迎合せず、流されず、あくまでも政府としての立場をはっきりとさせる。その意味でも、発言することと発言しないこと、それをきっちりとした。

安倍総理が決定を下すべき案件も、数知れない。長期政権となって、その数は多くなるばかりだった。その一つひとつを、総理が決裁していればキリがない。

総理官邸のグリップ役としての手腕が高く評価されている官房長官の菅義偉は、安倍総理と顔を合わせるのは、一日のうちで二度か三度である。

一回あたり、せいぜい五分ほどで退席する。その短い時間に、重要案件のみ、総理の判断、決断を仰ぐ。そのときも、判断を総理にすべて委ねることはない。

「このような問題があって、こう考えてこういう方向でどうでしょう」

あくまでも、解決策を提示する。

菅は、総理に十の解決策のうち、ＡＢＣの三つの案に絞って、用意して「総理はどう思われますか」と提案する。その場合、単なるＡＢＣだけではなく、菅は「Ｂ案がいいと思いますが、総理はどう思われますか」と提案したという。

安倍総理の判断は、菅の判断とほとんど変わりない。ずれることはほとんどない。政権運営をつづけるうちに、「あ・うん」の呼吸を手に入れたわけではなく、これは菅が官房長官になったときからつづいていた。安倍総理が考える方向性や判断の基準となるものがわかっていたので、その尺度から考えることで答えは導かれた。

菅官房長官は、安倍総理の部屋に頻繁に出入りして、まめに連絡や話し合いの場を設けていた。世耕弘成官房副長官から見ても、二人の息はピッタリ合っていた。安倍が菅に対して、全幅の信頼を寄せて仕事を任せているのが、近くで見ていてよくわかるのである。

この二人は、イデオロギー的に結ばれているわけではなかった。そもそも菅は、イデオロギーの人ではない。菅は、自分に与えられた仕事に責任を持って全力を注いでいるのである。

逆に、菅は専門外の人事や選挙対策、総理の専権事項に関わることには絶対に口出しをしなかった。出世するに従ってその権力を誇示したがる人間は多いが、菅に限ってそうした部分はまったくなかった。

世耕は思った。

〈菅さんは、安倍総理の権限をしっかりと意識して、自分がすべきことと明確に分けて仕事をされているな〉

だからこそ、安倍も菅に安心して仕事を任せられたのだろう。

安倍総理と菅官房長官の組み合わせは、絶妙なコンビだと世耕は思っている。

「菅長官は、全面的忠誠心で支えている。だからこそ、言うべきことも言わなきゃいけないという立場。だけど百パーセント私心なく支えている」

誰よりも「しんどい」のは、菅官房長官だろうと世耕は言う。総理大臣は、それでも出張があったり、河口湖で十日間ゴルフをやったりと息抜きもできる。しかし官房長官という職務は、一瞬たりとも東京を離れることができないのだ。そういう人物だからこそ、安倍総理も全幅の信頼を置いている。どんなに厳しい言葉であっても、自分のことを考えて言ってくれているのだ、しっかりと耳を傾けよう、そう思わせる存在なのだ。官房長官の在職日数が歴代一位だというのは、そういうこともあってのことだ。「いい政権」だということだろう。

総理就任後初外遊中にアルジェリア人質事件

平成二十五年（二〇一三）一月十六日午前、安倍総理は羽田空港から政府専用機で、就任後の初外遊となる東南アジア諸国連合（ＡＳＥＡＮ）三カ国歴訪に出発した。ハノイに着陸し、安倍総理が宿舎に入った直後、日本にいる菅官房長官より緊急の電話が入った。

「アルジェリアで、邦人が武装集団に拘束されている」

政府に第一報が入ってきたのは、一月十六日午後四時過ぎであった。四時四十分、外務省に対策室を設置。五時には、総理官邸に米村敏朗《よねむらとしろう》内閣危機管理監をトップとする官邸対策室を置いた。菅は、安倍総理が現地ハノイに到着後の午後四時五十分、電話で事態を報告。

安倍総理は、「被害者の人命を第一とした対処」「情報収集の強化と事態の把握に全力を尽くすこと」「当事国をふくめ関係各国と緊密に連携すること」を指示し、一切の対応について菅に任せた。

その後、ロイター通信が十六日午後六時半ごろに事件を速報。菅は午後九時ごろから記者会見を開き、事件の公表に踏み切った。

「アルジェリアにおいて現地邦人企業の、社員数名確認中でありますけども、武装集団により拘束され人質になっているという情報があり、現在確認を急いでおります。なお、人数については複数の異なる情報があります」

記者からの質問が相次いだ。

「天然ガス関連施設をイスラム武装勢力が襲撃し、従業員らを人質に取った。人質の中に、プラント建設会社・日揮の社員がいるとの情報があるが」との問いに、菅は「その通りだ」と答え、武装勢力からの要求については「事件が起きたばかりで発言を控えたい」と述べるのにとどめた。

政府に一報が入ってから会見まで、約五時間を経過していたが、菅は「人質事件という性質上、非公開扱いにしてきた」と会見で理解を求めた。

菅は、十七日午後十時半過ぎ、総理官邸で急遽記者会見を開いた。

「人質解放のため、アルジェリア軍が攻撃を開始したという情報提供があった」

そう発表すると同時に、「現時点で邦人の被害状況は、鋭意確認中だ」とつづけた。

世耕官房副長官は、菅と電話で今後のスケジュール調整についてじっくり話し合った。

「菅さん、このような事態になった以上、ぼくは総理に帰国していただくべきだと思っています」

菅も同意した。

「賛成だ。おれも帰ってもらったほうがいいと思う」

一行は、バンコクの空港へ向かった。世耕は、離陸前の政府専用機内で同行記者団に対してスケジュール変更について説明した。離陸前で時間がなかったため、記者団は携帯電話で本社に情報を送っていた。同行スタッフも機内からインドネシア側と連絡を取り、日程の短縮を要請した。緊急事態なので、インドネシア側も理解を示してくれた。

これで、十九日の午前四時には羽田に着陸できることになった。

安倍総理は、その後も機内から官邸と電話連絡を取りつづけ、菅官房長官に対し指示を出した。

「朝四時半から長官以下幹部が集まって、これまでの対応について報告してほしい。午前六時からは、対策本部を開けるようにしておいてくれ」

ジャカルタに到着後、安倍総理とユドヨノ大統領の首脳会談がおこなわれた。

記者会見終了後、一行は空港へ向かい、午後七時（日本時間午後九時）に離陸し、一路羽田へ向かった。

事件発生直後から終息までの菅の切り盛りは番記者の目から見ても、「すごい」の一言に尽きる。中でも「情報の出し方とスピード」。

舞台裏についてすべて知っているわけではないが、番記者は菅の会見を取材しながら、こんなことを感じていた。

〈総理は東南アジアを外遊中。不在だった。でも、アルジェリア情報の要所は現地でのぶら下がりで総理がしゃべっている。確認したわけではないが、菅さんがそうさせているようなイメージがある。あくまで大事なところは菅さんでなく、総理の口から発信している〉

総理がいないのなら、官房長官でいいじゃないか――。「女房役」としてそう考えたとしても不思議ではない。だが、ここでも総理と長官の棲み分けに徹底してこだわる。菅らしさが発揮された。

番記者は、ここであらためて菅の人間性に触れることになる。

〈「おれは総理でもないし、総理代行でもない」。菅さんはそう考えていたに違いない。自分が知っている情報はどんどん伝えてしまえ、と考える人もいる。だが、菅さんはそうではなかったことを思い知らされた〉

総理が不在の中、事実上、危機管理は菅が仕切っていた。

「日本政府は今、こうして動いています」

政治家であれば、そう言い切りたいところだろう。だが、菅は黒子役に徹し、大事な点はすべて総理から発表する。

菅のこうした姿勢は、番記者にも好意的に受け入れられた。総理を差し置いて、自分が前に出ていく。菅に限って、そんなことはない。すべての番記者の胸には、そう刻まれていた。

事件発生から終息までの安倍と菅の公式発言を並べてみれば、要所要所で総理の見解が出て、時局を動かしていったことは明らかだ。

「不肖わたくしが、陣頭指揮を取る」

官邸主導にこだわる安倍は、そう宣言した。

総理が出席する対策会議が開かれ、その頭撮りの際に安倍が自ら伝えた。ここ一番の発言は安倍に譲る。随所に菅による気遣いの痕跡が見える。

一月二十日午前一時過ぎ、菅は、総理官邸で記者会見を開いた。

このとき、記者からの質問への返答に、菅は非常に気を使った。

アルジェリア政府から正式に日本人人質の安否情報がもたらされたのは、十九日午後九時過ぎ。死亡したとする人数や名前も伝えてきたが、日本側がＩＤカードやパスポートなど身元確認の根拠を尋ねても答えは曖昧だった。

そんな状況の中で、菅が発することができる言葉は、次の表現であった。

「アルジェリア政府からこれまでに複数の邦人の安否に関し、厳しい情報の提供があり、現在、政府として懸命にその事実関係の確認をしている。わたしたちは、まさに『生命をなんとしても第一にしてほしい』というお願いをしてきました。しかし、こういう結果に今なりそうなことは、極めて残念なことだと思います」

いつかは犠牲になった人数を公にしなければならない日が来ることはわかっていたが、この日、この場では「複数の邦人の安否が厳しい」との表現にとどめた。

日本政府は、アルジェリア政府から日本人の安否について、死亡もふくめた情報提供を受けていた。が、日本政府としては、この情報を確認できておらず、マスコミに公表するのは時期尚早だった。

が、国民やマスコミに向けて「わからない」と言いつづけるには限界があった。それでも確定していない情報に対し、踏み込んで言及することには多少のリスクがともなう。政府は、そのギリギリの瀬戸際に立たされていた。

菅は、こうした厳しい状況下であえてリスクを背負い、日本人の人質が亡くなった可能性に触れた。結果として、非常に残念なことに日本人の死亡が確認され、マスコミの猛追もかわし、日本政府の的確で毅然とした対応も印象づけられた。

番記者は、菅の「厳しい情報に接しています」という言葉を聞いたとき、「死者はいるんだろうな」と察した。

「数については、把握していません」

「まだ今、情報を確認中です」

これで黙っているようなら、記者団はプロ失格である。

「人数は、どうなんですか」

「なぜ、政府は把握していないんですか」

そうした質問が、矢継ぎ早に飛ぶことになる。だが、アルジェリア人質事件での記者の反応は違っていた。菅の「厳しい情報に接しています」の一言が効いたからだ。

番記者たちもそれ以上、追及するのは憚られた。

メディアを鎮静化し、追撃をかわす。菅が口にした言葉は、またとない妙手だった。

平成二十五年一月二十一日。菅は被害者について、記者会見ではっきりと発表する。

「七人死亡、三人安否不明」

邦人救出のために初めて政府専用機を派遣

外務省と防衛省は、アルジェリアから日本人の帰国を支援するため、日本航空および全日空のチャーター機の準備を進めていた。それに待ったをかけたのが菅義偉官房長官だった。

「政府専用機で、政府がきちんと迎えに行くべきだと思う」

官僚たちは同意せず、いろいろと言い出した。

「いえ、政府がチャーターしているのですから、ＪＡＬでもＡＮＡでも同じことでしょう」

「着陸したことのない滑走路だから、政府専用機では無理です」

が、菅の考えは変わらなかった。

「それは違う。政府専用機の日の丸を見て、『日本政府が迎えに来てくれた』と思ってくれるはずだ」

菅は自らの判断を押し通し、政府専用機をアルジェリアに派遣することを決めた。

菅が邦人救出のための政府専用機の派遣の検討を始めたとき、防衛省は何かと理由をつけては、頑なに拒否した。

「そこはテスト飛行をしたこともなく、初めての空港での離着陸になります。そんなところに、行けません」

「飛行ルートが、ロシア上空にかかることになります。外務省が、ロシア政府から許可を取るのに一週間ほどかかります」

「できない」を繰り返し、首を縦に振らないのだ。

「自衛隊のパイロットは、予行演習をしなければ離着陸できないのか？　アルジェリアに行ったことがないから行けないだと？　それなら機長は、全日空や日本航空に頼むから」

「ロシアの上空に行くのに、一週間かかるだと？　ロシアだって、この現実を知っているんだろう。ロシアだって、人命救助の飛行の許可に、そんなに時間をかけるはずがない」

防衛省の官僚らを一蹴した。

菅は、難色を示す防衛省の抵抗をはね返し、小野寺五典《おのでらいつのり》防衛大臣に取り合ってもらい、邦人救出のために政府専用機の派遣を命じた。

官僚たちは、仕事の本質論よりも、前代未聞の仕事にタッチし面倒に巻き込まれたくないという本音が勝りがちである。そこで、総理の了解のもと、閣僚間で方針を決めた。

こうして、一月二十二日に政府専用機が現地に派遣されることになった。

菅の一喝により、短時間で派遣が実現したのである。

これまで、外国で騒乱などの緊急事態に巻き込まれた邦人退避に政府専用機を投入した例はなく、今回が初めてのケースとなった。

政府専用機は航空自衛隊が管理するボーイング七四七—四〇〇型で、通常は二機一組で運用しているが、今回は一機のみ派遣。天皇陛下や総理など要人が外国訪問の際に利用するほか、海外での自然災害や紛争地からの邦人輸送にも利用可能である。

世耕弘成が、官房副長官の仕事の中でいつも苦労していたのが、総理の外遊同行であった。官房副長官は、総理のすべての会談や視察などの日程に同席・同行する。特に首脳会談の前には会談の内容、相手との想定されるやり取り、相手の性格や特徴について総理、外務省と繰り返し入念な打ち合わせをおこなう。

政府専用機の中には会議ができるスペースも、日本と連絡の取れる電話、ＦＡＸ、インターネットも装備されているので、フライト中もそれらをフル活用してミーティングが繰り返される。現地に入ってからも、総理の部屋などで早朝、夜中を問わず打ち合わせをおこなう。安倍総理は几帳面な上にタフなので、会談内容や戦略について納得がいくまでミーティングが繰り返された。

安倍総理肝いりの国家安全保障会議

アルジェリア人質事件から十カ月後の平成二十五年（二〇一三）十一月二十七日、安倍総理肝いりの国家安全保障会議（日本版ＮＳＣ）設置法が成立した。

菅官房長官は、成立後の記者会見で、ＮＳＣ設置の意義を強調した。

「常日頃から問題意識を共有し、全体を見渡す中で、安全保障政策について様々な情報収集、対応が速やかになる」

ＮＳＣ設置は、もともと第一次安倍内閣で目指した課題だったが、第二次政権で急速にその気運が高まった。きっかけは、政権発足後間もない一月に発生したアルジェリア人質事件だった。

菅は当時を振り返り、語った。

「（各省庁が）いっしょになって機動的に物事を決定し、実行する体制がなかった。（政府の対処態勢が整うまで）時間がかかった」

日本と外交関係が深いとはいえない北アフリカの情報収集・分析は容易ではなかった。被害者の安否情報や事件の背景などに関し、情報は外務省や防衛省、警察庁などから総理官邸に寄せられた。だが、情報は錯綜し、精度の見極めは困難だった。

ＮＳＣの設置で、これまで各省庁から縦割りで総理官邸に上がってきた情報は、ＮＳＣの事務局となる「国家安全保障局」に集められ、情報の正確さなどを分析した上で、総理や官房長官に報告されることになる。

各省庁の情報に完全に依存するのではなく、官邸で独自に分析する能力を高めるため、国家安全保障局のスタッフを重視。外務、防衛、警察など各省庁から約六十人が集められた。安保分野の経験豊富な官僚と自衛官に加え、北朝鮮や中国などの専門家も採用した。

NSCの中核となるのは、総理、官房長官、外務大臣、防衛大臣による四者会合で、緊急性のない場合でも二週間に一回程度の頻度で開催されている。在日米軍再編問題、対中関係・北朝鮮の核ミサイル問題など日々刻々と動く重要課題を協議する。アルジェリア人質事件のような緊急事態を想定した「緊急事態大臣会合」では、案件ごとに関係閣僚が参加・対処方針などをあらかじめ検討する。従来の安全保障会議も九大臣会合として、NSC内に置かれる。

国家安全保障担当の総理補佐官も、ポストとして新設。「政治家のポスト」を想定しており、初代は法案作成を担当した参院議員の礒崎陽輔《いそざきようすけ》総理補佐官が就任。国会との調整を主に担当した。

第九章

政策と外交の軌跡

引退後初めての記者会見で「原発ゼロ」

平成二十五年（二〇一三）十一月十二日、東京・内幸町の日本記者クラブで、引退後初めて記者会見した小泉純一郎の頬はうっすらと上気していた。見事な舞台だった。ピンクとブルーのストライプのワイシャツ、ブルーのネクタイ姿の小泉がポンッと演壇に上がった。会見には、今年最多の内外記者約三五〇人が参加。テレビカメラ約二十台がずらりと並ぶ会場は現役時代をしのぐ注目度だ。

小泉は、かつて総理であったときと変わらず、派手な身振り手振りで熱っぽく語った。

「小泉の原発ゼロ発言、このゼロの下、あと、どういう代案があるのかと、代案を出さないでゼロ発言するのは、これは無責任である。あまりにも楽観的過ぎるという批判ですね。しかしね、この原発問題は、広くて大きくて深い問題ですよ。国会議員だけで代案を出そうといったって、なかなか出る問題じゃありません。ましてわたし一人がね、ゼロという代案を出せなんて言っても、それは不可能ですよ。だから、政治で一番大事なことは、方針を示すことだと。原発ゼロという方針を政治が出せば、かならず知恵ある人が、いい案をつくってくれるというのが、わたしの考えなんですよ。内閣に原発ゼロに賛同する専門家、経産省文科省環境省等、官僚もふくめてですね、識者を集めて、ゼロになった場合、何年かけてゼロにするのか、その間の再生可能エネルギー、どういうふうに促進し、奨励していくのか。あるいは、原発を廃炉にする場合だって、四十年五十年かかるんですよ。廃炉するためにも専門家は必要だ。そういう技術者というものをどういうふうに確保していくか。さらに原発ゼロ、なくなった後、地域の発展をどう考えるのか。原発ゼロの後、再生エネルギー、様々な雇用問題、原発に従事していた雇用問題をどうするか。そういう、もう広範囲な問題が残ってるわけですよ。こういう問題をね、国会議員、一議員、だけで出せるわけないじゃないですか。だから専門家の知恵を借りて、その結論を尊重して、進めていくべきだっていうのが、わたしの考えなんです」

さらに、一番の原発ゼロ批判の中心だとして、いっそうボルテージを上げた。

「原発必要論者や推進論者は、ゴミの処分法は、いわゆる核の廃棄物ですね。まあ、ゴミと言いましょう、通称。核廃棄物の処分法は、技術的に決着してるんだと。問題は、処分場が見つからないことなんだと。ここまではわたしといっしょなんですよ。こっからが、必要論者と、わたしのゼロ、違うところなんです。こっから必要論者はどう言ってるか。処分場のメドがつかないという、それはメドをつけるのが政治の責任ではないか。つけないのがいけないんだ。これが必要論者の、わたしは中心だと思うんです。わたしは結論から言うと、これから日本においてですよ、核のゴミの最終処分場、メドをつけれると思うほうが楽観的で無責任過ぎると思いますよ。すでに十年前から、十年以上前から最終処分場の問題、技術的には決着してるんですよ。それはなぜ十年以上かかって、一つも、見つけることができないのか。事故の前からですよ。政治の責任で進めようと思ったけど、できなかったんじゃないですか。それを、事故の後、これから政治の責任で見つけなさいっていうのが、必要論者の主張ですよ。このほうがよっぽどわたしは楽観的で無責任だと思いますよ。フィンランドのオンカロに行きましたよ、わたしは。世界で唯一、原発から出る核の廃棄物を処分する場所ですよ。まあオンカロていうのは、フィンランド語で、洞窟とか隠れ家とかいろいろあるようですけども、ともかく核廃棄物を最終処分するためにつくられた地下ですよ。それも、フィンランドっていうのはね、岩盤でできてる国ですよ。もう道路通るとわかりますね。地下掘らなくても、トンネルがもう岩盤ですよ。だから岩盤をくり抜いて道路つくってる。で、オンカロに着くまでに、首都ヘルシンキから飛行機で五、六〇分乗ってくんですよ、飛行機で。二〇〇キロ以上離れてるんですから。五、六〇分かけて、飛行機で乗って、飛行場から今度は海岸に出て、海岸から船で十分か二十分、島に着く。その島の中に、高レベルの放射能、最終処分場をつくってる。それをオンカロと今言ってるんです。オンカロといえば、核の最終処分場のことになってます。そこに行ってきたんですよ。わたしは簡単にね、ヘルシンキの近くで見れると思ったら大違いでしたね。認識が甘かったですね。そして、まあ二時間くらいかけてヘルシンキからそこへ。そこで防護服、ヘルメット、装備をして、四〇〇メートル地下に降りていくわけです。もう入り口から岩盤です。

で、中に入って行くのにね、エレベーターじゃないんですよ。エレベーターあるんだけど、あれどうして乗ってけないと思ったら、あれは物資用のエレベーターで人間は乗らないんだ。やっぱり車で行くんです。だから車で、人数制限、運転手も入れると、十人ちょっとくらいしか乗れないので、七人までしか乗れないといって、まあ視察団の、七人に制限されて、ジグザグにマイクロバスでこう降りていった。四〇〇メートル地下ですね。約四〇〇メートルの地下に縦横二キロメートルの広場をつくってるわけです。その広場に円筒形の筒をつくって、核のゴミを入れて埋め込むわけです。何千本かわからんけど。四〇〇メートルの地下に二キロ四方の広場、これを全部うずめるっていうんだけど、この核のゴミも二基分しか容量がないっつってんですよ。フィンランドは、今四基、原発持ってる。そして、このオンカロ施設は、二基分しか、核のゴミを処分できないんだけども、あと二基分の、核の原発のゴミは、まだ場所は決まってないって言ってます。住民の反対で。しかも、国会でこのオンカロの建設認められてるのは、いかなる国の核の廃棄物も受け入れないという前提で今このオンカロつくってるんだと。地震がない。そういう国ですから。しかも岩盤で。これでもう、決まってるのかと。いやいや、まだ最終審査が残ってるんだと。なんだ？　と。最終審査ってのは、岩盤でところどころ水が漏れてるところがあるんですよ。ほら、あそこに水が漏れてるだろ、と言われる方を見ると、にじんでるんです。ああそうか。あれが水か。水が漏れてるか、漏れてないか、まだ完全に調べなきゃいけないんだと。十万年もつかどうか調べなきゃいかんと。四〇〇メートル掘れば、水っていうのはだいたい出てきますよね。ところが、全部岩盤ですから、そんなには出ないだろうと。振り返って、日本考えてくださいよ。四〇〇メートル掘らないうちに、水なんかしょっちゅう出てきますよ。温泉出てきますよ、中には。しかもね、原発二基分のゴミだけでも二キロ四方の広場ですよ。五十四基。もっとも今、四基は廃炉にするの決まってますから。福島の五、六はもう廃棄処分にするんですか？　それにしても、十基以上、最終処分場、どれだけつくらなくちゃいけないんですか？　しかも、一〇万年後なんぞで、もう一つ考えなきゃならんことがあるんですよ。放射能っていうのは、危険なんだけども、近寄っちゃいけないんだけども、色がない。ニオイがない。近づいても、これが放射性物質かわからない。それを一〇万年後の人間が、このオンカロに来て、なんだこれは？　と思って、果たして、ほっといてくれるかなと。そっとしておいてくれるかなと。人間ていうのは、好奇心が強いと。かならずわからないものとなると、掘り出そうとする。これを、絶対に掘り出してはいけないというように、どういう文字を使ったらいいかと今考えているんだと。一〇万年後の文字ったらね、われわれ今、四、五〇〇〇年の日本語だって読めないですね、古文。考古学者はね、ピラミッド発掘してもね、あの、出てくる文字、読めないでしょ、二〇〇〇年、三〇〇〇年前。それをね、一万年二万年じゃないですよ。一〇万年後に、あ、ここに近づいてはいけない、掘り出してはいけない、という文字を、何語にしようかと。国連使ってる英語、その他、そしてフィンランド語。しかし字は、変わりますからね」

細川護熙元総理とタッグを組んだ都知事選

正月気分も覚めやらぬ平成二十六年（二〇一四）一月十四日、東京都知事選に向け、細川護熙元総理が「原発ゼロ」を掲げ出馬表明をした。それも小泉純一郎元総理と強力タッグを組んでの出馬だ。

平成二十三年（二〇一一）三月十一日の東日本大震災、いわゆる「三・一一」の後、「脱原発」が叫ばれたものの、自民党に政権交代し、安倍晋三総理の「アベノミクス」による株価上昇などに酔い、いつの間にか「脱原発」が希薄になっていった。

また、平成二十四年(二〇一二)十二月に就任した安倍総理が、原発ゼロ政策の見直しを指示し、原発再稼働（日本の原発は五十四基あったが、四基が廃炉となり、残り五十基は安全審査のため運転を停止している）に向けての見直し作業を本格化させていた。安倍総理は、総理自ら原発輸出のセールスマンを買って出て、ひたすら原発を推進している。

小泉の発言と行動は、安倍政権を揺さぶり、「原発ゼロ」の世論に再び火を点けた。かつての郵政民営化の戦いを思わせる「小泉劇場」の第二幕が上がった。

小泉の動きに、細川が突き動かされ、立候補を決意したのだ。小泉純一郎七十二歳、細川護熙七十六歳。小泉は、オペラに歌舞伎にワイン、細川は、陶芸に寺院の襖絵と、悠々自適の隠居生活同士。それが日本を原発推進のままにしておけない、日本を変えなくては、と決起したのだ。

小泉は、積極的に、「みんなの党」の渡辺喜美《わたなべよしみ》党首、「社民党」の吉田忠智党首、さらに細川護熙元総理とも平成二十五年（二〇一三）十月二十一日に会って、「原発ゼロ」を熱っぽく訴えてきた。今回の伏線としては、細川とは、すでにそのとき共感を深めていた。小泉の発言には、野党の民主党の菅直人元総理、「生活の党」の小沢一郎党首、「共産党」の小池晃《こいけあきら》副委員長も呼応している。

原発を推し進めている自民党の中にも、反原発の声が上がり始めた。

今回の細川出馬に、自民党側は、甘利明経済再生大臣が「殿、御乱心」と皮肉を口にしていたが、自民党幹部は「二人がタッグを組んだので、ややこしいことになった」と頭を抱えた。注目度抜群の二人だけに、一気に世論を沸騰させるだろう。

表明会見で細川は、決意を語った。

「一国の総理になっても、できることとできないことがある。逆に、知事だからこそできることがある。『脱原発』を掲げての知事は、やりがいがある」

小泉も、声を弾ませて語った。

「都知事選で脱原発を訴えるのはおかしい、という意見があるが、とんでもない。細川さんがもし当選すれば、日本最大の都市東京で、『原発ゼロ』でもやっていけることを実現してみせる。細川さんやわたしのような『原発ゼロでも日本は発展していける』というグループと『原発ゼロでは日本の発展はない』というグループの争いだ。東京から、国を変えていく！」

注目の都知事選だが、それまで舛添要一《ますぞえよういち》元厚生労働大臣で決まり、と見られていたため、大波乱となった。いっぽう、小泉進次郎は、父親の細川応援に関し、冷静に受け止めて語った。

「様々な、いろいろな議論がおこなわれることはいいことですから。行方をしっかりと、大事な日本の首都の話で関心を持って見ていきたいな、と思っています」

自民党は苦りきっていた。細川が出馬するまでは、自民党を除名にまでした舛添元厚生労働大臣であるが、一人勝ちするであろうから、勝ち馬に乗り、支援はしようと思っていた。ところが、まさかの細川出馬である。しかも、人気者の小泉の支援である。

安倍政権の進める原発再稼動は、断じて認めない、という超弩級の最強タッグの登場である。細川が都知事になれば、自民党のエネルギー政策に間違いなく影響が出る。

細川は「殿、ご乱心」との声もあったが、平然と意気込みを語った。

「清巌宗渭《せいがんそうい》という（江戸時代前期の）僧侶が書いた『狂人走れば不狂人も走る』という掛け軸

を自宅でたまにかけるんです。そのくらい少し突っ走る人がいないと、世の中なかなか変わっていかないと思います」

しかし、不狂人は走ってくれなかった。自民党と公明党の推す舛添要一が二一一万二九七九票で圧勝。二位は共産党の推す宇都宮健児が九八万二五九四票、細川は九五万六〇六三票で三位に終わった。

わたしは『脱原発』という本を上梓しているが、その本は河合弘之《かわいひろゆき》弁護士の反原発の戦いを描いた作品である。河合弁護士は、全国各地で稼働差止訴訟を引き受けている。東日本大震災後は「脱原発弁護団全国連絡会」の共同代表となった。さらに浜岡原発差止訴訟弁護団長、大間原発差止訴訟弁護団共同代表にも就任している。

その河合弁護士が、反原発運動に情熱を燃やしている小泉純一郎とタッグを組んで戦いたいと、小泉に手紙を出したが、なかなか応じないと聞いて、わたしがひと肌脱ぐことになった。

わたしは、小泉の行きつけで、何度かいっしょに飲んだことのある赤坂の日本料理店の「津やま」で、小泉と河合弁護士を会わせることにした。小泉は、好きな日本酒の冷やを飲みながら、河合弁護士のそれまでの具体的な原発の差止訴訟の戦いを耳にするや、実に気持ちよく飲み進め、河合弁護士に「一緒に戦おう」と上機嫌で握手した。

小泉は、それまで言論活動をつづけていたが、河合弁護士とタッグを組めば、原発差止訴訟など、具体的な戦いも進められる。その夜以来、小泉と河合弁護士は、すっかり意気投合し、講演活動をはじめ、全国規模で行動をともにして、わたしは感謝されている。

もっとも苦労した「特定秘密保護法」

世耕が官房副長官に就任してからもっとも苦労したのが、特定秘密保護法の可決であった。この法律は、日本の安全保障に関する情報のうち、特に秘匿することが必要であるものを「特定秘密」として指定し、取扱者の適正評価の実施や、漏洩した場合の罰則などを定めた日本の法律である。それによりその漏えいの防止を図り、「国及び国民の安全の確保に資する」趣旨であった。

衆議院で審議に入ったのは平成二十五年（二〇一三）十一月七日。与党は日本維新の会、みんなの党と修正協議し、最終的に合意に達し、二十六日に自民・公明・みんなの賛成多数で可決して衆議院を通過。翌二十七日からは、参議院で審議入りが決まった。

国会の会期終了は十二月八日で、十日あまりしかなかった。とても今期中の解決など無理、というタイミングである。

安倍が言った。

「支持率のことはいい。これは国家のために必要なことだ。衆議院での時間を合わせれば、もう十分に審議を積み上げてきたじゃないか。先送りして来年に持ち越したら、余計に問題を長引かせるだけだ」

世耕は覚悟を決めざるを得なかった。しかも、予算編成の時期が近づいているため、会期延長も不可能となれば死に物狂いでやるしかない。

安倍が言った。

「時間がないが、何とかけじめをつけてほしい。支持率が落ちたら、またがんばって盛り返していこう」

世耕は、毎朝七時から参院国家安全保障特別委員会の理事と打ち合わせをし、野党がどのように出てくるのかを読んで対応策を練った。

日中は副長官室を出て、国会議事堂内の自民党国会対策委員長室に陣取った。なにしろ、委員会が何度もエンストを起こしながら進んでいくような状況のため、官邸にいて連絡を受けながら指示を出すのでは間に合わなかった。いろんなトラブルが発生したが、資料提出や関係者の謝罪など、迅速に対応した。

安倍総理との打ち合わせの最中でも、世耕は必要に迫られて国対に電話をして指示を出したことも何度かあった。

十二月五日、参院国家安全保障特別委員会において、与党が質疑を打ち切って採決がおこなわれ、与党の賛成多数で可決された。世耕にとって、第二次安倍内閣の仕事の中で、この秘密保護法の成立がもっともきつく、厳しいものとなった。

菅官房長官によると、安倍総理は、高い支持率を背景にして、外交、安全保障政策を断行した。たとえば、特定秘密保護法。たとえば、平和安全法制。いずれも、国民からすれば、これほど不人気な政策はない。特定秘密保護法制定を断行した際には、ある著名な映画監督が「このような法律が制定されれば、映画がつくれなくなる」とあり得ないことを口にしたことが菅には印象的であった。

ある新聞では、アメリカ軍の最新鋭輸送機オスプレイを写真で撮ってその画像を友達に送るだけで逮捕されるといったあり得ないことも、真しやかに書かれていた。

内閣人事局の新設「省益ではなく国益」

菅官房長官は、民主党政権時代に枝野幸男《えだのゆきお》が官房長官を務めた菅直人政権について、批判する。

「従来の政治家と官僚の関係を全否定し、あろうことか官僚の排除に努めました。その結果、巨大な国家の運営に失敗した」

また、野田政権についても「官僚との関係修復を図りましたが、今度は逆に官僚に取り込まれてしまい、総理の顔が見えないまま」だと指摘した。

そんな菅は、第二次安倍政権発足当初から、「政治主導」を貫いてきた。

菅にとっての、あるべき「政治主導」の姿とは何か。

「真の政治主導とは、官僚を使いこなしながら、国民の声を国会に反映させつつ、国益を最大限に増大させること」

まずは、人事面でその腕力を発揮することになる。

平成二十六年（二〇一四）四月、内閣人事局の新設を柱とする公務員制度改革関連法案が可決、成立した。政府は人事局を発足させ、各閣僚の協議で各省庁の幹部人事を決める新制度がスタートすることになった。

第一次安倍内閣でも国家公務員制度改革に取り組んでいたが、霞が関の官僚たちの猛反発を喰らい、実行までにはたどり着けなかった。そのときの反省を活かし、安倍と菅は「今度こそは……」と稲田朋美国家公務員制度担当大臣とともに実現のために力を注いだ。

「内閣人事局」が新設されることで、各省庁の官僚自身が作成していた人事案はなくなり、閣僚による職員の人事評価を考慮し、内閣人事局長が幹部候補者名簿を作成。名簿に基づいて閣僚が任用候補者を選び、総理や官房長官が加わる「任免協議」を経て、審議官級以上の約六〇〇人の幹部人事を決めることになった。

平成二十六年五月三十日、総理官邸近くの内閣人事局には、稲田国家公務員制度担当大臣が自ら書いた看板が掲げられた。

安倍は、発足式で訓示した。

「(従来の霞が関は)船団だった。これからは一つの大きな日本丸という船に乗り、国民、国家を常に念頭に仕事をしてほしい」

内閣人事局の役割は、これまで各省庁がまとめてきた人事を一手に担うことで政策にスピード感を持たせることだ。初代局長には、衆議院議員の加藤勝信官房副長官を抜擢した。

どうしても官僚たちは、自分たちの役所のほうばかりに顔を向け、省益だけを追いかけ、そこに国益はないと言われてきた。

菅には、強い意思があった。

〈省益ではなく、国益のための「日の丸公務員」をつくろう〉

本当に国のために働く公務員を生み出すためには、内閣で一元化した人事が必要不可欠だった。その念願が叶ったのである。

〈これで、官僚は変わるだろう〉

内閣人事局の初代局長は加藤勝信が務めていたが、平成二十七年(二〇一五)十月七日に発足した第三次安倍改造内閣で加藤が入閣したため、萩生田光一が二代目局長を引き継ぐことになった。

内閣人事局に対するマスコミの反応は、冷ややかなものばかり。これまで官僚主導でおこなってきた霞が関の幹部人事を官邸が一元的に握り、恣意的に人事が決められる。官邸の意に沿わない官僚は排除されることになる。その上、安倍政権の腹心である萩生田に人事局長までやらせるということは、霞が関人事を掌握するためのものではないか。

まるで、萩生田が安倍政権の思惑通りに霞が関を動かすために、人事局長へ送り込まれたような書きぶりだった。

内閣人事局が発足してから、萩生田は、内閣人事局ができるまでと現在の違いを感じている。

〈さすがに人事局ができ、幹部人事を一元管理することになってからは、職員のマインドが変わってきたな。効果は確かにあった〉

このマインドの変化というのは、官邸が一元的に管理し、すべてに睨みを利かせているからということではない。いろんな経験を積んできた官僚たちが「○○省の幹部」としてではなく、初めて霞が関の門を叩いたときのフレッシュな気持ちを蘇らせ、「日本国の幹部」として働くのだという意識で任務にあたろうと思うようになったからだ。

憲法解釈を変更し「集団的自衛権の行使容認」

菅官房長官と三人の副長官が特に注意を払ったのが、「集団的自衛権の行使容認」についてだった。長官と副長官たちは、まめに安倍総理とコミュニケーションを取ってその意向をしっかり聞きながら、みんなで気持ちを一つにしていった。むろん、マスコミに先入観を持たせるような発信は絶対にしないよう注意深くやってきた。

安倍総理の指示を受け、高村正彦自民党副総裁を座長とする「安全保障法制の整備に関する与党協議会」が平成二十六年（二〇一四）五月下旬から公式、非公式の会合を頻繁に開いていた。政府は議論の叩き台として、現在の安保法制では対応が不十分とする十五事例を協議会に示した。

それらは、武力攻撃には至らない日本に対する侵害に当たる「グレーゾーン事態」が三事例、「国際協力分野」四事例、集団的自衛権を認めないと対応できないケースとして八事例という内容だった。

公明党は、グレーゾーン事態や国際協力分野での対処については理解を示したが、集団的自衛権の行使が絡む事例については、個別的な検討をするにつれて限定的な容認の限度を超えることへの懸念が強まっていった。「個別的自衛権や警察権で対応できるものもある」と個別的自衛権の拡大を主張した。

そこで、集団的自衛権行使の容認の根拠として、昭和四十七年（一九七二）に政府が参院決算委員会に提出した見解を取り上げた。自衛の措置は「国民の生命、自由及び幸福追求の権利が根底から覆されるという急迫、不正の事態」に限ると記しており、この見解を援用することで行使に一定の歯止めがかけられると考えた。

公明党は、行使の一部容認へ大きく踏み出した。

この結果、七月一日、政府は、従来の憲法解釈を変更し、次の三要件に合致する限定的な集団的自衛権の行使を容認することを臨時閣議で決定した。
①我が国に対する武力攻撃が発生したこと、または我が国と密接な関係にある他国に対する武力攻撃が発生し、これにより我が国の存立が脅かされ、国民の生命、自由及び幸福追求の権利が根底から覆されるおそれがあること。
②これを排除し、国民の権利を守るために他に適当な手段がないこと。
③必要最小限度の実力行使にとどまるべきこと。
これに先立ち、安倍総理は公明党の山口那津男《やまぐちなつお》代表と与党党首会談を開いた。会談では、これまで憲法上認められないとしてきた集団的自衛権行使について、新たに定めた三要件に基づいて容認することで合意、確認した。

安倍は、党首会談で述べた。

「自民党と公明党は長年の風雪に耐え、意見の異なる課題でも国家、国民のため大きな結果を残してきた。与党とともに、法整備していきたい」

集団的自衛権の行使を否定してきた戦後日本の安全保障政策が、大きく転換されることになった。

安倍は、閣議決定後、記者会見をおこない、集団的自衛権行使容認の意義や必要性を国民に説明した。

「集団的自衛権が、現行憲法の下で認められるのか。そうした抽象的、観念的な議論ではありません。現実に起こり得る事態において、国民の命と平和な暮らしを守るため、現行憲法の下で何をなすべきかという議論であります」

そう言って、具体的な例を挙げて、「人々の幸せを願ってつくられた日本国憲法が、こうしたときに国民の命を守る責任を放棄せよと言っているとは、わたしにはどうしても思えません。この思いを与党の皆さんと共有し、決定いたしました」と憲法解釈変更の必要性を訴えた。

さらには、「外国を防衛するための武力行使は今後もない。強化された日米関係が、抑止力としてこの地域の平和に貢献していく。平和国家としての日本の歩みは、今後も変わらない」ということを強調した。

集団的自衛権について、安倍総理は「全部」ではなく「一部」あるいは「限定的」としている。たとえば、国民に「ペルシャ湾の機雷掃海は是か非か」という問いかけをすると、多くの人から「やるべき」との答えが返ってくる。が、戦争が完全に終結しておらず、一部の地域でまだ交戦がつづいているような場合も当然出てくる。そのような状況下で自衛隊を派遣するか否かは、まさに集団的自衛権にかかってくる問題である。停戦・終戦を派遣の必須条件にすれば、その海域は船舶の安全航行が保障されないまま放置されることになる。今回の集団的自衛権についての議論はそこにあるのだが、一部のマスコミは「自衛隊員が国外の戦場で殺される」といった煽り記事ばかり書いているという。

消費税率引き上げ延期と衆議院解散

平成二十六年（二〇一四）十一月十八日、安倍は平成二十七年（二〇一五）十月に予定していた消費税率一〇パーセントへの引き上げを一年半延期し、平成二十九年（二〇一七）四月に先送りする考えを示し、二十一日に衆議院を解散すると表明した。

その年の四月に五パーセントから八パーセントにアップされた消費税の反動は、当初、アベノミクスの勢いで乗り切れるだろうと予想していた。が、秋冬の経済指標を見ると、三パーセントアップしたマイナスの効果は意外と大きかった。

今井政務秘書官は、菅官房長官と綿密に話し合った。

「見送った方がいいかもしれない」

消費増税の延長を国民に問うべきか、安倍もしばらく熟慮していた。が、三党合意で約束した税と社会保障の一体改革というフレームを崩すことになる。

〈やはり、民意を問うべきだろう〉

安倍は、そう最終的判断を下した。

「重大な変更だ。信を問うのは当然だ。景気を回復させ、賃金を上昇させていく。こうした政策を進めるためにも国民の理解が必要だ。アベノミクスが正しいのか、間違っているのか。選挙戦を通じて明らかにする」

そう述べた安倍は、この衆院選で、与党・自民、公明両党で三二五議席を獲得し、定数の三分の二を上回る圧勝となった。

積極外交とアメリカ連邦議会上下両院合同会議で演説

安倍総理の政治手腕で特徴的なのは、経済政策の基本である「アベノミクス」と、日米同盟を基軸とした安全保障政策、そして、積極外交である。

積極外交に関して言えば、就任してからこの方、意欲的に海外諸国への訪問をおこなった。

平成二十五年（二〇一三）一月のベトナム、タイ、インドネシアの東南アジア諸国を皮切りに、平成二十八年（二〇一六）九月のキューバ訪問までで四十七回、六十カ国以上にもおよぶ。歴代の総理を見ても、これほどまで海外を飛び回る総理は他にいない。外交は、安倍総理、安倍内閣にとって、大きな柱の一つであった。

平成二十七年（二〇一五）四月二十九日、安倍総理は、アメリカ連邦議会上下両院合同会議の演壇に立った。上下両院合同会議として米国国会議員が一堂に会した場において、日本の総理大臣が演説をおこなうのは明治維新以来史上初のことであった。

「一九五七年六月、日本の総理大臣としてこの演台に立ったわたしの祖父、岸信介は、次のように述べて演説を始めました。

『日本が、世界の自由主義国と提携しているのも、民主主義の原則と理想を確信しているからであります』」

祖父の言葉から切り出した安倍の演説は、自分の留学経験や大戦に触れ、大戦のところでは、命を落とした英雄たちに追悼の意を表した。さらに、戦後の日米関係へとおよび、ＴＰＰ、アジア太平洋地域の安全保障問題に触れた。グアム基地整備については、二十八億ドルを資金協力することも約束した。そして、日米の同盟関係を「希望の同盟と呼びましょう」と締めくくった。連邦議員たちに向かい、堂々と、ときには自分の体験やジョークを交えながら演説する安倍総理の姿を、河井克行《かわいかつゆき》内閣総理大臣補佐官は感慨深い思いで見つめていた。

安倍の配慮もあり、議場において演説を聞く河井の横には、アメリカの議員が座って安倍の演説に耳を傾けていた。

そして演説が終わった瞬間、議場では割れんばかりの拍手が沸き起こった。すべての連邦議員たちが、スタンディングオベーションで、安倍総理の演説を讃えた。

議場に響き渡る拍手を聞きながら、河井克行は、自分が歴史的瞬間に立ち会っていることを実感していた。

〈日本の戦後が、ここでようやく終わった〉

その後、議事堂の中の一室で懇談会が開かれた。出席した連邦議員には、河井がこれまで交流を重ね、安倍総理のことをアピールしてきた議員たちも多かった。河井は、安倍総理に、その連邦議員たちを紹介した。

安倍総理も、彼らと意見交換をした。

共和党のジョン・ベイナー下院議長が、安倍総理の演説に対して声明を発表した。

「この日が、われわれの同盟の歴史における誇らしい転機だったと、将来世代は振り返るだろう」

この評価は、ベイナーだけでなく、ほかの連邦議員はじめアメリカの評価でもあった。安倍総理の連邦議会での演説は、まさにアメリカ連邦議会の与党野党という垣根を越えた。

安倍総理への親近感は深まり、アメリカは同盟国である日本との関係を強く確認した。

外交姿勢は「安全保障ダイヤモンド構想」

それから一年三カ月後の平成二十八年（二〇一六）五月二十七日、アメリカ大統領として初めて、オバマ大統領が、広島でおこなわれた式典に出席した。自らの手で折った折り鶴を出迎えた小中学生に手渡し、献花をし、「核兵器のない世界の実現を目指す」と声明を発表。そして、被爆者たちと抱擁し言葉を交わした。

「核兵器廃絶」を謳いつづけてきたオバマ大統領は、広島訪問の強い意思を抱いていた。それが実現できなかった要因は様々ある。

その一つが、上院、下院ともに、野党である共和党に過半数を奪われている、オバマ大統領の政治的な現実であった。広島、長崎への原爆投下によって昭和二十年（一九四五）末までに二十万人もの人の命を奪ったことを「勝利するために必要だった」と正当化しつつ、そこに触れるのをアメリカはタブー視してきた。それを踏み越えて広島を訪問すれば、議会からの反発を受け政治的に立ち行かなくなる可能性があった。

このオバマ大統領の広島訪問が実現できた背景には、安倍総理の演説が、連邦議会の議員たちに浸透していたことが挙げられる。安倍総理の連邦議会での歴史的な演説なくして、オバマ大統領が広島を訪問することはなかったであろう。それほど大きな意味を持つ演説だったのである。

安倍総理の外交姿勢は、平成二十四年（二〇一二）十二月に発表された「安全保障ダイヤモンド構想」に表されている。総理就任の一カ月ほど前に自由民主党総裁として、ＮＰＯ法人を通じて発表されたもので、政府の文書としては認められていないが、そこには、膨張する中国に向けられた安倍総理の危機感を底辺にした外交姿勢が表れている。

中国の台頭によって、インド太平洋地域の安全保障環境は激変している。空でも海でも、中国が拡張主義的なふるまいをつづけている。でも、どこの国・地域にとっても、中国は、経済的には最大の貿易国である。たいていの場合、経済的な関係が進展し、人的な関係が深まれば深まるほど、お互いの好感度は上がる。しかし、河井は、総理補佐官となる前から足を運んだインド、ベトナム、台湾、フィリピンなどの国々で話を聞くと、中国に対する感情、認識はかならずしも良いと感じることはできなかった。だからこそ、安倍総理は、中国、日本、オーストラリア、インド、そして、アメリカの太平洋軍司令部のあるハワイと、一つの線で結ぶとダイヤモンドの形となる国々が連携し協力し、インド太平洋地域の繁栄を築き上げていくべきと主張している。そのような主張をする安倍総理の外交理念は、どこから来るのか。河井は、歴史に対する使命感だと思っている。

過去の侵略を認めた「戦後七十年談話」

平成二十七年（二〇一五）八月の「戦後七十年談話」が発表されるまで、安倍総理と今井政務秘書官は、何度となく話し合うことになる。この談話が、安倍にとって大きな勝負どころであることを、今井は熟知していた。

有識者を集め、歴史というものを素直に見つめ直し、どこで日本が間違った道を選んでしまったのかきちんと整理し直し、客観的事実の上に談話を出す手法を取るべきだと安倍は考えた。

こうして、平成二十七年二月、有識者会議が発足する。

有識者会議では「侵略」の文言をキーワードに、北岡伸一《きたおかしんいち》国際大学学長らと中西輝政《なかにしてるまさ》京大名誉教授との意見が割れた。

しかし、中西も「ある一定の部分は、侵略と言われてもしょうがない」と認めていた。

談話発表については、マスコミも大きく騒ぎ立てた。

特に、朝日新聞、東京新聞、毎日新聞は「植民地」「侵略」「おわび」の三つのキーワードを盛り込むよう社説に掲載するなど、世論を誘導する動きを見せていた。

なぜ、マスコミはどの言葉を入れるのか入れないのか、それだけにしか関心を払わないのか、今井は苦々しく思っていた。全体としてのメッセージこそ重要なのである。

いっぽう、安倍が最初につくった原案には、すでに「植民地」「侵略」「おわび」の文字が記されていた。誰かに何かを言われたから、安倍が入れたということではない。

マスコミの誘導に乗らずとも、安倍が歴史的検証の過程で、できるだけ広く国会に受け入れられる言葉の選択に成功していることを今井は感じていた。

問題は、安倍総理の個人的色彩の強い談話とするか、それとも、閣議決定をするときの内閣としての談話として発表するかであった。

〈これは、時代の中に刻まれる談話になる。閣議決定をした方がいい〉

今井は、安倍に進言した。

「この談話は、歴史に残る談話になります。やはり、閣議決定の方が重みを増すと思います」

この考えは、菅官房長官も同じようだった。

安倍も、有識者会議による歴史的な検証の上に自らの認識と言葉を練り上げていく過程で、内閣の談話として発出する意向に傾いていった。ここも、あうんの呼吸だと今井は感じた。

八月十四日午後六時、安倍は戦後七十年談話を発表した。

その中には、「事変、侵略、戦争。いかなる武力の威嚇や行使も、国際紛争を解決する手段としては、もう二度と用いてはならない」との文言がふくまれていた。

この一文は、安倍が自ら考え抜いた上で書いたものである。そして、このとき、安倍は、初めて日本の歴史に侵略があったと認めた。

談話発表の会見で、記者に問われた。

「過去において、一部は侵略だったということですか」

安倍は、はっきり答えた。

「過去においての侵略はあった、そういうことです」

同時に、この談話の核心部分ともいえるメッセージを、安倍は自ら考え抜いた。

「あの戦争には何ら関わりのない、わたしたちの子や孫、そしてその先の世代の子供たちに、謝罪をつづける宿命を背負わせてはなりません」

この一文に、安倍がこの談話に込めた魂を今井は感じた。

こうして、戦後七十年談話は完結した。

安全保障関連法案に反対デモ「祖父の安保改正のときと比べれば大したことはない」

平成二十七年（二〇一五）八月三十日、参議院で審議中の安全保障関連法案に反対する市民による抗議行動が、永田町の国会議事堂前やその周辺をぎっしりと埋め尽くした。主催者発表によると、参加者は十二万人で、安保法案をめぐる抗議行動では最大であった。参加者が歩道からあふれて、警察側が車道を開放した。市民らは国会議事堂を真正面に見据えた車道に帯のように広がり、雨の中、「戦争法案廃案!」、「安倍政権退陣!」と叫びつづけた。

国会だけでなく、霞が関や日比谷周辺まで、プラカードやのぼりを持った人たちであふれた。主催したのは、平和運動をつづけてきた市民らでつくる「戦争させない・九条壊すな! 総がかり行動実行委員会」。五月に立ち上がった都内の大学生らがつくる「SEALDs」のほかに、大学教授や研究者らの「安全保障関連法に反対する学者の会」、子育て世代の「安保関連法に反対するママの会」など、この夏に次々とできた団体が加わって、ともに声を上げた。

民主党の岡田克也、共産党の志位和夫《しいかずお》、社民党の吉田忠智、生活の党と山本太郎《やまもとたろう》となかまたちの小沢一郎ら野党各党の党首や、音楽家の坂本龍一《さかもとりゅういち》もスピーチに立った。

「SEALDs」の中心メンバーで明治学院大の奥田愛基《おくだあき》は、デモに集まった人たちに呼びかけた。

「国会前の車道を埋め尽くして、人々が声を出している。怒りであり、叫びです。憲法を守った方がいいって、おかしな主張ですか」

奥田の呼びかけに対して、群集からは、大きな歓声が上がった。

抗議やデモは北海道、名古屋、大阪、福岡、沖縄など全国各地でおこなわれ、主催者の集計によれば、少なくとも全国約三五〇カ所におよんだ。時間を合わせて「法案絶対反対」などのコールを同時に上げたところもあった。

いっぽう安倍の祖父の岸信介総理の安保改定に反対する学生や労働者によって、いわゆる「安保闘争」（六十年安保）が盛り上がった。昭和三十五年（一九六〇）六月十五日、全学連（全日本学生自治会総連合）主流派は、国会突入を図り、警官隊と衝突。六月十五日夕刻、石井一昌《いしいかずまさ》率いる右翼「維新行動隊」一三〇人がトラックで国会裏側をデモ行進中の全学連や新劇人会議に突っ込み、双方で三十人近い負傷者を出した。

警視庁調べによると、六月十五日夜の国会デモで、警官三八六人、学生四九五人が重軽傷を負った。警官隊は催涙ガスを使用し、バリケード代わりに並べた十五台のトラックが炎上した。デモに参加した東大文学部四年生の樺美智子が、警官隊と衝突して死亡した。

安倍は、この場面で、やはり総理大臣として祖父の岸信介のことを意識したという。

「私が祖父のことを思い起こしたのは、平成二十七年の平和安全法制の制定時です。あのときも国会にはデモ隊が毎日来ましたから。ですが、祖父が安保改正をしたときと比べると、大したことはないと自分に言い聞かせ、乗り越えられました。安保のときは二十万人もが集まり、官邸を守れるかどうかというところまでいきましたからね」

アベノミクスの第二ステージ「一億総活躍社会」

平和安全法制の可決により、今井政務秘書官が読んでいた通り、マスコミの世論調査による内閣支持率は四〇パーセント前後にまで低下した。

今井は、下落を想定し、危機回避に策を講じていた。

〈どこかで、巻き返さなければいけない〉

いっぽう、国会会期は、戦後最長となる九月二十七日まで九十五日延長となり、九月末の任期切れにともなう自民党総裁選が国会開会中におこなわれる見通しとなった。

安倍の総裁任期は九月三十日で満了となる。党総裁公選規程では、党所属国会議員の投票を「任期満了日前十日以内」におこなうとあり、総裁選は九月二十日から二十九日の間に実施することになる。

九月は、平和安全法制の審議で国会は大詰めを迎える。

党内には、一致団結しなければいけないときに、総裁選で対抗馬を出し、選挙をしている場合ではないだろうという空気が流れていた。

自民党総裁選は八日告示、二十日投開票と日程が決まった。野田聖子が総裁選への出馬を目指したものの、谷垣禎一幹事長、二階俊博総務会長が党内の調整に猛然と動き、告示日に出馬を断念。結局、安倍が無投票で再選を果たした。

今井は安堵した。

〈平和安全法制の真っただ中だというのに、総裁選に駆り出されてしまっていたら大変だった〉

逆に考えれば、平和安全法制が通っていなかったからこそ、総裁選は無投票になった。

このときすでに、無投票再選のその先の手を今井は思案していた。

〈総裁再選の会見がある。このとき、一気に世の中の空気を変えなければいけない〉

その考えは、谷垣からも安倍に伝えられていた。

再び、経済と社会保障にシフトし直し、とりわけ、国民年金、医療、子育てといった社会保障に軸足を置くべきというアドバイスを、今井は各方面からもらっており、今井もそうするべきだと思っていた。

〈会見で、どう打ち出せるか。「これからは、社会保障の充実にまい進します」とただ言ったとしても、世の中には響かない〉

平凡でつまらない、ありきたりな政策論を語っても、誰も見向きもしない。

やはり、平和安全法制で国論を二分したような熱気がなければならない。あのときの熱気を、そのまま経済政策の局面に土俵を切り替えなければならない。インパクトを持たせなければいけない。

今井は決めた。

〈国論を二分するくらいでいい。批判が多くても仕方がない。本気度を見せなければならない〉

その結果、誕生したのが、「アベノミクスは第二ステージに入った」との触れ込みとともに、

「新三本の矢」の実現を目的とする「一億総活躍社会」というキャッチフレーズである。

今井は、このキャッチフレーズを生み出すために、いろいろ考えた。

今、日本にいる一億三〇〇〇万の人口は、やがて減っていく。それを反転させて、なんとか一億国家を維持したい。

〈「国民総活躍」では、抽象的で何なのかわからないよな……〉

そこから、スタートした。

今の境遇から国民がもう一歩、前に出ることができる。小さな一歩でいい。障害者も子育て世代の女性も、介護で離職せざるを得なかった人も。誰もが一歩前進できる。そんな社会が必要だ。

介護離職ゼロだ。もう介護のために職を辞めなければいけないということはさせない。

だから、必要なだけの施設をつくり、受け皿体制を強化しなければならない。

そこから、一本の矢「二〇二〇年代中頃には、介護離職をゼロにする」が決まった。

若者からすれば、結婚して出産し、家族を持ちたいと願う人たちもいるだろう。しかし、現状は厳しく、合計特殊出生率は一・四しかない。本来なら、二・〇七はなければ人口は増えない。かなり難しいが、それでも持続的に努力していかなければならない。

今の状況から脱皮し、社会での活躍を目指したいと願っている人はどれだけいることだろう。

とにかく、そんな人たちの力になる、希望を叶える政策を掲げる。

それから二本の矢「希望出生率一・八を二〇二〇年代初頭に実現する」が決まった。

経済の成長は、GDP五四〇兆円の日本なら名目成長率三パーセントを達成していけば、二〇二一年か二〇二二年にGDP六〇〇兆円も夢ではない。二〇二〇年に東京五輪も開催されることから大丈夫だろう。

京都大学大学院工学研究科教授で第二次安倍内閣の内閣官房参与の藤井聡が、今井にアイディアを提示してくれた。

「六〇〇兆を二パーセントとか三パーセントの成長とか言ってもわかりにくいから、国民所得で六〇〇兆だと言った方がわかりやすいよ」

三本の矢「二〇二〇年頃に、名目GDPを六〇〇兆円にする」が決まった。

あれこれ、考えをめぐらせ、アベノミクスの第二ステージで柱となるものは固まった。

後は、その中身をどれだけ国民にわかりやすく、インパクトのある形で表現できるかだ。

難しい数字をどのようにプレゼンテーションすれば国民にわかりやすく、かつ元気が出るものとなるか。藤井の意見をもとに詰めていった結果、キャッチフレーズが固まった。

「一億総活躍社会」

このキャッチフレーズは、今井が想像していた通り、いろんな批判を浴びた。が、今井の思惑通り、そのことで人々の印象に強く残った。

官房副長官であった加藤勝信は、平成二十七年（二〇一五）十月七日、「一億総活躍」担当大臣として初入閣を果たした。

加藤は、一億総活躍担当大臣として掲げている「希望出生率一・八」が実現できるように、様々な施策を進めた。この数値を目標として、若い人たちの希望が叶う社会をつくっていく。この一・八という数値は、結婚や子どもを持ちたい、という希望を現実化させた場合に実現される数値だ。

出生率の問題については、来年、再来年の数値はともかくとして、数十年後の数値はいかようにでも変化する可能性を秘めている。活力ある社会をつくっていくことによって、将来の展望が持ちやすくなる。「ニッポン一億総活躍プラン」に沿って、成長の果実により社会保障の基盤を充実させながら、働く人を増やし、生産性を上げていく中で、「成長と分配の好循環」をつくり出していきたいと加藤は考えたのだった。

「政治のプロ」二階俊博の幹事長起用と総裁任期の変更

二階俊博は、平成二十八年（二〇一六）八月三日の自民党役員人事で、安倍晋三総理大臣から幹事長に指名された。安倍は、二階を幹事長に起用したとき、二階について「自民党でもっとも政治的技術を持っている。まさに政治のプロ」と評している。

安倍がさらに二階の幹事長起用について語る。

「政治巧者とも言いましたが、二階さんには第一次安倍政権で国会対策委員長を務めていただいたときも、本当にしっかり仕事をしてもらっていました。そういう面では、いろいろと信頼していましたので、この人しかいないと幹事長にお願いをしました。前任の谷垣さんは、温厚な性格もあって、自民党全体を包み込むように党を掌握していました。二階さんは、長年蓄積された政治に関する知識と技術で党を掌握してくれました」

平成二十四年（二〇一二）十二月の衆院選で勝利し、政権を奪還して以来、安倍総裁率いる自民党は、合計六度の国政選挙で勝利をおさめた。

安倍が選挙についてわたしに語った。

「やはり政権の強さは、選挙で勝つことで生まれてきます。政権奪還のときの衆院選をふくめて、衆参でそれぞれ三回ずつ国政選挙を乗り切りましたが、特に参院選というのは難しかったですね。衆院選の反動や、有権者のバランス感覚など、様々な要素が反映されやすいので、毎回、本当に薄氷を踏む思いで戦っていました。二階さんにも選挙ではとてもお世話になりました。候補者調整などで、特に力を発揮してもらいましたよ」

平成二十八年八月三日に幹事長に就任した二階は、自民党の党則改正も主導し、平成二十九年（二〇一七）三月の自民党大会で総裁任期の「三期九年」への変更を主導している。

安倍がそのことについてもわたしに語った。

「党則の改正は、高村正彦副総裁が本部長を務め、茂木敏充《もてぎとしみつ》政調会長が本部長代理を務めた自民党の党・政治制度改革実行本部で党内議論を進めたのですが、党内には党則改正に反対の論陣を張っている人たちもいました。そのあたりを、やっぱり二階さんの懐の深さで政治的におさめていただきました。二階さんは政治的な力もありますが、政治的な発言をするタイミングが抜群なんです。もちろん誰が発しても、同じ効果が生まれるわけではありません。二階さんだからこそ効果を発揮できる発言を、最良のタイミングで繰り出します。やはり秘書時代からの長い政界での経験で培った勘が抜群なんでしょうね。わたしは、二階さんを〝タイミングの魔術師〟だと思っています」

二階は、遠藤三郎《えんどうさぶろう》の秘書になって以来、六十年近く政界にいる。野党経験も長いため、公明党をはじめとする他党とのパイプも誰よりも太い。さらに二階は、一度できた相手との縁を自分のほうから切るということは一切せずに、あらゆる人間関係を大事にする。

安倍も、総理在任中、様々な場面で二階に支えられたという。

「たとえば、予算委員会などで政府が追及されて苦境に立っていても、二階さんは、いつもどっしりとしています。会うと『こんな問題は微々たる問題ですから、党は任せておいてください』

と言ってくれます。『党も大変ですよ』なんて言ってくることは一度もありませんでした」

二階は、中国との外交も、積極的におこなっている。安倍が二階の外交について語る。

「外交は、お互いの間口を広くしておくことが必要ですから。中国は隣国であり、体制も異なることから、中国との間には様々な問題があります。中には日本としては、きっちり筋を通さなければならないことや、国益や主権に直結することもあります。しかし、そういう問題を解決するためにも、話し合わなければなりませんから、そういう窓口を中国との間でも、常に開いておこうというのが、二階さんの考えです。ときには、二階さんのルートで、先方にサインを送ったりすることはできますから。二階さんもそのあたりを心得てやっておられるんだと思います。二階さんは、長きにわたって中国との間で、パイプを培っていますから、先方にも、信頼されていますから」

安倍は、日本のような議員内閣制の国で、強い政権をつくるためには、与党との安定した関係が欠かせないと語る。

「やっぱり政権を維持する上では、与党である自民党との関係が大事なんです。以前、二〇一六年七月から二〇一九年七月にかけてイギリスの総理を務めたテリーザ・メイさんと大統領と総理の違いについて議論したことがあります。大統領というのは、常に野党と対峙し、倒されるときは、野党によって倒されます。ですが、総理というのは、野党と対峙しているように見えて、実際には与党との関係において、引きずり下ろされるケースが多い。彼女もブレグジットをどうするか、与党・保守党との関係で悩まされていました。このように総理は、野党と対峙してるだけじゃなく、後ろの与党も見ておかなければなりません。そういう意味では、二階さんが幹事長を務めてくれていることで安心できました。長期政権を築く上で与党の幹事長の役割は大きいんです。最初は総裁選に勝って勢いでいきますが、後半になってくるほど政権運営が難しくなってきますから。そういう意味では政治的技術のある二階さんの存在は、重石となりましたよ」

二階幹事長は、長い政治家生活の中で、複数の官邸を見てきている。その経験からしても、第一次安倍内閣と比較して、第二次安倍政権が戦後最長の長期政権になった背景には、どこが優れていたのか。二階が語る。

「何より人事面の采配はとてもうまくいっていたと感じている。例えば、人事でいうと、菅義偉官房長官については、安倍総理ともっとも気が合う人材を登用したと感じる。具体的には、総理に話した内容は、官房長官に言わなくても必ず伝わっていた。また、官房長官に話を通せば、総理にも必ず伝達された。この両者の信頼関係が、内閣運営において大きな効果を発揮した」

二階幹事長と菅官房長官は、官邸と党の要として密に連絡を取り合っていた。

「日本の観光立国化」実現と中国との交渉役

丹呉は、谷垣幹事長に代わって、二階俊博を幹事長に据えたのも、安倍総理のしたたかさだという。自民党内を見回すと、安倍総裁に敵はない。ライバル的な存在といえば、石破茂元幹事長だが、当時は党の重職からも離れていた。いわば、党内は無風状態と言っていい。その中にあって、異彩を放っているのが二階俊博である。

安倍が重視している外交について、特に、対中国政策については、親中国派である二階は、安倍とは一線を画す。

執行部からはずれれば、党人派の流れを汲むアンチ安倍派の先鋒となってもおかしくない。政界に幅広い人脈を持っているだけに、ひとたび反旗を翻すとなるとやっかいな存在だ。

その二階を、幹事長に据えた。安倍総理に代わって、自民党を束ねる立場に据えた。

二階が、小泉政権時代から力を注いできた「日本の観光立国化」が実現し、今や観光は日本にとってなくてはならない産業の一つとなっている。平成二十六年（二〇一四）の訪日外国人旅行者は一三四一万人に達し、一〇〇〇万人を超えた。その旅行消費額も、四三パーセント増の二兆二七八億円に達した。海外のそれに比べると、まだまだ伸びしろはある。地方創生にもつながるだけに、安倍総理としても重視したい産業であった。

それとともに、二階の起用は安倍総理にとってもプラスに働く。

安倍総理を支えるのは、外交的には、特に、中国に対して強い姿勢を崩さない識者、政治家が多い。安倍総理が偏った思想、姿勢の人たちで囲まれているのであれば、相手側も、安倍総理をそのような人物と見て、進むものも進まない。そこに、二階がいて、交渉役として間に入ることで、日中関係にも良い影響を与えるに違いない。

自民党内では、総裁任期延長論が沸き上がっていた。二期六年としているのを、三期九年にしようというのである。火を点けたのは、二階であった。平成二十八年（二〇一六）七月の参院選がおこなわれる一カ月前に、当時総務会長だった二階は、最初に言及している。おそらく二階独特の勘で延長論について言及したのだろう。

安倍は三期九年に向かってスタートを切ることができた。

「モリ・カケ・桜」が相次ぐも連続在職日数の最長記録を更新

安倍総理は、平成二十四年（二〇一二）九月に自民党総裁に就任してから、政権復帰を果たした平成二十四年十二月の衆院選を皮切りに、衆院選三回、参院選三回、さらに総裁選も無投票再選をふくめて三回勝利をおさめ、合計で「V9」とも言われていた。

ところが、私的なマイナス的事件が次々と起こる。

平成二十七年（二〇一五）九月、安倍の妻の昭恵は森友学園が経営する予定の「瑞穂の國記念小學院」の名誉校長に就任した。

その後、この学園の建設予定地の国有地払い下げ問題に昭恵が関与したのでは、とマスメディアによって報道され、国会でも野党によって追及された。

平成二十九年（二〇一七）二月十七日、安倍総理は国会でこの疑惑を追及された際、関与を強く否定した。

「わたしも妻も一切、この認可にもあるいは国有地の払い下げにも関係がないわけでありまして、わたしや妻が関係していたということになれば、まさにわたしは、それはもう間違いなく総理大臣も国会議員も辞めるということははっきり申し上げておきたい」

自身の問題ならば、ここまで感情的にはならなかっただろう。昭恵が絡んでいるからこそ、安倍はムキになって強い言葉を使ったのだ。

次いで「加計学園問題」も持ち上がった。

この問題は、愛媛県今治市における加計学園グループの岡山理科大学獣医学部新設計画をめぐる問題で、平成二十九年三月十三日、参議院予算委員会で社民党の福島瑞穂《ふくしまみずほ》がこの疑惑に関して質疑した事で国会で論戦が始まった。

文部科学省は長年獣医学部の新設を認めなかったが、平成二十九年、安倍内閣によって国家戦略特別区域に指定された今治市で、岡山理大により獣医学部が新設されることになった。このとき、この今治市ありきで獣医学部の新設が進められたのではないかという疑惑が持たれ、関係者の調査がおこなわれたが、安倍内閣および政府は、加計学園に「特別の便宜」を図ったとの疑惑を否定した。

さらに、「桜を見る会」も問題となった。平成三十一年（二〇一九）四月十三日に開催された桜を見る会について、予算が当初の三倍となる約五五一八万円に上っていたことが衆院決算行政監視委員会で明らかとなり、問題視された。

第二次安倍政権における五年間で、支出は毎回設定されている予算額約一八〇〇万円を超過。金額・参加者ともに毎年増えつづけ、参加者は約一万八〇〇〇人に膨れ上がり、安倍総理の選挙区である山口県からの参加者が多いことなどが問題視された。

また、安倍晋三後援会が「桜を見る会」の前日に開いた夕食会の費用を補填していた問題も浮上し、令和二年（二〇二〇）十二月二十四日、東京地検特捜部は、安倍晋三後援会代表の秘書を、政治資金規正法違反（不記載罪）で略式起訴した。安倍については嫌疑不十分で不起訴処分とした。

このような問題も相次ぎ、長期政権における弊害も指摘され始めた。

令和二年に入ると、政権はさらに苦境に立たされた。

新型コロナウイルス感染症の拡大により、予定されていた東京五輪・パラリンピックの一年延期が決定する。

また、新型コロナウイルスへの対応では「アベノマスク」と揶揄された布マスクの全戸配布や、安倍総理が東京・富ヶ谷の自宅でミュージシャンの星野源《ほしのげん》が歌う「うちで踊ろう」の動画に合わせて、くつろぐ様子を官邸のインスタグラムに投稿したことなどが世間の批判にさらされた。支持率はジワジワと低下しつづけた。

五月におこなわれた朝日新聞の世論調査では、内閣支持率は、第二次安倍政権で最低の二九パーセントを記録し、厳しい政権運営を強いられていた。

そんなさなか、八月に入って以降の永田町における最大の関心事は、安倍晋三総理の体調問題であった。

安倍総理は、八月十七日に、東京都新宿区にある慶應義塾大学病院に約七時間半滞在して日帰り検査を受診していた。さらに、翌週の八月二十四日にも、追加検査として通院した。

ちなみに二度目の検査を受けた八月二十四日は、安倍総理が自らの大叔父である佐藤栄作の持つ総理大臣連続在職日数記録の二七九八日を超えた二七九九日目であり、最長記録を更新した日でもあった。

安倍総理の体調問題は、今回が初めてではなかった。第一次安倍政権のときも、参院選後に持病の潰瘍性大腸炎の悪化によって、突然の辞任に追い込まれていた。

そのため、今回も、通院後に安倍総理から具体的な説明がなかったこともあって、「持病が悪化しているのでは」との推測が流れていた。

持病悪化で二度目の辞任

令和二年（二〇二〇）八月二十八日午後二時七分、「列島ニュース」を放送中だったＮＨＫは、画面上段に臨時の速報テロップを流した。

「安倍首相辞任の意向を固める　持病悪化で国政への支障を避けたい」

安倍晋三総理の辞任を伝えたＮＨＫの第一報は、永田町だけでなく日本中を駆けめぐった。

ＮＨＫの一報は、一部にあった総理続投の観測を打ち消すだけでなく、午後五時にセットされた記者会見の目的が辞任表明にあったことまでも明らかにした。

実は、ＮＨＫが一報を伝える前から官邸では、異変が起きつつあった。

それは二十八日午前十時からの閣議の終了後だった。安倍総理は、閣議後、麻生太郎副総理兼財務大臣と二人だけで会談した。安倍は、このとき初めて、麻生大臣に辞任する意向を伝えたという。麻生にとっても安倍の辞任は予想外だった。

政策に道筋をつけて退陣

八月二十八日午後五時、安倍総理は、記者会見に臨み、辞任について語った。

「十三年前、わたしの持病である潰瘍性大腸炎が悪化をし、わずか一年で総理の職を辞することになり、国民の皆さまには大変なご迷惑をおかけいたしました。その後、幸い新しい薬が効いて体調が万全となり、そして国民の皆さまからご支持をいただき、再び総理大臣の重責を担うこととなりました。この八年近くの間、しっかりと持病をコントロールしながら、なんら支障なく、総理大臣の仕事に日々全力投球することができました。しかし、本年、六月の定期検診で再発の兆候が見られると指摘を受けました。その後も、薬を使いながら、全力で職務に当たってまいりましたが、先月中ごろから、体調に異変が生じ、体力をかなり消耗する状況となりました。そして八月上旬には、潰瘍性大腸炎の再発が確認されました。今後の治療として現在の薬に加えまして、さらに新しい薬の投与をおこなうこととといたしました。今週初めの再検診においては、投薬の効果があるということは確認されたものの、ある程度継続的な処方が必要であり、予断を許しません。政治においては、もっとも重要なことは結果を出すことである。政権発足以来七年八カ月、結果を出すために全身全霊を傾けてまいりました。病気と治療を抱え、体力が万全でないという中、大切な政治判断を誤ること、また、結果を出さないことはあってはなりません。国民の皆さまの負託に自信を持って応えられる状態でなくなった以上、総理大臣の地位にありつづけるべきではないと判断いたしました。総理大臣の職を辞することといたします。現下の最大の課題であるコロナ対応に障害が生じるようなことはできる限り避けなければならない。その一心でありました。悩みに悩みましたが、感染拡大が減少傾向へと転じたこと、そして冬を見据えて対応策を取りまとめることができたことから、新体制に移行するのであればこのタイミングしかないと判断いたしました」

安倍総理は、残された課題について語った。

「この七年八カ月、様々な課題にチャレンジしてまいりました。残された課題も残念ながら多々ありますが、同時に様々な課題に挑戦する中で達成できたこと、実現できたこともあります。すべては国政選挙の度に力強い信任を与えてくださった、背中を押してくださった国民の皆さまのおかげであります。本当にありがとうございました。そうしたご支援をいただいたにもかかわらず、任期をあと一年残し、他の様々な政策が実現途上にある中、職を辞することになったことについて国民の皆さまに心よりおわびを申し上げます。拉致問題をこの手で解決できなかったことは、痛恨の極みであります。ロシアとの平和条約、また憲法改正、志半ばで職を去ることは断腸の思いであります。しかし、いずれも自民党として国民の皆さまにお約束した政策であり、新たな強力な体制の下、さらなる政策推進力をつけて実現に向けて進んでいくものと確信しております。もとより、次の総理が任命されるまでの間、最後までしっかりとその責任を果たしてまいります。そして治療によって、なんとか体調を万全として、新体制を一議員として支えてまいりたいと考えております。国民の皆さま、八年近くにわたりまして、本当にありがとうございました」

安倍は、その後の記者との一問一答で、総裁選の形や、自身の意中とする後継候補について訊かれて、答えた。

「次の自民党総裁をどのように選出していくかということについては、執行部等にお任せしておりますので、わたしが申し上げることではないと思いますし、誰かということもわたしが申し上げることではないだろうと、思っております」

また、記者から辞任を具体的に判断した時期や、相談相手の有無について訊かれて、応えた。

「月曜日（八月二十四日）にそういう判断をしました。その中で、この秋から冬に向けてのコロナ対策を取りまとめなければならない。そして、その実行のめどを立てる、それが今日の日となったということであります。この間相談したかということですが、これはわたし自身、自分一人で判断をしたということであります」

記者会見は、突然の辞任となった第一次政権のときとは違い、政策に一定の道筋をつけて退陣する形をつくるという安倍総理の思いがにじむものであった。

第十章

安倍晋三の死とその後

新総裁は菅義偉に

九月十四日、自民党総裁選の投開票がグランドプリンスホテル新高輪でおこなわれた。

国会議員票、各三票の都道府県連票を合計した開票の結果、菅義偉が議員票二八八票、県連票八十九票で合計三七七票、岸田が議員票七十九票、県連票一〇票で合計八十九票、石破が議員票二十六票、県連票四十二票で合計六十八票であった。菅は初回の投票で過半数を得て、第二十六代総裁に選ばれた。

この総裁選で、安倍は、表立って活動したわけではないが、最終的に菅を推したという。

安倍が筆者に語った。

「任期途中での辞任という形になりましたので、菅さんには安心して任せられるという気持ちがありました。官房長官という本当に大変な職務を担い、政権をずっと支えてくれました。森喜朗元総理がよく『滅私奉公』という言葉を使いますが、まさにその精神で、政権と日本に尽くしてくれました。岸田さんも、外務大臣時代の仕事ぶりも評価していますので、これからもいろんな場面で活躍していくと思っています。いろんな選択肢があるのが自民党のよさですから」

安倍の妻の昭恵も、菅のことをよく評価するという。

「わたしの妻も、菅さんの仕事ぶりを見て、『あんなに一生懸命に仕事をしているんだから、あなたはもっと菅さんに感謝しなければ駄目よ』なんてよく言われました」

森友問題が火を吹き、もしかして昭恵夫人と仲が悪くなっているのでは、との声すらある中での答えである。いかに昭恵夫人が攻撃されようとも、妻をかばい、さらに政治的決断においても妻の意見を聞くほどに深く愛していたのだ。

最大派閥の会長として迎える初めての国政選挙

令和四年（二〇二二）七月八日、安倍晋三元総理は、奈良県の近鉄大和西大寺駅前でおこなっていた参院選の遊説のさなか、凶弾によって倒れた。

安倍派（清和政策研究会）の事務総長を務める西村康稔《にしむらやすとし》は、事件前日の七月七日、安倍と顔を合わせ言葉を交わしている。この日、安倍は、兵庫県選挙区から自民党公認で出馬している現職の末松信介《すえまつしんすけ》文部科学大臣の応援のため、西宮市の阪急西宮ガーデンズ前と神戸市のさんきたアモーレ広場でおこなわれた街頭演説に弁士として駆けつけた。

自民党兵庫県連の会長を務める西村も、同じ安倍派に所属する末松の四選を目指して、必死に応援していた。

末松の街頭演説は、二カ所ともたくさんの聴衆が集まり、盛況であった。

暑い日だったが、安倍は気力がみなぎっているようで、熱心に聴衆に語りかけていた。演説後、安倍は聴衆に若者たちの姿を多く見つけたこともあって、上機嫌であった。

「若い人がだいぶ集まってくれた。反応もよかったね」

令和二年（二〇二〇）九月に総理大臣を退任した安倍は、令和三年（二〇二一）十一月に、衆議院議長となった細田博之から清和政策研究会の会長の職を引き継ぎ、安倍派の会長となっていた。

今回の参院選は、衆参合わせて一〇〇人近くの議員が所属する最大派閥の会長として迎える初めての国政選挙であった。

安倍は、全国各地を連日応援に飛び回り、参院選に手応えを感じているようだった。

西村は、西宮市と神戸市での演説を終えて、次の遊説の地へと移動する安倍をJR新神戸駅まで送った。

安倍は、この晩、岡山県選挙区で戦っている現職の小野田紀美《おのだきみ》参議院議員の集会に呼ばれていた。

新神戸駅に向かう車中で安倍は西村に言った。

「この調子で最後までいければいいね。参院選の後は内閣改造と党役員人事があるから、相談をしよう」

西村は、令和三年十月から松野博一《まつのひろかず》官房長官の後任として、清和政策研究会の事務総長を務めていたため、安倍と西村は派閥の会長と事務総長という関係でもあった。

今回の参院選は、岸田文雄政権が高い支持率を誇っていたこともあって、新聞各社の世論調査は軒並み、自民党の好調を伝えていた。しかし、選挙戦の終盤になると、近畿地方の選挙区を中心に日本維新の会が伸長しつつあった。そのため、奈良県や京都府などの選挙区で、優勢と報じられていた自民党の候補者が追い上げられつつあった。

さらに自民党にとって逆風とも言える報道があった。七月六日に長野県選挙区に出馬した自民党の新人候補者、松山三四六《まつやまさんしろう》について、「週刊文春」と「週刊新潮」の二誌が電子版で松山の過去の女性問題や金銭問題をスクープしたのだ。

この報道は、安倍の遊説先にも影響を与えた。七月八日には、長野県に行き、松山の応援に入る予定だったが、報道の影響もあり、七日の午後には長野行きが取り止めとなった。その代わりに奈良県選挙区の佐藤啓《さとうけい》と京都府選挙区の吉井章《よしいあきら》の応援に入ることになったという。

岡山市での集会の終了後、安倍は、この日は、都内にある渋谷区富ヶ谷の自宅に帰宅したという。

二発目の銃弾で倒れ込む

事件当日の七月八日、安倍は、渋谷区富ヶ谷にある自宅を朝早くに出発した。

午前十一時半からの奈良での演説に間に合わせるために、羽田空港を午前九時出発する伊丹空港行きの全日空一七便に搭乗する必要があったからだ。

「今日も元気に行ってくるよ」

見送りに出た昭恵夫人に安倍は、いつものように言葉をかけて、家を出たという。

午前十時五分、安倍を乗せた全日空一七便は、伊丹空港に到着した。安倍は、そこから車に乗って、街頭演説会のおこなわれる近鉄大和西大寺駅へと向かった。

この日安倍が応援に向かった佐藤啓は、安倍派に所属する現職の参議院議員で、総務官僚出身だった。平成二十六年（二〇一四）九月から一年間、総理官邸で木村太郎《きむらたろう》総理補佐官の秘書官を務め、その後、平成二十八年（二〇一六）七月の参院選で初当選を飾っていた。安倍としては絶対に落とせない候補者の一人だった。

午前十一時十分、佐藤の街頭演説会が大和西大寺駅北口から東に五十メートルほど離れた交差点中央のガードレールで囲まれた安全地帯でおこなわれた。安全地帯の真南には県道一〇四号谷田奈良線が通っていた。駐車スペースがないために、選挙カーは安全地帯から北に約二十メートルほど離れた場所に止められた。

午前十一時十八分ごろ、安倍は、警察官とともにガードレールの内側に到着した。安倍が姿を現したこともあって、前方の聴衆が徐々に増え始めていった。

午前十一時二十三分ごろ、候補者である佐藤の演説が始まった。

午前十一時二十八分ごろ、安倍は、佐藤とグータッチを交わした後、高さ約四十センチメートルの台の上で、駅のロータリーを背にして応援演説を開始した。

事件が起きたのは、安倍が演説を開始して、数分しか経っていない午前十一時三十一分過ぎだった。

「彼（佐藤）はできない理由を考えるのではなく……」

安倍がそう語った直後、爆発音が上がった。

斜め後ろから演壇に近づいてきた男がたすきがけの黒いカバンから、筒状の銃身を粘着テープで巻いた手製の拳銃を取り出して、安倍に向けて発砲したのだ。

この一発目の時点での安倍と男の距離は約七メートル。一発目は誰にも当たらなかったが、爆破音のような大きな音とともに白煙が上がり、安倍は音のした左後方を振り返った。

男は一発目の発射から二・七秒後、さらに二メートルほど安倍に近づいた位置から、二発目を発射した。二発目の銃弾は、安倍の首の右前部と左上腕部に着弾。安倍はその場に倒れ込んだ。

二発目が命中したことで、心肺停止状態となった安倍は、現場に居合わせた看護師らに救命措置を施された。

その後、救急車に収容され、ドクターヘリの着陸先である平城宮跡歴史公園に向かった。十二時九分にドクターヘリに収容されると、十二時二十分、橿原市内にある奈良県立医科大学附属病院高度救命救急センターへ搬送された。

旧統一教会への恨みと岸家の宿業

いっぽう、銃撃を実行した男は奈良県警にすぐに取り押さえられ、午前十一時三十二分に殺人未遂の現行犯で逮捕された。

男の名前は山上徹也《やまがみてつや》。四十一歳の奈良市在住の無職だった。

山上が安倍を狙った理由は、安倍が宗教団体の旧統一教会（現・平和統一家庭連合）と関わりを持っていたことだった。

令和三年（二〇二一）九月十二日、韓国のソウル近郊にある清平でおこなわれた旧統一教会の関連団体ＵＰＦ（天宙平和連合）などが主催したオンライン年次大会「ＴＨＩＮＫ　ＴＡＮＫ　二〇二二　希望前進大会」に安倍はビデオメッセージを寄せて、会員たちに向けて語っていた。

「今日に至るまでUPFとともに世界各地の紛争の解決、とりわけ朝鮮半島の平和的統一に向けて努力されてきた韓鶴子《ハンハクチャ》総裁をはじめ、皆さまに敬意を表します。UPFの平和ビジョンにおいて家庭の価値を強調する点を高く評価いたします」

旧統一教会に多額の献金をおこなう熱心な信者を母親に持つ山上は、大学への進学を断念するなど、若い頃から教団の存在に苦しみつづけていた。

教団への恨みを募らせていた山上は、教団の活動を賞賛する安倍のビデオメッセージを目にして、攻撃の対象を安倍に向けたという。

安倍元総理と旧統一教会の関わりは、一代に限られたものではない。安倍の祖父である岸信介元総理のころにまで遡る長い関係があった。

昭和二十九年（一九五四）に韓国で教祖の文鮮明《ムンソンミョン》によって、活動を開始した統一教会は、昭和三十三年（一九五八）ごろから日本でも活動を開始。昭和三十九年（一九六四）に宗教法人として認証されると、久保木修己《くぼきおさみ》が日本の初代会長に就任している。

その年の十一月、日本の統一教会は、渋谷区南平台にある岸信介の邸宅の隣に本部を移転。以降、岸は、盟友の笹川良一との縁もあり、教団と深い関係を築いていく。

昭和四十二年（一九六七）六月には、山梨県の本栖湖畔で日韓両国の「反共首脳会議」が開催された。この会議には、日本側からは、笹川良一、児玉誉士夫の代理人、韓国側からは文鮮明らが集まり、反共団体をつくることで合意した。

翌昭和四十三年（一九六八）、笹川を名誉会長、統一教会の久保木を会長として、政治団体の国際勝共連合が発足する。

反共意識が強く、安保改定時に自らを辞職に追い込んだ左翼勢力に対して批判的だった岸は、昭和四十五年（一九七〇）には勝共連合の本部を兼ねる統一教会の本部に出向き、若者たちを激励している。

さらに昭和四十四年（一九六九）には、文鮮明を囲んだ晩餐会を帝国ホテルで自ら実行委員長として開催した。晩餐会には、娘婿である安倍晋太郎や、当時、大蔵大臣だった福田赳夫も出席した。

岸信介や安倍晋太郎は統一教会と深い関係を築いたが、平成五年（一九九三）に初当選した安倍晋三は、当初距離を置いていたという。

だが、民主党政権が誕生し、下野をして以降、政権復帰を目指す中で、急速に近づいていったという。

なお、一度総理大臣を辞職した安倍が再び総理の座を目指して戦うことができたのも、岸信介の孫という血統ゆえともいえよう。もし、そういう輝ける血統が無ければ、二度も総理にという運命はなかったであろう。

しかし、この事件で凶弾に倒れたのも、統一教会と関わりの深い岸信介の孫であったせいといえよう。その意味では、安倍にとって岸家の運命というよりも、岸家の宿業《しゅくごう》ともいえよう。

救急救命室で蘇生措置

事件当日の七月八日、西村康稔は、羽田空港を正午に発つ伊丹空港行きの全日空二三便に乗るために、羽田空港へと向かっていた。

前日の七月七日、兵庫県で安倍とともに末松を応援していた西村も、その晩、東京の自宅に戻っていた。

午前中の打ち合わせを終えて、羽田空港に着き、飛行機に搭乗する直前の午前十一時四十五分ごろ、西村の携帯電話が鳴った。

電話に出るや、相手はすぐに緊迫した声で伝えてきた。

「安倍さんが奈良で演説中に撃たれたというニュースが入っています」

突然の報せに西村は衝撃を受けた。しかし、この段階ではまだ事件直後の一報が流れているだけで、詳細まではわからなかった。

西村は、安倍の身を案じながら、奈良ということもあり、伊丹空港行きの便に搭乗した。

午後一時過ぎ、予定通り伊丹空港に到着した全日空二三便から降りた西村は、すぐさま安倍についての詳細を確認した。

西村は、撃たれた安倍が、奈良県立医科大学附属病院高度救命救急センターに搬送されて救急治療を受けていることを確認すると、その日の午後の日程をすべてキャンセルし、すぐさま病院へと向かった。

西村が病院に到着すると、すでに安倍派の会長代行を務める塩谷立《しおのやりゅう》元文部科学大臣と兵庫県選挙区選出で安倍派に所属する加田裕之《かだひろゆき》参議院議員が駆けつけていた。

静岡県が地盤の塩谷は、この日、偶然関西にいたため、すぐに向かったという。

西村と塩谷、加田は三人で協力して、各方面と連絡を取った。

病院の救急救命室で蘇生措置を受けていた安倍との面会は叶わなかった。

医師団から大量の輸血をおこなって、懸命の治療をつづけているという状況を訊き、西村はひたすら回復を祈りつづけた。

病院には、事件時に安倍を警護していたＳＰもいて、激しく憔悴し、泣き崩れていた。

西村も、そのＳＰと顔見知りだったため、事件の責任を感じ、泣き崩れているＳＰの姿を見て、胸が詰まったという。

徐々に様子が落ち着くと、ＳＰからも事件当時の状況を訊いた。

また、西村は、永田町にある自民党本部にも連絡を取った。

福田達夫《ふくだたつお》総務会長が幹事長室にいたため、西村は福田と情報を共有しながら、官邸をはじめとする各方面と連絡を取った。

安倍晋三の死「本当に穏やかな表情でした」

午後四時五十五分、一報を受けて東京都渋谷区富ヶ谷の自宅を出た昭恵夫人が病院に到着した。

昭恵夫人は、塩谷、西村とともに懸命に治療を受けている安倍元総理と対面した。

そして、病院側から安倍元総理の容態の説明を受けて、蘇生措置を中止することを最終的に承諾した。

西村は、昭恵夫人とともに安倍元総理を看取ることになり、午後五時三分に安倍の死亡を確認した。そのときの様子を西村が語る。

「本当に穏やかな表情でした」

安倍が亡くなったことを確認すると、昭恵夫人も、ショックで茫然としているようだった。しばらくすると、涙をとめどなく流していた。

西村が駆けつけた後にも、病院には菅義偉元総理や、安倍が応援に入った候補者の佐藤啓参議院議員、佐藤と同じく奈良県選出の堀井巌《ほりいいわお》参議院議員、内閣情報官や国家安全保障局長を務めた北村滋、松野博一官房長官らが駆けつけていた。

北村は、第二次安倍内閣で総理秘書官を務めた今井尚哉から事件の一報を受けて、病院に急行してくれたようだった。

北村は自ら「自分が役に立つこともあるだろうから、ずっといますよ」と言い、警察関係との連絡や調整を担ってくれた。警察官僚出身の北村の存在は非常に助かったという。

菅も、この日は参院選の応援演説のために沖縄県に向かう予定であった。だが、事件の一報を受けて演説が中止になったために、病院に急行したという。

病院に駆けつけた面々は、安倍の遺体と対面し、それぞれに別れを告げた。

西村は、その後の段取りについて、昭恵夫人と相談をし、東京の自民党本部にいる福田達夫総務会長に岸田文雄総理や茂木敏充幹事長への連絡を頼んだ。

午後六時過ぎからは、担当医による会見がおこなわれた。

司法解剖をおこなうため、その晩は病院に泊まり、翌朝、東京に向けて出発することになった。西村や、昭恵夫人、昭恵夫人の実弟の松崎勲《まつざきいさお》らは、病院内に用意されたそれぞれの部屋で一晩を過ごした。

七月九日に奈良県警によって公表された司法解剖の結果では、安倍の死因は失血死であり、左上腕部が狙撃され、左右の鎖骨下動脈を損傷したことが致命傷となったという。

七月九日、午前五時五十五分、昭恵夫人や西村らは、安倍の遺体とともに、奈良医大附属病院を車で出発した。

午後一時三十五分、一行は、渋谷区富ヶ谷の自宅に到着した。

安倍の母親の洋子をはじめ、長兄の安倍寛信、弟の岸信夫参議院議員らが迎えた。

さらに、高市早苗政調会長や、福田達夫総務会長、大石吉彦《おおいしよしひこ》警視総監、鈴木浩外務審議官、安倍と親交が深かった日枝久《ひえだひさし》フジサンケイグループ会長らも来ていた。

安倍の遺体は洋子が普段生活している三階に運ばれた。

自宅前には多くのマスコミが集まっていた。

昭恵夫人も、昨晩から一睡もできなかったようで、相当疲れている様子だった。

西村は、その後は、塩谷立や、下村博文らとともに弔問客の対応に追われた。

この日は、選挙応援の合い間を縫う形で岸田総理のほかに、森喜朗元総理、小泉純一郎元総理、細田博之衆議院議長、山東昭子《さんとうあきこ》参議院議長、二階俊博元幹事長、小池百合子東京都知事らが弔問に訪れた。

小泉純一郎元総理と森喜朗元総理の嘆き

平成十七年（二〇〇五）夏に現職の自民党の参議院議員でありながら、郵政民営化法案に反対し、自民党を離党し、そののちに除名され、新党改革を自ら立ち上げた荒井広幸は、それ以降、国会で小泉純一郎と討論することはあっても、サシで会うことは一度もなかった。

　安倍の自宅のガレージで小泉純一郎と話をしたのは、荒井広幸にとって、およそ二十年ぶりのことだったという。

　小泉は帰りぎわに、荒井と挨拶を交わし、握手をした後、車に乗り込みながら天を仰ぎ、荒井に安倍晋三について言った。

「荒井さん、再登板もあったな……」

　森喜朗元総理は、月刊誌『中央公論』令和四年九月号で、安倍の死と再登板について語っている。

「七月九日、安倍さんのご遺体がご自宅に戻ったので、病院から弔問して、対面した。頭に包帯が巻かれていたが、安らかで、それから非常にきれいな顔をしていた。頭も顔も撫でてやったよ。冷たかったなあ。『安倍くん、ご苦労だったな』『よく頑張ったな』という言葉をかけるよりなかった。

　私から見ると、弟みたいにしていたからね。『かわいそうになあ』という気持ちと同時に、『まだあと二十年はやれるのにもったいないなあ』と。『俺は老骨に鞭打って頑張っているのに、まだ若いのだからもったいないじゃないか』という気持ちになってしまった。安倍さんが亡くなるとは、予想もしていなかったし、考えもしなかった。ハッキリ言えば、これからどうやって安倍さんをもう一回、もり立てていくかということを考えていた。本人もおそらく、心の中では『チャンスがあれば』と思っていたはずだよ。それはお互い、絶対に口にしないようにしていたが、そのつもりでいたと思う。彼は、七月の参院選は異常なまでに（候補者応援のために）歩いていた。奈良もそうだし、福井とか、行かなくていいようなところまで、きめ細かく歩いておられた。やっぱり他日を期しているのだなあと、私には見えた。だから、その時に備えて、お互いに『あうんの呼吸』で周りをしっかり固めて、環境を作り上げることが、私の最後の仕事だと、そう思っていたからね。」

翌十日、参院選の投開票日となったこの日も、茂木敏充自民党幹事長や、亀井静香元衆議院議員、三木谷浩史《みきたにひろし》楽天グループ会長兼社長、ラーム・エマニュエル駐日アメリカ大使らが弔問に訪れた。

二五〇〇人が参列した通夜

安倍の通夜と葬儀は、通夜が七月十一日、葬儀が十二日の日程で、いずれも港区芝にある増上寺で、おこなわれることになった。

十一日の通夜には、岸田総理や菅元総理、麻生太郎自民党副総裁、ラーム・エマニュエル駐日アメリカ大使、アメリカのジャネット・イエレン財務長官、黒田東彦日本銀行総裁、泉健太《いずみけんた》立憲民主党代表、玉木雄一郎《たまきゆういちろう》国民民主党代表、三木谷、豊田章男《とよだあきお》トヨタ自動車社長、里見治《さとみはじめ》セガサミーホールディングス会長をはじめ、国会議員や各国の大使、親交のある経済人や文化人ら、約二五〇〇人が焼香に訪れた。

十二日午後一時から東京都港区の増上寺でおこなわれた葬儀と告別式では、麻生太郎自民党副総裁が「友人代表」として弔辞を述べ、昭恵夫人が喪主として紙を見ることなく、弔辞を述べた。

「あまりに突然なことで、まだ夢の中にいるようだ。あの日は、朝八時にご飯をいっしょに食べてお見送りをした。そうしたら、十一時過ぎに撃たれたと連絡があって、母の洋子さんには言わないでと言われたのですが、『えっ』と声を上げてしまいました。平静を装っていましたが、テレビが流れ始めてしまって。事件後に病院に駆けつけて、主人と対面したとき、手を握ったら、握り返してくれたような気がした」

そして結婚してからの二人の人生を振り返った。

「主人のおかげで、経験できないいろいろなことを経験できました。すごく感謝しています。いつも自分をかばって助けてくれた。主人は家では優しい人で、人をよろこばせるのが本当に好きな人、人のためにするのが好きな人なので、こんなにたくさんの人が葬儀に参列してくれたことをよろこんでいることでしょう。安倍晋三を支えてくれて、本当にありがとうございました」

そこから吉田松陰の『留魂録《りゅうこんろく》』の文章を引用して語った。

「十歳には十歳の春夏秋冬があり、二十歳には二十歳の春夏秋冬、五十歳には五十歳の春夏秋冬があります。父晋太郎さんは、総理目前に倒れたが、六十七歳の春夏秋冬があったと思う。主人も、政治家としてやり残したことはたくさんあったと思うが、本人なりの春夏秋冬を過ごして、最後、冬を迎えた。種をいっぱいまいているので、それが芽吹くことでしょう」

出棺は午後二時半過ぎ、昭恵夫人は棺に花を手向けた後、夫に頬ずりし、別れを惜しんだ……。

葬儀後には、安倍の棺を載せた霊柩車が永田町の自民党本部や議員会館、安倍が長年主となった総理官邸、国会議事堂を回った。岸田や自民党幹部をはじめとする国会議員や官邸職員など多くの関係者のほか、沿道には多数の一般市民が見送りに立った。

西村が振り返って語る。

「本当に大勢の方に見送ってもらいました」

安倍はまだ六十七歳。上の世代の力を持った長老たちに比べると、一回りも若かった。党内の最大派閥（清和会＝安倍派）を率い、その力は強く、安倍の時代が今後十何年も近くつづくはずだった。

三回目となる総理大臣への返り咲きも可能となる環境すら整っていた。退任後に力を持った田中角栄は、ロッキード事件を抱えていたために「闇将軍」と言われたが、安倍は「昼将軍」として堂々と力を振るいつづけることができた。

政策的には似ていた祖父の岸信介は満州国を発展させ「満州の妖怪」と言われたが、安倍は爽やかで一見、妖怪風でないのにしたたかな「令和の妖怪」として力を振るえる可能性があったのに……。

死してなお、永田町の中心人物

令和四年（二〇二二）九月二十七日、安倍晋三元総理の国葬が日本武道館で執りおこなわれた。

安倍元総理は、死してなお、永田町に中心人物として生きつづけ、操りつづける。

安倍元総理は、祖父岸信介からも、幼いときから吉田松陰のように生きろ、と教えられた。

万が一吉田松陰が安政の大獄で生き延びていたら、明治維新はなかった。死んで神になったことで、弟子たちは松陰の「狂いたまえ」の言葉に率いられ、明治維新に奔った。

松陰門下に安倍の父親も自らも「晋」の字を戴く高杉晋作がいたからこそ、維新が成立した。

死した安倍元総理が、果たして吉田松陰的な存在となるのか。流れを汲む人たちに何人の〝高杉晋作〟が現れるのか。見物ではあった。

が、清和会を中心に、裏金問題が火を噴いた。安倍が清和会の会長になったとき、幹部たちに「裏金のシステムはやめろ」と注意したのに、結局、また元に戻したせいで、清和会の幹部は袋叩きにあい、次の総理を狙うどころではなくなった。

安倍は、あの世で清和会の崩壊をどんなに悲しがっていることだろうか。

小泉進次郎「親父がやらなかったことを、わたしはする」

いっぽう、小泉進次郎は、平成二十三年（二〇一一）十月に自民党青年局長、国会対策委員会委員に就任した。

平成二十五年（二〇一三）九月三十日、青年局長を退任し内閣府大臣政務官（経済再生、経済財政、環太平洋経済連携協定（TPP）等担当兼復興大臣政務官に就任した。

平成二十七年（二〇一五）十月二十三日、自民党農林部会長に就任。

平成二十八年（二〇一六）八月、二〇二〇年以降の経済財政構想小委員会の委員長代行に昇格しつつ、自民党農林部会長に留任。党部会長の人事では小泉のみ留任となった。

平成二十九年（二〇一七）八月より柴山昌彦とともに自民党筆頭副幹事長。

令和元年（二〇一九）九月十一日、第四次安倍第二次改造内閣で環境大臣として入閣。男性としては戦後最年少（三十八歳）で閣僚となった。

令和二年（二〇二〇）九月十六日、菅義偉内閣で環境大臣に再任。総理経験者の子女では唯一の閣僚であり、自民党総裁経験者の子女としては河野太郎《こうのたろう》（父親の河野洋平）に次いで二人目であった。

令和三年（二〇二一）三月に自民党有志が結成した「選択的夫婦別氏制度を早期に実現する議員連盟」に参加し、同連盟の顧問に就任した。

令和三年の自由民主党総裁選挙では河野太郎を支持し、石破茂とも連携し、三人の頭文字から「小石河」という造語ができて話題になったが、岸田文雄に敗北。小泉は「全力で河野さんを応援して負けました。完敗に近い。負けは負けです。ルールの中でやって負けたんです」と語った。

令和三年十一月、自民党総務会長代理に就任。

わたしが、小泉純一郎元総理の行きつけの赤坂の料理屋「津やま」で小泉元総理と飲んだとき、さりげなく「進次郎さんはどうですか」と訊いた。

小泉は、好きな冷やを飲みながら、ぽつりと言った。

「オレより上だな」

わたしは、「小泉さんの若いときに比べてですか」と訊こうとしたが、そういう雰囲気ではなかったので、訊かなかった。

我が子ながらやるよ、という感じは十分に汲み取れた。

小泉政権時代、「偉大なるイエスマン」を自認していた武部勤幹事長の息子である衆議院議員の武部新《たけべあらた》は、進次郎から聞いたことがある。

「親父がやらなかったことを、わたしはする」

その言葉に、「親父を越える政治家になる」という強い意志を感じたという。

小泉進次郎の総裁選出馬

令和六年（二〇二四）七月八日の夜、The Okura Tokyoプレステージタワーの平安の間で、SBIグループの創業二十五周年記念パーティーが開かれた。

わたしも『論語と経営　SBI北尾吉孝』を上梓しているので招かれた。

小泉純一郎元総理も出席していたので、良い機会と思い、小泉進次郎元環境大臣の総裁選出馬について訊ねた。

実は、小泉純一郎は、これまで進次郎の総裁選出馬について語っていた。

「まだ早い。五十歳になってから」

進次郎は、現在四十三歳である。五十歳まであと七年もある。

父純一郎にすれば、かつて自分が応援して総理にした安倍晋三は、五十二歳の若さで就任した。が、病もあり、わずか一年で政権を投げ出してしまった。まして進次郎は四十三歳である。せめて五十歳までは……という気持ちが強いのであろう。

しかし、現在の自民党は裏金問題で苦しんでいる。岸田政権の支持率も、自民党の支持率も、落ちに落ちて、このまま衆院選に突入すれば、野党に政権交代されるのでは、という声が強かった。

そのためにも、斬新な若手か女性に表紙を変えて戦わなければ、政権交代間違いなし、との声すらあった。

そこで小泉進次郎の名前が挙がってくるのだが、これまでは純一郎の五十歳までは、との発言があり、進次郎も慎重な姿勢を見せていた。

ところが、ここにきて、これまで一度も名の挙がることがなかった元経済安保担当大臣の小林鷹之《こばやしたかゆき》が急遽ダークホースとしてクローズアップされてきた。「コバホーク」の愛称で呼ばれる小林は、現在四十九歳である。

小林が若手のホープとして出馬するのに、これまで若手のホープとして騒がれてきた進次郎が出馬しなければ、先を越されかねない。進次郎も、さすがに五十歳までは、と父親の言う通りにいい子を決めつづけるわけにはいかない、との焦りもあるのでは、とわたしは思っていた。

そこで、小泉純一郎に言った。

「進次郎さんに、五十歳までは、とおっしゃっていますが、平時ならわかりますが、いまや自民党は大変なことになっている。自民党は、進次郎さんが五十歳になるまでもたないかもしれない。とても進次郎さんが五十歳になるまで待ってはいられません。お父さんとしても、踏ん切ってもらわなくては……」

小泉純一郎は、そばのワインを一口飲むと、ニヤリとした。その表情は、わたしには「自民党のひどい状況は十分にわかっている。考えるに値する」、そう答えているように映った。

「期待してますからね」

わたしは小泉純一郎にそう言って席を立ち、わたしのテーブルに戻ろうとすると、小泉純一郎と同じテーブルにいた、かつて小泉政権で総務大臣などを務めた竹中平蔵に「ちょっと、大下さん」と声をかけられた。

そばに寄ると、竹中はわたしの耳元で興味深いことを囁いた。

「菅さんは、小泉さんに決めたようですよ」

菅元総理は、岸田政権では非主流派であるが、令和六年九月の総裁選では、なんと四枚ものカードを握っていた。

菅政権で官房長官だった加藤勝信、行政改革担当大臣だった河野太郎、環境大臣だった小泉進次郎、それに世論調査ではいつもトップに立つ石破茂元幹事長の四人である。

ただし、菅はその四枚のカードのうち、最終的には一枚しか引けない。

もし裏金問題で火がついていない平時であれば、野党を気にすることもなく、自民党内だけを考えて一枚を引けばいい。経験、安定感から加藤勝信のカードを引くであろう。しかし、緊急時の現在、世論調査で一パーセント前後の加藤のカードは引きにくいであろう。

河野は世論調査で、石破につづき、二、三位につけているものの、いまだ麻生太郎率いる麻生派から抜けようとはしない。裏金と派閥がマイナス要因となって岸田政権の支持率が下がりつづけているため、カードとしては引きにくいと見られている。

となると、石破カードと小泉カードの二枚の可能性が高い。

これまでは小泉は四十三歳で若く、父親の小泉純一郎が「五十歳までは……」と口にしているのがネックといわれ、進次郎も踏み切れないのでは、と見られていた。

ところが、先に述べたように急遽小林鷹之がクローズアップされ、進次郎も刺激を受け立候補に踏み切るのでは、との声が上がってきている。

そこに向けて、小泉政権で総務大臣などを務め、菅元総理のブレーンでもある竹中が、まことしやかに「菅さんは進次郎に決めたようですよ」と囁くのである。

さらに新しい情報も飛び込んできた。

七月十九日の夜、小泉純一郎が現役のころから行きつけの東京・赤坂の日本料理屋「津やま」に、森喜朗元総理、盟友の中川秀直元幹事長、それにジャーナリストの田原総一朗も卓を囲み、政治談議に花を咲かせた。

その席で、安倍派（清和会）のドンでもある森喜朗が小泉純一郎に迫ったというのだ。

「総裁選は、絶対に進次郎がいい。これでいきたい」

清和会に力を持つ森は、かつて無派閥の進次郎に清和会に入るように勧めたことがある。しかし、進次郎は「無派閥でいたい」と断っている。今から考えると、そのとき森の誘いに乗って清和会に入っていたら、今ごろは、萩生田光一や、西村康稔のように、裏金問題に関わり、次の総理に、との声はかかりはしないだろう。

小泉純一郎も、森の勧めに、それまでの「五十歳までは……」との言葉を呑んだ。

「ここまで来たら、進次郎本人が『やる』と言ったら、反対しないよ」

そう口にしたというのだ。

清和会のメンバーは、菅が石破カードを切っても、安倍が石破嫌いで有名だったので、反発が強く乗る者は少ない。が、菅が小泉カードを切り、さらに、安倍亡き後、清和会を牛耳ってきたとも言える森が小泉進次郎を強く推せば、かつて清和会出身の総理として輝いた小泉純一郎の息子でもある上、乗ってくる可能性は高いと見られていた。

小泉進次郎、さらなる挑戦へ

令和六年（二〇二四）八月十四日午前十一時三十分、岸田文雄総理は、官邸で臨時の記者会見を開き、九月の自民党総裁選に立候補しないと表明した。

岸田総理の不出馬表明により、次期総理大臣を目指す候補者たちの総裁選レースの号砲が事実上鳴り、総裁選への出馬を目指す議員たちは、この日から表立って動き始めた。

最終的には、過去に出馬したことがある石破茂元幹事長、河野太郎デジタル担当大臣、高市早苗経済安全保障担当大臣のほか、初挑戦で狙う茂木敏充幹事長や林芳正官房長官、小泉進次郎元環境大臣、上川陽子《かみかわようこ》外務大臣、加藤勝信元官房長官、小林鷹之元経済安全保障担当大臣の九人が出馬した。

九月八日、小泉進次郎元環境大臣は、横浜市中区のJR桜木町駅前で街頭演説をおこなった。

この日は、小泉進次郎を支援し、後見人的存在で、神奈川県二区選出の菅義偉元総理も駆けつけて、進次郎の支持を呼びかけた。

「なんとしても今回の総裁選、小泉氏に日本の舵取りを任せたい。そんな思いで皆さんといっしょになって応援をさせていただいている。皆さんの大きな力を、熱意を小泉氏に与えていただきたい」

これに対して、進次郎も呼応するかのように語った。

「菅さんをはじめ、地元神奈川県でわたしのことを応援してくださっている大勢の方々が集まってくれて、わたしは今ここに立っている。わたしが総理総裁になったら、わたしの足りないところを、わたし以上の力を持って支えてくれる完璧なチームを作る。皆さんから見て、『あいつは毎日成長してるな』『これだったら託せる。任せられる』と思っていただけるように総裁選を全身全霊をもって戦う」

九月二十七日、岸田文雄総理の後継を争う自民党総裁選が永田町の自民党本部八階ホールで行われた。

今回の総裁選で、当初、自民党に変革をもたらす若きホープとして注目された小泉進次郎元環境大臣は、選挙戦の中盤から失速し、得票数一三六票の三位という結果に終わった。

進次郎が総裁選候補に躍り出ると、持ち前のスター性や若さゆえの刷新感により、世間の期待を一手に集めた。

だが、公開討論会などが開かれ選挙戦が進むにつれて、その勢いは失速した。メディア各社の世論調査では、石破と高市がポイントを上げるいっぽうで、小泉進次郎は伸び悩んだ。

その原因は「討論での実力不足」だった。

進次郎は、自分の主張を力強く訴える演説は得意ないっぽうで、瞬発力が問われる論戦は苦手で、テレビ討論会のような場に出ることは極力避けてきたという。

総裁候補同士の討論に臨む進次郎の様子には、「質問に答えていない」「迷言だ」などと批判が相次ぎ、失望感が広がった。さらに、立憲民主党の新代表として論客で知られる野田佳彦元総理が選ばれたことで、自民党内に「進次郎には太刀打ちできないのでは？」という不安がふくらんだことも大きな要因になったと考えられた。

また、「選択的夫婦別姓の導入」を目玉政策として打ち出したことも失敗だった。これにより、伝統的な家族観を重視する保守層の党員からの支持が、一気に進次郎から高市へと流れた。菅義偉元総理や斎藤健経済産業大臣がブレーンとしてついていたのに、政策面の詰めが甘かった。

さらに、痛恨のミスだったのが、衆参合わせて五十四人の議員が所属する麻生派を率いる麻生太郎副総裁に、土壇場で支援を求めたことだ。

投開票直前の九月二十四日、小泉進次郎は、自ら麻生のもとを訪れ、「力を貸してください」と支援を訴えたという。

今回の総裁選は、キングメーカーとして、菅義偉元総理と麻生太郎元総理が対決する構図だった。麻生としては、「菅陣営の進次郎がおれにまで頭を下げて投票を頼むというのは、よほど困ってるんだな」と受け取った。

その結果、最初は一回目の投票で河野太郎、決選投票で高市に票を入れるように派閥内に指示を出していたのに、決選投票が石破対小泉となる可能性を確実に潰せるならばと、麻生は一回目から高市に入れるよう方針を変えた。その結果、高市が石破を抜き、党員票と議員票の合計で一位となり、議員票で七十五票を集めた進次郎は党員票の苦戦が響いて三位となり、決選投票に出られなくなったのだ。

進次郎は、父親の純一郎から「人生には〝まさか〟という坂がある」とよく聞かされていたが、一つの致命的なミスで総理大臣の座を掴み損ねたわけである。

今回ばかりは、その言葉の意味を噛みしめているのかもしれない。

史上最多の九人が立候補した自民党総裁選で、決選投票の末に勝利したのは、石破茂元幹事長だった。

九月三十日、自民党の党役員人事がおこなわれた。

石破新総裁は、幹事長に森山裕《もりやまひろし》、政調会長に小野寺五典、総務会長に鈴木俊一を起用した。

決選投票で敗れた高市は、総務会長を打診されていたが固辞し、入閣をしない姿勢を示した。

総裁選で三位となった小泉進次郎は、選挙対策委員長への起用が決まった。

小泉を支援した菅義偉元総理は副総裁に就任した。これまで岸田政権で副総裁を務めていた麻生太郎は、高市を担いだものの、かろうじて自民党最高顧問に就任することができた。

小泉は選挙対策委員長として初の記者会見に臨み、語った。

「選挙対策委員長の大事な仕事は一人でも多くの仲間を当選させることだ。目の前に迫っている衆議院選挙に向けて準備や対応に専念したい。来年に選挙を控えた参議院議員や地方組織ともしっかり連携し取り組んでいく」

そのいっぽうで、収支報告書に不記載があった議員の選挙での公認に関する考えを問われて語った。

「自民党を支えてくれている地方組織や党員たちの思いをしっかり踏まえ、総裁をはじめとした党執行部で最終的には厳正に判断したい」

石破総理に次ぐ選挙の顔として、自民党を勝利に導くことができるのか。

小泉純一郎も、三度目の総裁選でようやく総理総裁の座を射止めた。若き小泉進次郎には、今後さらなる挑戦が待っている……。

エピローグ

二人の異なる「カリスマ」

決断の人・小泉純一郎

小泉純一郎総理が出現するまで、田中派、さらに田中派の流れを汲む橋本派（平成研究会）の最大派閥の支援なく、総理大臣になった人はいなかった。

清和会の小泉は、平成十三年（二〇〇一）四月、橋本派の橋本龍太郎に挑み、勝利をおさめたのである。

人気者の田中眞紀子とタッグを組み、「小泉劇場」と言われるほど人が集まった街頭演説会で、小泉は叫んだ。

「もし、自民党が変わろうとしないなら、わたしが自民党をぶっ壊す」

「自民党」そのものより、「自民党」を支配していた「平成研」をぶっ壊す、と言ったのだ。

小泉は、総裁選で勝利し、総理大臣になると、文字通り「平成研」潰しにかかる。

なんと、党幹事長をはじめ、党三役人事で「平成研」から一人も選ばなかった。それまで「平成研」のメンバーが党三役人事に一人も選ばれないことはなかった。「せめて党役員には平成研のメンバーを入れろよ」と厳しく忠告した小泉の兄貴分の森喜朗をあきれさせたほどだった。

「構造改革なくして景気回復なし」をスローガンに、道路関係四公団・石油公団・住宅金融公庫・交通営団など特殊法人の民営化など小さな政府を目指す改革「官から民へ」と、国と地方の三位一体の改革をふくむ「聖域なき構造改革」を打ち出した。

とりわけタブーとなっている郵政三事業の民営化を「改革の本丸」に位置付けた。

民営化には、「平成研」の野中広務などを中心とした族議員から猛反発を受けた。

小泉は、郵政民営化に反対する議員たちを「抵抗勢力」と決めつけた。

小泉は、郵政民営化法案が衆議院では通ったものの、参議院で否決されるや、平成十七年（二〇〇五）八月八日、衆議院の解散に踏み切った。なんと、法案に反対票を投じた「抵抗勢力」の議員に小池百合子をはじめとする刺客を送るという破天荒な手法を取った。この「小泉劇場」により、大勝をおさめ、法案を通した。

小泉は、さらに歴代総理として初めて北朝鮮に乗り込み、拉致被害者の救出をめぐって金正日総書記と渡り合う。

金総書記は、拉致に関して国家の関与を認めて謝罪し、両首脳は、「日朝平壌宣言」に署名した。

日本政府が把握していなかった五人の生存を伝えられ、五人は平成十四年（二〇〇二）十月十五日に「一時帰国」する。このとき、五人を再び北朝鮮に戻さないように尽力したのが安倍晋三であった。

小泉は、まさに決断の人であった。

なお、小泉は引退後、「脱原発」に舵を切り、今もなお全国行脚をつづけ、小泉節をとどろかせている。

小泉純一郎の次男の小泉進次郎は、今回の自民党総裁選に出馬した。当初、本命視されていたが、予想外に失速し、若き総理の実現は幻に終わった。

その後発足した、石破政権では選挙対策委員長に就任し、十月二十七日投開票の衆院選に臨む。だが、自民党は一九一議席と惨敗し、小泉進次郎は敗北の責任を取り、あえて選対委員長を辞任した。無役となった進次郎だが、総理総裁となることを期待する声は大きく、総理への道は十分に拓かれている……。

宿命を背負った人・安倍晋三

安倍晋三の母親洋子は言う。

「晋三は、政策は祖父の岸信介似、性格は父晋太郎似ですね」

安倍晋三は、この二人を祖父と父親に持つという宿命を背負って生まれてきたといえる。

晋三と兄の寛信が幼いころ、岸信介の屋敷のまわりは岸の推し進める日米安保条約改定に反対するデモの集団に取り囲まれ騒然としていた。

家族のみんなは二人に言い聞かせていた。

「デモ隊は、よくない人たちの集まりです。あなたたちのお爺さんは、いつも日本のことを考えていらっしゃるのですよ」

二人は、祖父が日本のために働いていることを心から信じた。「共産主義者」は、「泥棒」と同義語の「悪党」であるとさえ思った。

「若きプリンス」と見られていた安倍晋三は、ポスト小泉純一郎を争う総裁選に五十二歳の若さで出馬。

同じ派閥の兄貴分的存在の森喜朗元総理は、年齢的には上の福田康夫も考えていたが、安倍は強引と言われても出馬した。

実は、政治家としては優しすぎるとすら見られていた父晋太郎は、竹下登と総裁選を争ったとき、二人きりのギリギリのせめぎ合いで攻め切らなかったことで、のちに病にも侵され、ついに総理の座を掴むことができなかった。運命の女神は、前髪を掴みそこなうと、二度と後ろ髪は掴ませてくれない、と父親の姿から思い込んだのであろう。

保守のシンボルとまで仰がれた祖父岸信介の影響の強い『美しい国へ』の著書を引っさげ、総理の座を射止めた。

安倍内閣では、懸案であった教育基本法改正と防衛庁の省昇格を実現させた。

しかし、松岡利勝農水大臣の首吊り自殺をはじめ、次々と閣僚のスキャンダルに襲われ、参院選で公明党の議席を合わせても過半数を下回る大敗を喫してしまう。

さらに、中学生のときに発症した潰瘍性大腸炎の再発で、突然辞任。わずか三六六日の短命政権に終わった。

しかし、安倍晋三は蘇った。それから五年後、総裁選に出馬した。そのときも、第一回目の出馬のときと同じく、森元総理が反対した。

「もし、今回失敗すると、二度と総裁の芽はないぞ。もし待っておれば、必ず総裁への期待が起こる」

しかし、安倍は昭恵夫人に敢然と言った。

「今、日本は、国家として溶けつつある。尖閣諸島問題にしても、北方領土問題にしても、政治家としてこのまま黙って見過ごしておくわけにはいかない。おれは、出るよ。もし今回失敗しても、おれはまた次の総裁選に出馬するよ。また負ければ、また次に挑戦するよ。おれは、自分の名誉や体のことなんてかまっていられない。国のために、おれは戦いつづけるよ」

もし、安倍が、岸信介の孫でなければ、第一次安倍内閣のときに世間からボロクソに叩かれて一年で政権を投げ出しながら、再び総理に挑戦するような無謀なことはしなかったであろう。が、彼は、岸信介の遺言ともいえる「憲法改正」を実現しなくては……という宿命を背負っていた。おそらく、総裁選に再挑戦するまでの間、寝ていても、岸信介の亡霊に悩まされ、居ても立ってもいられなかったのではないか。

「晋三！　永田町にただ員数としてだけいるのなら、政治家なんて辞めてしまえ！　憲法改正はどうした！」

安倍は、岸信介に突き動かされ、ついに立ち上がったのである。

勝利した安倍は、衆院選に勝利し、政権を民主党から自民党に取り戻した。

それから七年八カ月もの長期政権を保ったのである。

安倍政権が憲政史上最長の政権になったのは、何より人事の的確さにある。まず、政務の秘書官に、第一次安倍内閣で事務の秘書官であった今井尚哉を選んだことである。

さらに、官邸の女房役ともいうべき官房長官に菅義偉を選んだことである。今井も、菅も、第一次安倍内閣で総理に仕え、わずか一年で辞任させてしまったことへの申し訳なさがあった。今度こそ……という強い思いがあった。二人だけでなく、第二次安倍政権は世耕弘成をはじめ、第一次安倍政権で安倍総理に仕え、同じように今度こそ……という強い思いを秘めた政治家たちが再び集まった。

いま一人、二階俊博が途中からだが幹事長として加わったことがある。二階が党をまとめ切った。

小泉は、自ら人を引っ張っていく文字通り強力な「カリスマ」であったが、安倍はまわりから慕われ担がれる「カリスマ」であった。

安倍は、このような布陣の下で、三度の衆院選と三度の参院選に勝利した。

経済政策では、「大胆な金融緩和」「機動的な財政出動」「民間投資を喚起する成長戦略」を三本の矢として、「アベノミクス」と称した。

念願のこれまで政府が憲法第九条のもとでは違憲としてきた集団的自衛権の行使を可能にし、米軍などが起こした戦争に自衛隊が地理的な制限がなく参加できる「平和安全法制整備法案」を制定した。

さらに外交戦略では、中華人民共和国の経済的台頭を意識して、インド洋と太平洋をつなぎ、アフリカとアジアをつなぐことで国際社会の安定と繁栄を目指す「自由で開かれたインド太平洋」を提唱し、展開した。

力を見せつけた安倍であったが、果たせぬ目的があった。「憲法改正」「北方領土返還」「拉致問題の解決」の三つだ。

そこに「森友学園問題」「加計学園問題」「桜を見る会」のいわゆるモリカケサクラ批判で政権の体力を失ったところに、新型コロナウイルスの問題が起こり、再び潰瘍性大腸炎がひどくなり、ついに自ら辞任してしまった。

辞任したときは、まだ六十五歳。その後も、三度目の総理を狙っていたと見る人もいる。ただし、総裁選に後輩たちといっしょに出馬するのではなく、「国家の危機である。ここは安倍元総理に頼むしかない」という状態が生まれる場合を想定していたのではあるまいか。

岸信介はかつて「昭和の妖怪」と呼ばれていたが、今後は安倍が「令和の妖怪」として力を奮いつづける、と見られていた。

が、令和四年（二〇二二）七月八日、安倍は、突然、暗殺されてしまった。なんと祖父である岸信介と縁の深かった統一教会に恨みを持つ人物の犯行であった。安倍晋三にとっては、まさに宿縁というより、宿業ともいうべき悲劇であった。

あとがき

この作品は、わたしが過去に上梓した『小泉純一郎の「宣戦布告」』、『小泉純一郎ｖｓ抵抗勢力』、『小泉・安倍ｖｓ菅・小沢』、『郵政大乱！　小泉魔術』、『総理への宿命　小泉進次郎』、『安倍晋三　安倍家三代』、『大波乱！　安倍自民ｖｓ小沢民主』（以上、徳間書店）、『小説小泉純一郎　信を貫いて恐れず』、『小泉は信長か』（以上、幻冬舎）、『清和会秘録』、『小泉純一郎・進次郎秘録』（以上、イーストプレス）、『小泉純一郎　最後の賭け』（河出書房新社）、『小泉純一郎の軍師飯島勲』（祥伝社）、『安倍官邸「権力」の正体』（ＫＡＤＯＫＡＷＡ）、『安倍晋三・昭恵35年の春夏秋冬』（飛鳥新社）を再編集し、新たに加筆しております。

また、『岸信介証言録』（原彬久著・中央公論新社）、『岸信介　権勢の政治家』（原彬久著・岩波書店）、朝日新聞、毎日新聞、読売新聞、産経新聞、日本経済新聞を参考にいたしました。

今回、この作品の上梓に尽力してくださった東峰書房の鏡渕敬氏、出口雅人氏に感謝いたします。

二〇二四年十一月二〇日　大下英治

小泉純一郎と安倍晋三関連年譜

和暦／西暦（年）	小泉純一郎	安倍晋三	世相
昭和十七 一九四二	・一月八日、政治家・小泉純也の長男として神奈川県横須賀市に生まれる。祖父は逓信大臣などを歴任した政治家・小泉又次郎		・二月十五日、日本軍がシンガポールを陥落させる ・六月五日、ミッドウェー海戦で日本軍が大敗
昭和二十 一九四五			・八月十五日、日本がポツダム宣言を受諾し、太平洋戦争が終結
昭和二十三 一九四八	・横須賀市立山崎小学校に入学		・十一月十二日、東京裁判の判決が下る

昭和二十六 一九五一	・九月二十四日、祖父の小泉又次郎が死去		・四月十一日、マッカーサーが連合国軍最高司令官を解任される
昭和二十九 一九五四		・九月二十一日、毎日新聞記者・安倍晋太郎の次男として東京都新宿区に生まれる。母方の祖父は、東条英機内閣で商工大臣を務めた政治家・岸信介。父方の祖父は、衆議院議員を二期務めた政治家・安倍寛。兄は後に実業家となる安倍寛信	・三月一日、アメリカの水爆実験により第五福竜丸事件が発生する ・七月一日、自衛隊が発足
昭和三十二 一九五七		・二月二十五日、祖父の岸信介が内閣総理大臣に就任	・十月四日、ソ連が世界初の人工衛星スプートニク一号を打ち上げる
昭和三十三 一九五八		・五月二十二日、父の晋太郎が第二十八回衆議院議員選挙で初当選し、政界デビュー	・十二月二十三日、東京タワー竣工
昭和三十四 一九五九		・四月一日、弟の信夫が生まれる。信夫は後に岸家の養子となる	・四月十日、皇太子明仁親王と正田美智子が結婚

和暦／西暦（年）	小泉純一郎	安倍晋三	世相
昭和三十五 一九六〇		・祖父の岸信介が日米安全保障条約の改定を推し進めるが、これに反対する民衆による安保闘争が発生。六月二十三日に内閣総理大臣辞職を表明	・十二月二十七日、池田勇人首相が所得倍増計画を発表
昭和三十六 一九六一		・四月、成蹊小学校に入学	・四月十二日、ソ連のガガーリンが有人衛星からの地球一周に成功
昭和三十七 一九六二	・四月、慶應義塾大学経済学部に入学		・十月二十八日、キューバ危機が回避される
昭和四十二 一九六七	・三月、慶應義塾大学経済学部を卒業		・七月二十一日、公害対策基本法が成立
昭和四十四 一九六九	・イギリスのユニバーシティカレッジロンドンに留学 ・八月十日、父の小泉純也死去。ロンドン留学を切り上げて急遽帰国 ・八月十六日、父の市民葬にて出馬宣言をおこなう ・十二月二十七日、第三十二回衆議院議員選挙で一〇万三〇〇〇票以上を獲得するも落選		・一月十八日、東大安田講堂事件 ・七月二十日、アメリカのアポロ十一号が、人類初の有人月面着陸に成功

昭和四十五 一九七〇	・大蔵大臣の福田赳夫の秘書となる	・四月、成蹊高校へと進学	・三月十四日、大阪万博が開幕
昭和四十七 一九七二	・十一月、『小泉又次郎伝』を出版 ・十二月十日、第三十三回衆議院議員選挙で一二万二〇〇〇票以上を獲得して初当選。飯島勲が秘書となる		・五月十五日、沖縄が日本に返還される ・九月二十九日、日中国交正常化
昭和四十八 一九七三		・四月、成蹊大学法学部へ進学	・十月六日、第四次中東戦争が発生。オイルショックが起きる
昭和五十二 一九七七		・三月、成蹊大学法学部を卒業	・九月三日、巨人の王貞治が世界新記録の通算七五六号本塁打を達成
昭和五十三 一九七八	・一月二十五日、製薬会社の経営者の姪と結婚 ・七月十日、長男の孝太郎が誕生	・一月、アメリカの南カリフォルニア大学へ留学	・七月二十五日、イギリスで世界初の体外受精児が誕生
昭和五十四 一九七九	・十一月、念願だった大蔵政務次官に就任	・四月、帰国し神戸製鋼所に入社	・六月二十八日、第五回先進国首脳会議（東京サミット）開催

和暦／西暦（年）	小泉純一郎	安倍晋三	世相
昭和五十六 一九八一	・四月十四日、次男の進次郎が誕生		
昭和五十七 一九八二		・十一月、神戸製鋼所を退職 ・十二月六日、外務大臣となった父・晋太郎の秘書官となる	・四月二日、フォークランド紛争が勃発
昭和五十八 一九八三	・十二月、総選挙直前に妻と離婚		・四月十五日、東京ディズニーランド開園
昭和六十 一九八五		・九月、森永製菓の社長である松崎昭雄の長女・松崎昭恵と出会う	・八月十二日、日本航空一二三便墜落事故
昭和六十二 一九八七		・六月九日、昭恵と結婚 ・十一月、晋太郎の自民党幹事長就任にともない、幹事長秘書に就任	・四月一日、国鉄が分割・民営化され、JRグループ七社が発足
昭和六十三 一九八八	・十二月二十七日、竹下改造内閣で厚生大臣として初入閣	・十月、北朝鮮拉致被害者の有本恵子の母親の嘉代子が訪ねてくる。これをきっかけに北朝鮮拉致問題に取り組み始める	・三月、青函トンネルが開通 ・六月、リクルート事件

昭和六十四／平成元 一九八九	・二月三日、厚生年金の支給開始年齢の段階的引き上げ等を盛り込んだ、厚生年金・国民年金制度改革案を年金審議会に諮問 ・六月二日、宇野内閣の厚生大臣に就任 ・八月、宇野内閣退陣により自民党の全国組織委員長に就任		・一月七日、昭和天皇が崩御。皇太子明仁親王が即位し、「平成」に改元される
平成三 一九九一		・四月十八日、ソ連のゴルバチョフ大統領訪日が実現 ・五月十五日、父の安倍晋太郎死去 ・七月八日、次期総選挙に山口一区から出馬することを表明	・一月十七日、イラクのクウェート侵攻により湾岸戦争勃発 ・十二月二十六日、ソ連崩壊
平成四 一九九二	・十二月十一日、宮沢改造内閣で郵政大臣に就任		・四月七日、ボスニア・ヘルツェゴビナ紛争が勃発
平成五 一九九三	・七月十八日、第四十回衆議院議員選挙で自民党が過半数を割り込んだため、宮沢首相に退陣表明を要求。自らも大臣職を辞任する	・七月十八日、第四十回衆議院議員選挙で九万七〇〇〇票以上を獲得し初当選	・八月九日、自民党による55年体制が崩壊し、細川護煕を総理大臣とした連立政権が発足

和暦／西暦（年）	小泉純一郎	安倍晋三	世相
平成六 一九九四			・六月三十日、村山富市を総理大臣とした自社さ連立政権が発足。自民党が与党に復帰
平成七 一九九五	・九月二十二日、自民党総裁選に立候補するが、橋本龍太郎に敗れる	・九月二十二日の自民党総裁選で小泉純一郎の推薦人となる	・一月十七日、阪神・淡路大震災 ・三月二十日、地下鉄サリン事件
平成八 一九九六	・十一月七日、橋本内閣の厚生大臣に就任し、郵政三事業の民営化を主張		・十二月十七日、ペルー日本大使公邸占拠事件
平成九 一九九七	・十月、在職二十五年を迎えたことで永年在職表彰の対象者となるが、これを辞退	・二月二十七日、「日本の前途と歴史教育を考える若手議員の会」が設立され、事務局長に選出される ・四月十五日、北朝鮮拉致疑惑日本人支援議員連盟が設立され、事務局次長に就任 ・十月、日朝問題小委員会をつくり、事務局長となる ・十二月、「日本の前途と歴史教育を考える若手議員の会」より『歴史教科書への疑問』を出版	・四月一日、消費税が三パーセントから五パーセントへ引き上げ ・七月一日、イギリスが中国へ香港を返還 ・十一月二十二日、大手証券会社だった山一證券が破綻

平成十 一九九八	・七月二十四日、橋本内閣の退陣により自民党総裁選に二度目の立候補をするが、最下位に終わる		
平成十二 二〇〇〇	・四月六日、森喜朗の内閣総理大臣就任にともない、清和会（森派）の会長に就任 ・十一月、森内閣の不信任決議をめぐり、ＹＫＫの盟友加藤紘一らがいわゆる「加藤の乱」を起こす	・七月四日、第二次森内閣の内閣官房副長官に抜擢	・六月十三日、北朝鮮と韓国による第一回南北首脳会談 ・七月十九日、新紙幣二千円札が発行される
平成十三 二〇〇一	・四月、森首相の退陣を受けて三度目の自民党総裁選に出馬 ・四月二十四日、総裁選投票で過半数を獲得し、第二十代自民党総裁に選出される ・四月二十六日、内閣総理大臣に任命され、第一次小泉内閣が発足 ・七月二十九日、第十九回参議院議員選挙で六十四議席を獲得して大勝 ・八月二十八日、道路関係四公団の民営化を指示 ・十月二十九日、テロ対策特別措置法を制定	・四月二十六日、第一次小泉内閣で引きつづき内閣官房副長官に就任	・二月十日、漁業実習船えひめ丸衝突事故 ・三月二日、アフガニスタンでイスラム主義組織タリバンがバーミヤンの大仏を破壊 ・三月三十一日、大阪でＵＳＪが開園 ・九月十一日、アメリカ同時多発テロ

和暦/西暦(年)	小泉純一郎	安倍晋三	世相
平成十四 二〇〇二	・一月三十日、田中眞紀子外務大臣を更迭 ・三月、BSE問題が発覚 ・九月十七日、現役総理として初めて北朝鮮を訪問し金正日総書記と会談、日朝平壌宣言に署名する。拉致被害者五名が帰国 ・九月三十日、改造内閣が発足し、竹中平蔵が金融担当大臣となる。以降、竹中が政権の経済政策を主導	・九月十七日、小泉総理に随行して北朝鮮を訪問。日朝首脳会談に臨む小泉総理を補佐	・一月一日、ユーロの流通が開始 ・五月三十一日、サッカー日韓W杯開催
平成十五 二〇〇三	・七月二十六日、同年三月のイラク戦争を受けてイラク特措法を制定 ・九月二十日、自民党総裁選で再選される ・十一月九日、第四十三回衆議院議員選挙で絶対安定多数を超える三七五議席を与党が獲得 ・十一月十九日、第二次小泉内閣が発足	・九月、自民党幹事長に就任	・三月十九日、アメリカを中心とした有志連合がイラクに軍事介入し、イラク戦争が開戦 ・四月、SARSコロナウイルスが世界的に流行

平成十六 二〇〇四	・一月十九日、イラクのサマーワに陸上自衛隊を派遣 ・四月、イラクにいた日本人が武装集団の人質となり、「イラクからの自衛隊撤退」を要求される事件が発生（イラク日本人人質事件） ・五月二十二日、金正日と二度目の日朝首脳会談を行い、北朝鮮への経済制裁をおこなわないこと等を表明。拉致被害者五名の家族が日本に帰国する ・六月、年金改革法が成立 ・七月十一日、第二十回参議院議員選挙で一議席減の四十九議席を獲得	・九月、第二十回参議院議員選挙での自民党の議席減を受け、責任を取って幹事長職を辞任 ・十月、党改革推進本部長に就任	・四月、政治家の年金未納問題が与野党ともに相次いで発覚 ・四月一日、営団地下鉄が民営化され、東京メトロが事業を継承 ・十二月二十六日、スマトラ島沖地震
平成十七 二〇〇五	・八月八日、郵政民営化関連法案が参議院で否決されたため、衆議院の解散を表明（郵政解散）。総選挙に踏み切る ・九月十一日、第四十四回衆議院議員選挙にて三二七議席を与党が獲得し圧勝 ・九月二十一日、第三次小泉内閣が発足 ・十月十四日、郵政民営化関連法案が衆参両院で可決 ・十二月九日、道路特定財源の見直しに関する協議会を開き、その基本方針を決定	・十月三十一日、第三次小泉改造内閣の内閣官房長官に就任	・三月二十五日、愛・地球博が開幕 ・四月二十五日、ＪＲ福知山線脱線事故 ・十月二十三日、ディープインパクトが史上二頭目の無敗三冠馬となる

和暦／西暦（年）	小泉純一郎	安倍晋三	世相
平成十八 二〇〇六	・二月九日、皇室典範改正法案を、秋篠宮妃懐妊を受けて見送り ・六月十四日、医療制度改革法案が可決 ・八月十五日の終戦記念日に靖国神社を参拝 ・九月二十六日、自民党総裁任期満了にともない、内閣総理大臣を退任	・九月二十日、自民党総裁選に立候補、他の候補を大差で破り第二十一代自民党総裁に選出される ・九月二十六日、内閣総理大臣に任命され、第一次安倍内閣が発足 ・十二月四日、郵政民営化法案に造反して自民党を除名された議員十一名を復党させる ・十二月二十八日、佐田玄一郎内閣府特命担当大臣が架空事務所費計上問題により辞任。これ以降、閣僚の不祥事が立てつづけに発生する	・一月二十三日、ライブドア社長の堀江貴文が証取法違反で逮捕される ・十二月三十日、イラクのフセイン元大統領が処刑される
平成十九 二〇〇七	・九月、次男の進次郎が私設秘書となる	・四月三日、第一回「美しい国づくり」企画会議が開催され、「『美しい国づくり』プロジェクト」がスタート ・七月二十九日、第二十一回参議院議員選挙で過半数割れの惨敗を喫する ・九月十二日、持病の悪化により内閣総理大臣および自民党総裁を辞任することを表明 ・十一月十三日、体調回復し、衆議院本会議に出席	・六月二十九日、アメリカで「iPhone」の発売開始 ・十一月、高級料亭「船場吉兆」で賞味期限や産地の表示偽装問題などが発覚

平成二十 二〇〇八	・九月二十五日、政界引退を表明 ・九月二十七日、横須賀市での講演会にて、自身の後継として次男・進次郎を指名		・二月六日、弁護士の橋下徹が大阪府知事に就任
平成二十一 二〇〇九	・八月三十日、第四十五回衆議院議員選挙で次男の進次郎が初当選	・十一月十六日、「真・保守政策研究会」の会長に就任	・一月二十日、バラク・オバマがアメリカ大統領に就任 ・八月三十日、第四十五回衆議院議員選挙で民主党が大勝、自民党が野党に転落する
平成二十二 二〇一〇		・二月五日、真・保守政策研究会を創生「日本」に改称。民主党政権を批判し「戦後レジームからの脱却」などの運動方針を掲げる	・六月十三日、小惑星探査機「はやぶさ」が地球に帰還
平成二十三 二〇一一			・三月十一日、東日本大震災 ・十二月十七日、北朝鮮の金正日総書記が死去

和暦／西暦（年）	小泉純一郎	安倍晋三	世相
平成二十四 二〇一二		・九月二十六日、自民党総裁選で石破茂らを破り新総裁となる ・十二月、「安全保障ダイヤモンド構想」を発表 ・十二月十六日、第四十六回衆議院議員選挙で自民党が二九四議席を獲得し与党に復帰 ・十二月二十六日、内閣総理大臣に任命され、第二次安倍内閣が発足	・五月二十二日、東京スカイツリーが開業 ・九月十一日、尖閣諸島を国有化
平成二十五 二〇一三	・十一月十二日、引退後初めての記者会見を行い、脱原発について語る	・一月、北アフリカのアルジェリアで邦人が武装集団の人質となる事件が発生（アルジェリア人質事件） ・六月十四日、経済政策「アベノミクス」を発表 ・七月二十一日、第二十三回参議院議員選挙で与党が過半数を獲得して勝利 ・十一月二十七日、国家安全保障会議（日本版ＮＳＣ）設置法が成立 ・十二月五日、特定秘密保護法が成立	・六月二十二日、富士山が世界文化遺産に登録される ・八月二十一日、ヤンキースのイチローが日米通算四〇〇〇本安打を達成

平成二十六 二〇一四	・一月、「原発ゼロ」を掲げて東京都知事選に立候補した細川護熙を支援	・四月、公務員制度改革関連法案が成立。内閣人事局を新設する ・七月一日、従来の憲法解釈を変更し、限定的な集団的自衛権の行使を容認することを臨時閣議で決定 ・十一月十八日、来年十月に予定されていた消費税率一〇パーセントへの引き上げを二〇一七年に延期 ・十二月十四日、第四十七回衆議院議員選挙で与党三二六議席を獲得し大勝 ・十二月二十四日、第三次安倍内閣が発足	・三月七日、日本一の超高層ビル「あべのハルカス」が開業 ・四月八日、STAP細胞問題を巡り理化学研究所の小保方晴子が記者会見 ・九月二十七日、長野県と岐阜県にまたがる御嶽山が噴火
平成二十七 二〇一五		・四月二十九日、アメリカ連邦議会上下両院合同会議にて、日本の総理大臣として初めて演説 ・八月十四日、「戦後七十年談話」を発表 ・九月八日、自民党総裁選にて無投票で再選を果たす ・九月十七日、平和安全法制が参議院で可決 ・十月十五日、「一億総活躍社会」の実現のため、一億総活躍推進室を設置	・一月二十五日、横綱白鵬が歴代最多の三十三回目の優勝 ・四月十一日、アメリカとキューバが五十九年ぶりに首脳会談

和暦／西暦（年）	小泉純一郎	安倍晋三	世相
平成二十八 二〇一六		・七月十日、第二十四回参議院議員選挙で五十六議席を獲得して勝利 ・十二月九日、環太平洋経済連携協定（TPP）への参加を決議	・五月二十七日、オバマ大統領がアメリカの大統領として初めて広島で行われた式典に出席 ・七月三十一日、小池百合子が女性初の東京都知事に就任
平成二十九 二〇一七		・二月、「森友学園問題」が報道される ・三月十三日、参議院予算委員会での質疑をきっかけに「加計学園問題」が国会で取り沙汰される ・六月九日、天皇の退位等に関する皇室典範特例法が成立 ・十月二十二日、第四十八回衆議院議員選挙で与党三一三議席を獲得し大勝 ・十一月一日、第四次安倍内閣が発足	・一月二十日、ドナルド・トランプがアメリカ大統領に就任 ・九月九日、陸上一〇〇メートル走で桐生祥秀が日本人初の九秒台を記録
平成三十 二〇一八		・六月十三日、「十八歳成人」とする民法改正が成立 ・六月二十九日、働き方改革関連法案が成立 ・九月二十日、自民党総裁選で石破茂を大差で破り再選される	・六月十二日、史上初の米朝首脳会談 ・七月、西日本各地で記録的な豪雨被害

平成三十一／令和元 二〇一九	・九月十一日、進次郎が第四次安倍第二次改造内閣の環境大臣として入閣	・五月、この年に開催された桜を見る会の支出が、当初の予算を大幅に超えていたことが明らかになり問題視される（「桜を見る会問題」） ・十月一日、消費税率を一〇パーセントへ引き上げ（同時に軽減税率も導入）	・四月三十日、天皇明仁陛下が譲位。皇太子徳仁親王が即位し、「令和」に改元される ・十月十三日、ラグビーW杯で日本が史上初のベスト8に進出
令和二 二〇二〇		・四月一日、低所得世帯の学生を中心に、大学・高校の授業料などを無償とする制度がスタート ・四月七日、新型コロナウイルス感染拡大を受けて緊急事態宣言を発令（五月二十五日に完全解除） ・八月二十四日、総理大臣連続在職日数が二七九九日となり、大叔父の佐藤栄作の記録を超える ・八月二十八日、持病の悪化により内閣総理大臣および自民党総裁を辞任	・二月一日、イギリスがEUを離脱 ・三月十一日、新型コロナウイルスの世界的流行により、WHOがパンデミック宣言をおこなう ・七月十六日、将棋の藤井聡太七段が史上最年少でタイトルを獲得
令和三 二〇二一	・十一月、進次郎が自民党総務会長代理に就任	・十一月十一日、自民党内最大派閥・安倍派の会長に就任	・七月二十三日、二〇二〇東京五輪が開幕

和暦／西暦（年）	小泉純一郎	安倍晋三	世相
令和四 二〇二二		・七月八日、第二十六回参議院議員選挙の街頭演説を奈良市の大和西大寺駅前でおこなっていた際に銃撃される。橿原市内にある奈良県立医科大学附属病院に緊急搬送されるが、同日一七時三分に死亡。享年六七歳 ・七月十一日に通夜、十二日に葬儀がそれぞれ港区増上寺でおこなわれる ・九月二十七日、国葬が日本武道館で執りおこなわれる	・二月二十四日、ウクライナへロシアが軍事侵攻を開始 ・四月二十三日、知床半島沖観光船遭難事故 ・九月八日、イギリスのエリザベス女王が死去
令和六 二〇二四	・九月六日、進次郎が自民党総裁選への出馬を表明 ・九月二十七日、自民党総裁選の投開票がおこなわれるが、進次郎は三位に終わる ・九月三十日、進次郎が自民党の選挙対策委員長に就任		

昭和平成二大怪物伝
小泉純一郎と安倍晋三　超カリスマの長期政権

二〇二四年十二月十一日　初版第一刷発行

著者　大下英治
発行者　鏡渕敬
発行所　株式会社 東峰書房
〒一六〇-〇〇二二　東京都新宿区新宿四-二-二〇
電話　〇三-三二六一-三一三六　ＦＡＸ 〇三-六六八二-五九七九
https://tohoshobo.info/
装丁　佐々木正見
本文デザイン　塩飽晴海
印刷・製本　株式会社 シナノパブリッシングプレス
©Eiji Oshita
ISBN 978-4-88592-239-8
Printed in Japan

大下英治 × 東峰書房の本

昭和平成二大怪物伝

ダイエー中内切と
ダイソー矢野博丈

流通革命の旗手

定価：1,980 円(税込)

ISBN 978-4-88592-238-1

苛烈をきわめた従軍経験、戦後の闇市を経て「安売り哲学」を掲げ、日本一の流通グループとなったダイエー・中内切。偶然のドラマから 100 円ショップを作り出し、国内外で拡大を続けるダイソー・矢野博丈。創業者たちの歩んだ道のりを追う。

「政権奪取」

小沢一郎、三度目の挑戦

定価：1,980 円(税込)

ISBN 978-4-88592-232-9

「日本を復活させたい。自分はそのためならばなんだってやるつもりだ」政権交代をこれまで 2 度実現させた小沢一郎氏。最初の政権奪取時の政局の裏側から、盟友に誓った 3 度目の政権奪取に向けた氏の不屈の思いまで、取材・執筆した一冊。

全国の書店のほか、Amazon・楽天ブックスなどの
インターネット書店にて好評発売中！